U0865469

广西审判实务与探索

2023年　第2辑　总第28辑

卢上需／主编

GUANGXI JUDICIARY
PRACTICE AND STUDIES

法律出版社
LAW PRESS·CHINA
北京

图书在版编目(CIP)数据

广西审判实务与探索. 2023年. 第2辑 : 总第28辑 / 卢上需主编. -- 北京 : 法律出版社, 2023
ISBN 978-7-5197-8506-2

Ⅰ. ①广… Ⅱ. ①卢… Ⅲ. ①法院-审判-工作-研究-广西 Ⅳ. ①D926.22

中国国家版本馆CIP数据核字(2023)第212796号

广西审判实务与探索(2023年第2辑)(总第28辑)
GUANGXI SHENPAN SHIWU YU TANSUO
(2023 NIAN DI-2 JI)(ZONG DI-28 JI)

卢上需 主编

责任编辑 章 雯 慕雪丹
装帧设计 汪奇峰

出版发行 法律出版社
编辑统筹 法商出版分社
责任校对 赵明霞
责任印制 胡晓雅
经　　销 新华书店

开本 710毫米×1000毫米 1/16
印张 15.25 **字数** 270千
版本 2023年12月第1版
印次 2023年12月第1次印刷
印刷 固安华明印业有限公司

地址:北京市丰台区莲花池西里7号(100073)
网址:www.lawpress.com.cn
投稿邮箱:info@lawpress.com.cn
举报盗版邮箱:jbwq@lawpress.com.cn

销售电话:010-83938349
客服电话:010-83938350
咨询电话:010-63939796
版权所有·侵权必究

书号:ISBN 978-7-5197-8506-2
定价:48.00元

凡购买本社图书,如有印装错误,我社负责退换。电话:010-83938349

《广西审判实务与探索》
编辑委员会

主　　任　黄海龙

副 主 任　赵志军　卢上需　陈　敏　义　芳　零海康　梁月奎
　　　　　司　勇

委　　员　梁炳扬　刘拥建　韦威助　黄　坚　韦武斌　曾　艳
　　　　　杨晓春　陈　影　李洪波　梁　文　唐军成　唐　波
　　　　　胡海兰　潘凌宇　田少红　邓诗中　柳金红　陆洪鸣
　　　　　廖少昆　唐海波

主　　编　卢上需

副 主 编　黄朵成　赵元松　黄承万

执行编辑　莫媛琳

目　录

Contents

关于基层人民法院司法内部监督制约机制的研究

百色市中级人民法院、平果市人民法院、
德保县人民法院课题组*

一、逻辑起点:广西法院监督制约机制实证研究

为贯彻落实最高人民法院有关司法责任制改革要求,建立完善本辖区法院司法监督制约体系建设,广西壮族自治区高级人民法院(以下简称广西高院)相继出台了多项司法文件,对司法内部监督内容作了明确规定,现阶段已形成一个相对完善的司法内部监督制约制度。本部分课题组通过对司法责任制下广西法院现行的内部监督制约机制进行梳理,分析存在的问题,找出原因,旨在为广西基层法院完善司法内部监督制约机制提供新的思路。

(一)广西法院监督制约机制

1.相关制度沿革

自《人民法院第四个五年改革纲要(2014—2018)》出台以来,广西高院在参照适用最高人民法院出台的关于完善司法监督制约机制内容

---

* 课题主持人:蒋旭初,百色市中级人民法院党组副书记、常务副院长;谭勇,平果市人民法院院长。课题组成员:卢靖,德保县人民法院院长;罗家庆,百色市中级人民法院办公室主任;陆好英,平果市人民法院审判员;龚贝迪,平果市人民法院审判员;黄靖雯,平果市人民法院审判员;梁涌,平果市人民法院审判员;黄中州,德保县人民法院党组成员、执行局局长;陆燕清,德保县人民法院法官助理;谢皓婷,德保县人民法院法官助理。

的基础上因地制宜，制定并发布了78份司法改革相关文件，与司法内部监督相关的内容主要规定在司法责任制改革文件中，并且对监督主体、监督方式、监督内容都作了详细规定，现阶段广西法院已经形成较为完善的司法内部监督制度。

其中，广西高院于2017年出台了《关于审判职权配置及运行规范的暂行规定》，构建出一个以审判权为核心、以审判监督权和审判管理权为保障的审判权力运行体系。其中明确审判监督权是人民法院负有监督职责的机构和人员，依法审批具体案件审理中的有关程序事项，对具体案件审判活动进行监督的权力，同时将审判监督权赋予审判委员会（以下简称审委会）、院庭长、审判长，并对其实行监督权的方式和内容进行了细化。同年出台了《推进以审判为中心的刑事诉讼制度改革实施方案》，特别强调院庭长对于拟判处死刑、拟宣告无罪、合议庭存在重大分歧等重大、疑难、复杂等案件，必须坚持层层监督、全程留痕。2019年、2020年相继出台的《关于进一步强化院庭长审判监督管理职责的实施意见（试行）》《关于实施随案评查制度的若干规定（试行）》《广西高院机关审判执行流程标准化工作指引（试行）》《关于全面落实司法责任制加强审判监督管理的实施意见》《广西高院廉政风险防控实施办法（试行）》《关于加强类案与关联案件检索的实施意见（试行）》《关于进一步加强"四类案件"监督管理的实施细则》等相关落实内部监督实施细则，进一步强调通过强化管理、完善评估体系、依托信息平台等方式完善对审判工作的监督（具体内容见表1）。

表1　广西高院关于完善内部监督制约机制的相关规定

序号	相关规定	内　　容
1	《关于审判职权配置及运行规范的暂行规定》（桂高法〔2017〕66号）	明确监督权的定义，明确审委会、院庭长、审判长的监督职责
2	《推进以审判为中心的刑事诉讼制度改革实施方案》（桂高法〔2017〕119号）	特别强调院庭长对拟判处死刑、拟宣告无罪、合议庭存在重大分歧等重大、疑难、复杂案件，必须坚持层层监督、全程留痕
3	《关于电子卷宗随案同步生成管理暂行办法》（桂高法〔2017〕229号）	庭长、案件承办法官对电子卷宗随案生成、扫描工作负有监督职责
4	《全区法院长期未结案件管理办法》（桂高法〔2017〕329号）	明确分管副院长、庭（局）长对长期未结案件的化解工作承担监督责任
5	《关于进一步强化院庭长审判监督管理职责的实施意见（试行）》（桂高法发〔2019〕4号）	进步细分院庭长监管的"四类案件"类型，明确监管方式，要求对于监管活动全程留痕

续表

序号	相关规定	内　　容
6	《关于实施随案评查制度的若干规定（试行）》（桂高法发〔2019〕49 号）	要求监管部门对法官的案件评查进行监督
7	《广西高院机关审判执行流程标准化工作指引（试行）》（桂高法发〔2019〕80 号）	明确案件办理流程，规范审判权行使
8	《关于全面落实司法责任制加强审判监督管理的实施意见》（桂高法发〔2019〕82 号）	通过强化案件管理、完善审判绩效评估体系、升级智慧审判系统等方式完善监督，建立常态化监督管理机制
9	广西高级人民法院机关《关于审理民事、行政再审案件若干管理规定》（桂高法〔2019〕176 号）	分管院领导、庭长依职权对再审案件进行监督管理，并且可以采取查阅卷宗、旁听庭审、审核审理报告、要求报告案件进展和评议结果的方式进行
10	《广西高院廉政风险防控实施办法（试行）》（桂高法〔2020〕89 号）	列明法院工作人员存在的廉政风险，强化个人风险意识，明确纪检监察部门对全院各部门的廉政风险防控负有监督责任
11	《关于加强类案与关联案件检索的实施意见（试行）》（桂高法〔2020〕106 号）	院庭长对法官进行类案检索进行监督
12	《关于进一步加强“四类案件”监督管理的实施细则》（桂高法〔2020〕107 号）	明确对“四类案件”进行监管的方式

2. 监督制约模式

虽然现阶段广西法院司法内部监督制度已经较为完善，但由于相关内容散见于各个司法文件中，暂未能形成一套系统化的内部监督机制。课题组经过实地调研发现，广西各地法院在实行司法内部监督制度时，主要参照广西高院出台的相关文件，并结合自身机构内设情况作相应调整。虽然各地法院的司法内部监督制度不尽相同，但在审判权运行机制的各个要素中得到了具体落实。因此，课题组以审判权力运行机制的构成要素作为切入点，根据理论和实践对其进行梳理，将审判权力运行机制分为 10 个方面，36 个细项，其中 10 个方面分别是：(1)独任庭、合议庭；(2)机构组织运行；(3)审委会制度；(4)配套工作机制；(5)院庭长办案常态化；(6)审判监督管理机制；(7)审判流程标准化建设；(8)法律适用统一机制；(9)司法履职保障；(10)法官惩戒制度（见图 1）。

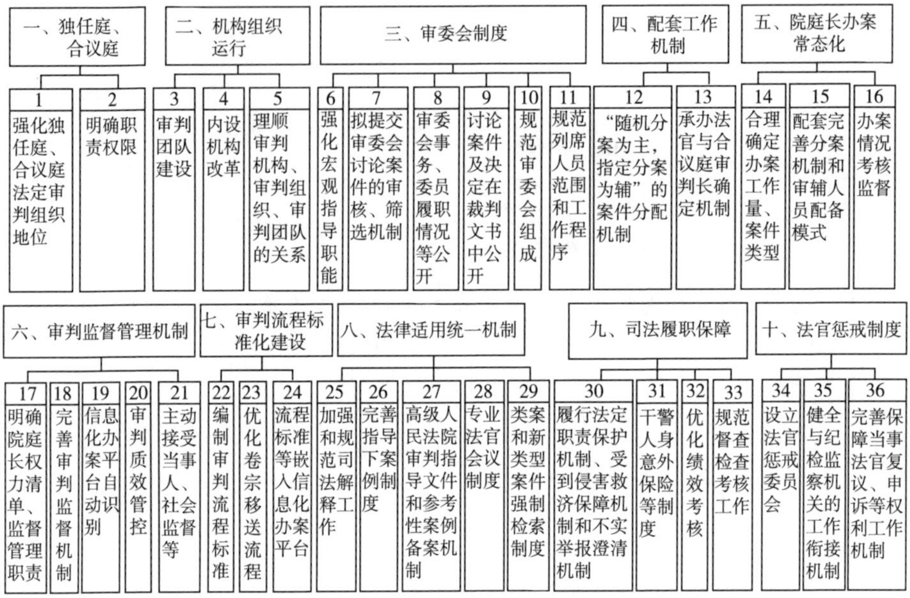

图1　审判权运行机制的构成要素

3. 取得成效

随着司法体制改革的深入推进，广西高院出台一系列与完善内部监督机制相关的配套制度，以监督求公正、以监督促效率、以监督保廉洁，不断提高公正司法水平，各项工作都取得了新进展、新成效，具体表现在以下几个方面。

一是党对审判工作绝对领导更加有力。全区法院在以习近平同志为核心的党中央坚强领导下，按照广西高院部署，有序推进审判领域全面深化改革各项任务，党对审判工作的绝对领导全面加强，重点改革任务落地见效，法院队伍管理改革落实落细，司法质量、效率和公信力不断提升，人民群众获得感明显增强。

二是机构职能体系更加优化。全区法院司法改革全面深化，司法行政机构、职能、人员进一步融合，进一步完善制度、创新机制，在更高层次上实现审判权力与责任的平衡、放权与监督的结合、公正与效率的统一。

三是审判权运行更加规范。健全审判监督管理机制，完善审判权责清单制度，改革“四类案件”识别监管、院庭长办理重大疑难复杂案件等制度机制，确保了审判权依法正确行使。进一步优化了三级法院审级职能定位，深化以审判为中心的刑事诉讼制度改革、民事诉讼程序繁简分流改革试点，完善“分调裁审”机制，充分发挥了诉讼程序制约监督功能。

四是司法内部监督制度更加完善。近年来,广西高院高度重视司法内部监督机制建设,通过制定司法责任制改革文件,完善司法内部监督相关内容,将司法内部监督具体贯彻落实到审判权运行机制各个构成要素中,形成一套案前防范、案中规范、案后监督的司法内部监督制度。

五是司法内部监督的各项机制更加健全。广西不断加强法院司法内部监督机制规范化、标准化建设,结合法院职能不断完善各项工作制度,积极创新工作举措,建立起多元化的监督组织架构,确保了监督的覆盖面和力度,不断加强审判组织内部之间的监督制约,坚持由案到人,规范审判人员的司法行为,使司法内部监督的各项机制逐步得以完善。

（二）存在问题

司法体制改革后,广西法院司法监督制约机制在审判、执行工作中深入落实,并取得一定的成效。但是,课题组通过收集各地法院审判质效数据、开展调查问卷并实地走访调研发现现阶段司法监督制约机制仍存在一定的不足。课题组本次共发放2份问卷,经过3个月的时间(2021年9月至11月),2份问卷均发出500份,分别收回472份、460份,回收率分别为94.40%、92.00%,其中有效462份、448份,有效率分别为97.90%、97.40%。

1.监督管理不深入,工作质效未明显提升

广西各级法院在落实监督制约制度过程中采取了多方面措施,取得了一定的成效,但是审判执行工作质量和效率方面仍存在诸多问题。课题组通过对广西法院2017年至2021年的审判、执行工作质效重要指标进行统计,即在审判质效方面对诉讼案件收结数、同期结案率、二审改判、发回重审率、平均审理天数、上诉案件平均移送天数指标进行统计;在执行质效方面以执行案件收结案数、同期实际执行率、执行标的清偿率等指标进行统计,通过分析审判执行工作运行态势,找出当前司法监督管理机制在实践落实中存在的问题。

一是审判方面。广西法院2017年至2021年共收案4,060,257件,共结案3,679,105件,结案率达90.61%。2017年至2021年广西法院收案数与结案数均为逐年增多趋势,2017年至2020年结案率逐年上升(见图2),可以肯定的是,监督制约机制的落实使广西各地法院诉讼案件结案率高达90.00%,大大提升审判效率。但是,当前广西法院审判工作中,每年案件发改较多,特别是2021年最为突出,发改案件高达9990件,再审案件数逐年上升,最多的一年为2021年,共3614件。积极召开审委会和专业法官会议讨论案件是院庭长履行案件质量监督的两个有力“措施”,能有效

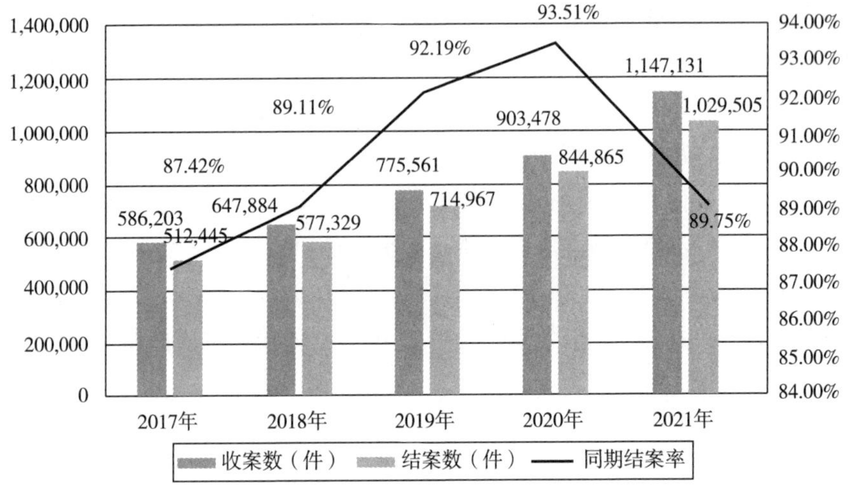

图 2　2017 年至 2021 年广西法院审判案件收结案统计

减少案件发回重审、改判以及减少因“错案”而启动再审，提升法院案件整体质量。但是近几年广西各地法院每年召开审委会和专业法官会议的次数并不多，以百色地区法院为例，2017 年至 2021 年百色市两级法院共结案 263，382 件，发改案再审件数为 3123 件，而召开审委会讨论案件的次数为 1804 次，召开专业法官会讨论的次数为 1293 次（见图 3），2017 年全市法院仅召开 35 次专业法官会议。这体现了当前广西法院审判监督工作落实还没有深入审判工作的方方面面，审判效率有了提升，但审判质量不高，全区审判质效整体上虽有所提升，但是效果还不够明显。

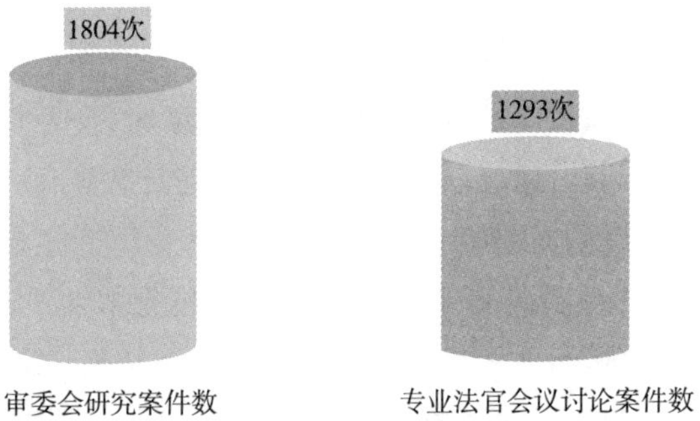

图 3　2017 年至 2021 年百色市两级法院审委会、专业法官会议数量统计

二是执行方面。课题组通过将执行绩效数据进行对比发现，2017 年至 2020 年收结案呈良性态势，且根据近期《全区 2022 年第 7 期执行案件办理情况通报》的通报，截至

2022 年 3 月 22 日,全区法院 2022 年有财产可供执行案件法定期限内实际执结率为 92.93%,全国平均值为 90.16%,总体运行较为良好。但从表中我们也可以反观 2021 年案件收结数量依旧增加,而结案率却有所下降,这反映了当前执行工作监督管理没有做到常态化,不利于加强全区执行工作效率及提升全年执行工作质效(见图 4)。

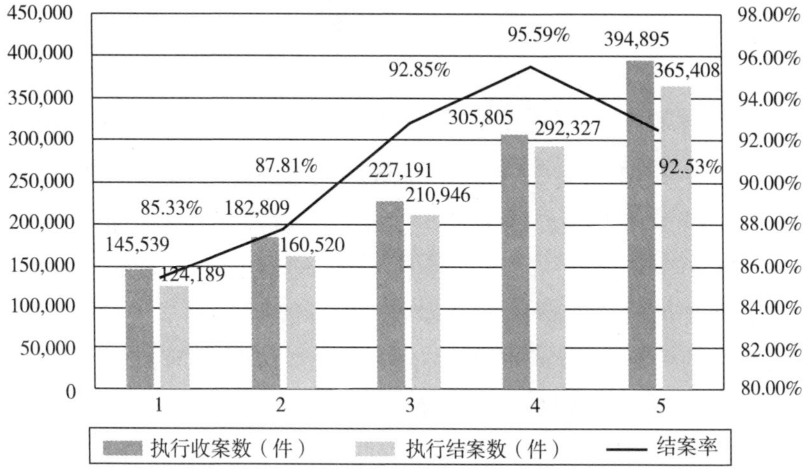

图 4　2017 年至 2021 年广西法院执行案件结案情况统计

2. 未重视履职监督,社会效果未提高

通过广西法院 2017 年至 2021 年收到的信访投诉量可以初步了解法官的裁决、执行质效情况,课题组以百色市两级法院为研究样本,通过了解 2017 年至 2021 年百色市两级法院收到信访投诉情况,从而了解审判执行工作的社会效果。2017 年至 2021 年百色市两级法院收到信访投诉共 452 件,其中检控类有 159 件,非检控类有 291 件,属于重复信访的有 200 件(见图 5、图 6)。

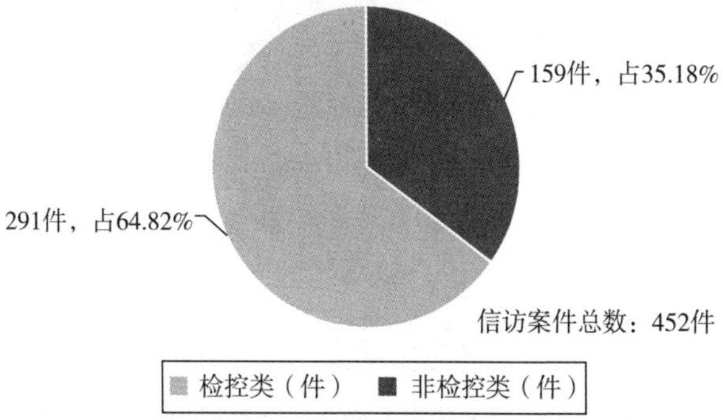

图 5　2017 年至 2021 年百色市两级法院信访种类情况统计

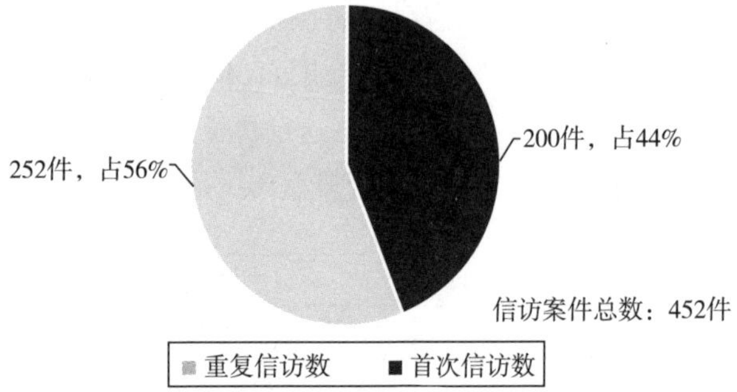

图 6 2017 年至 2021 年百色市两级法院信访案件中重复信访、首次信访的情况统计

第一是非检控类信访投诉，非检控类信访是指涉诉信访督促公正审判等内容的信访投诉。自 2019 年之后，非检控类案件与上一年相比呈现下降趋势，特别是在 2017 年至 2021 年的信访投诉中，2021 年收到投诉最多，但是非检控类投诉占比最少，说明监督制约机制在个案审理、执行办理中督促效果明显，审判执行案件“司法公正”社会效果有所提升，同时也有助于降低服判息诉率。第二是检控类信访投诉，2017 年至 2021 年信访投诉数量逐年增加，反映审判执行人员违反工作职责、违法办案的内容所占比重较高，此外还有关于纪律作风问题的投诉。这反映出当前院庭长在监督管理工作中虽然着重加强对案件审执效果的监督，但缺少对审判执行人员履职行为的科学管理和有效监督，不利于提升司法形象和社会效果。第三是百色市两级法院 2017 年至 2021 年的信访案件多数属于重复信访，并且化解率为 52.65%（见图 7），化解率较低；重复信访投诉的问题呈现多样化，多是反映执行难，司法人员违规办案，对裁判结果不满意等问题。课题组认为，该现象说明百色市两级法院对审判执行人员履职监督不到位，案件质量有待提高，司法工作社会效果有待提升。

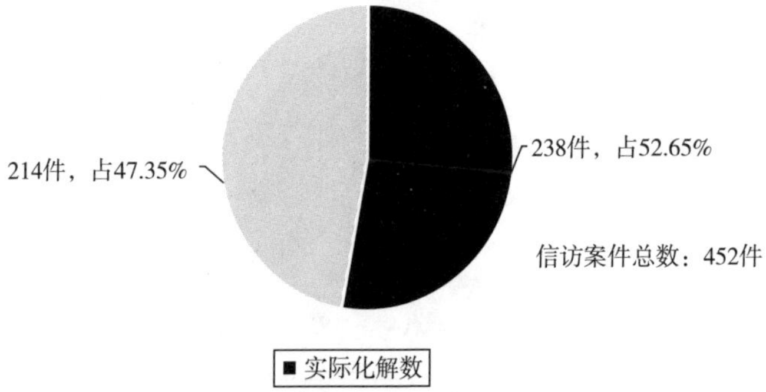

图 7 2017 年至 2021 年百色市两级法院信访案件实际化解情况统计

3. 监督落实不到位,群众满意度较低

当事人满意度是人民群众对法院司法工作监督的一种表现,课题组认为:通过满意度调查能清晰了解人民群众对司法工作的期盼值与现实情况的差距,从而更好地加强司法工作的监督制约。因此,课题组以百色地区法院为研究样本,通过向百色市两级法院 2017 年至 2021 年审结案件当事人、律师、法律服务工作者共发放调查问卷 500 份,了解他们对法院审判、执行工作满意度,并搜集问题、征求建议。

通过数据分析发现部分群众对司法工作较为满意,但是总体来看对司法工作满意度不高;有 12.00% 的人对司法工作不满意,特别是对诉讼案件裁判结果和执行效果满意度的评分较低(见图 8)。课题组通过统计总结出人民群众反应最多的是期待法院对加强案件裁判结果监督和执行清偿的监督,审判执行监督工作有待全面加强。这反映出了法官在办理案件过程中有时忽略对当事人开展解释说理息诉工作,法官对外部关于案件审判、执行效果如何的评价关心度不够,而院庭长对这一方面的监督管理抓力又不够狠,导致人民群众对司法工作满意度不高,不利于司法公开透明的目标和司法工作作风的改进。

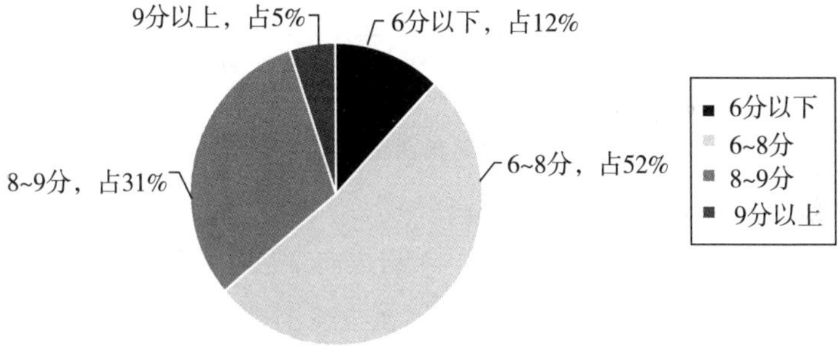

图 8　百色市两级法院审判执行工作满意度调查统计

4. 廉政监督弱化,违纪违法问题突出

2022 年年初,周强院长在最高人民法院工作部署会议中明确:加强审判管理,把全面从严治党,从严治院、从严管理不断推向深入,确保公正廉洁司法。廉政监督无疑是当前法院司法监督管理工作中的一大重点。课题组对广西法院中的百色市两级法院 2014 年至 2021 年违规违法情况进行调研并分析(见图 9),发现百色市两级法院违规违法办案共 26 件,干警其他违纪违法行为共 57 件,院、庭长承担违法违纪行为的管理责任的案件为 1 件。通过以上数据得知,一方面,百色市两级法院审判、执行人员在一线办案违法违纪行为较多,且多集中在贪污、受贿等方面罪名上;另一方面,违反廉政纪律问题也十分突出,《人民法院工作人员处分条例》规定,违纪包括违反政治纪律、办案纪律、廉政纪律、组织人事纪律及财经纪律等，而 2014 年至 2021 年百色市两级法院干警多是违反办案纪律、廉政纪律。特别是 2021 年政法队伍教育整顿工作深入开展后，违规违法办案、干警违纪行为仍增多，说明法院内部廉政监督效果不佳，在百色各个法院落实不够深入。

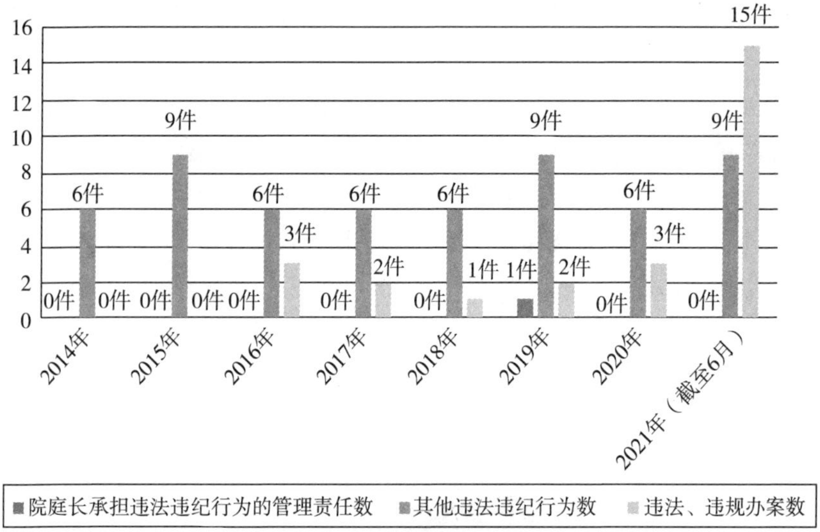

图 9　2014 年至 2021 年百色市两级法院违纪违法案件数统计

5. 院庭长履职不规范，工作评价不高

课题组以百色市两级法院为研究样本，通过向百色市两级法院发放调查问卷了解百色市两级法院司法监督制约制度落实工作的整体情况，了解百色市两级法院院庭长等监督主体履行日常监督管理工作情况及司法监督制约机制在实践落实中存在的问题。

通过评分数据，课题组总结了 2021 年院庭长履行监督管理职责以及监督制约机制落实工作的整体情况，发现存在两个方面的问题：一方面，人民群众对监督主体落实工作满意程度还不是很高，多数法院满意度处于 9.0 分以下，说明院庭长及其他监督主体的监督管理工作落实得还不到位、履职不积极。另一方面，多数法院对制度落实的整体情况分值在 90.0 分以下，分数普遍不高，例如德保法院工作落实平均分为 80.0 分，反映了该院司法内部监督制约工作仍有待加强。

课题组通过对调查问卷中存在问题及建议意见部分进行统计并归纳总结，发现多数反映院庭长履行监督管理职责不规范：一方面，有部分员额法官、书记员反映院庭长不履行监督职责的问题,建议院庭长加强审判执行工作的监督;另一方面,部分员额法官、法官助理、书记员认为院庭长监督案件太频繁,过分干预审判执行工作。建议尽快强化院庭长规范化履行监督管理职责,从而完善司法监督制约机制在法院内部的落实,发挥应有监督制约作用。

表 2　2021 年百色市两级法院司法监督制约工作整体落实、院庭长履职工作调查问卷分数

分值 各地法院	各个主体对监督制度落实程度平均分(满分 10 分)	法院司法监督制约制度落实工作整体情况平均分(满分 100 分)	分值 各地法院	各个主体对监督制度落实程度平均分(满分 10 分)	法院司法监督制度落实整体工作平均分(满分 100 分)
百色中院	9.0	90.0	那坡法院	9.0	88.0
右江区法院	8.8	89.0	田林法院	8.9	87.0
平果法院	8.2	82.0	西林法院	9.1	80.6
田东法院	8.9	84.0	隆林法院	8.7	83.0
田阳法院	9.0	85.0	凌云法院	9.3	81.2
靖西法院	8.1	83.9	乐业法院	9.0	88.0
德保法院	8.0	80.0			

(三)成因分析

自司法责任制全面推进以来,广西高院在各种文件和日常指导工作中,对加强和改善法院审判监督管理提出了一系列的指导意见,强调审判管理在法院审判执行各项工作中的保障作用,各地法院在这方面也做了很大的努力,在探索适应司法责任制改革的新型审判监督管理方式中取得了一定的成效;但由于多方面因素,还存在一些问题,我们必须对问题的成因进行剖析,才能更好地对照问题提出解决对策,实现监督制约制度在广西法院的深入落实。

1. 各审判主体之间权责不清

现阶段司法责任制改革不到位,对审判权运行机制缺乏系统的梳理和更深层次的细化,加上各制度文件规定的审判权责清单存在一定程度的交叉重合,导致各审判主体之间的权责不清。主要表现在:一是法官的审判权权责不清,审判权权力、责任界限的不明确导致法官在审判过程中对于时间节点上的具体事项、在"智慧审判"系统上的操作无法切实执行到位，他们对于具有什么样的审判权力、审判责任还停留在一个较为浅层的认知上。二是院庭长监督权权责不清，尽管最高人民法院和广西高院出台的多个司法责任制改革文件中对于院庭长的监督权责作了原则性规定，但是因为缺乏配套的细化措施，院庭长不知如何着手履行审判监督管理等职责，故而出现"不敢管"现象。比如，最高人民法院《关于完善人民法院司法责任制的若干意见》以及广西高院《关于进一步加强"四类案件"监督管理的实施细则》赋予院庭长对"四类案件"有个案监督管理权，但是院庭长并不是案件的承办法官或合议庭成员，在对整个案件的情况没有详细了解的情况下，在按照规定对案件进行质量监督管理时，部分院庭长因担心对原则规定把握不准而出现"不敢管"的现象。

2. 司法内部监督制度有待健全

广西高院在司法责任制改革中为完善司法内部监督制约机制制定并颁布了多项规章制度，但是通过梳理发现，相关制度在实践中缺乏可行性，导致监督"抓手"落空。比如，2019年发布的《审判执行流程标准化工作指引（试行）》虽然对流程标准作出了规定，但对流程节点规定不全面，在使用配套的"智慧法院"办理案件时，没有对每个审判流程节点进行详细的规定和预警，导致法官对案件的审限把控不足，易造成大量案件长期未结，院庭长也无法根据预警进行及时监管，使监管具有滞后性。再如，广西高院制定的《关于进一步加强"四类案件"监督管理的实施细则（征求意见稿）》（以下简称《"四类案件"监管征求意见稿》），对"四类案件"的范围、识别主体、审查机制、监管原则、权限及方式等作出了详细全面的规定，并开发了监管平台，为"四类案件"的监督管理提供了制度保障和平台保障，但是对"四类案件"的识别机制缺乏明确的标准，例如对"案件疑难复杂"的识别，很难作出判断，即使识别符合"四类案件"的情形，也不知道该如何启动监督程序，缺乏切实有效的"四类案件"识别机制和启动程序。同时，司法责任制改革后，废除了裁判文书签发制度，客观上使院庭长失去了日常监管的"抓手"，而新的监管手段和方式又尚未完全建立，没有"抓手"导致院庭长"不好管"。

3. 管理制度未发挥预期的功效

第一，专业法官会议制度运行成效不明显。专业法官会议设立的初衷是通过法官集体讨论，解决审判执行工作中遇到的重大疑难复杂问题，向合议庭提供参考性研究意见，但是该制度的实际效果并不乐观，一些院庭长存在"多一事不如少一事"的思想，不愿意主动实施监督，不主动将案件提交专业法官会议讨论。而且，参加专业法官会议的员额法官本身就存在"案多人少"的压力，在办案压力较大的情况下，法官很难对其他法官承办的疑难案件进行深入研究,因此发表意见较为随意,很难提出能解决问题的实质性意见,最终还是由承办人和审判长自行判断,导致专业法官会议讨论案件效果不好,没有达到初设时监督制约的目的。

第二,审委会功能未能发挥效用。员额制改革后院庭长对案件介入较少且对提交审委会讨论的案件范围("四类案件"界定)也进行一定的界定,一般情况下法官自主把控案件审理进程,不会轻易将案件提交审委会,导致讨论案件数量下降。但调研中发现实际上由于对"四类案件"界定范围不清晰,在客观上很难对何种案件应提交审委会讨论作出明确规定,而且现阶段的审委会本质上还是行政决策模式,审委会成员以院领导为主,审委会主审法官的地位在组织结构中较低,能动性不足。审委会在议事过程中,议事准备不充分,案件讨论不足,随意跟风表态现象频发,导致审委会功能未能发挥效用,监督效果不佳。

第三,合议庭制度没有发挥应有的作用。合议庭是行使审判权的重要组织之一,合议庭成员应当独立充分地发表自己对案件的观点。但实践中存在诸多因素,导致合议庭监督制度未能发挥出预期成效。比如,合议庭成员之间缺乏相互监督,导致案件从审理到裁决的主导意见都是由审判长完成,合议庭其他成员要么应付式发表意见,要么直接不发表观点,导致出现合而不审、审而不议的情况。法院内部对审判人员的考核主要以其个人承办案件数和办理情况为考核指标,与合议庭其他成员关系不大。由于权力主体和义务主体的错位,相当一部分办案人员只顾自己埋头办案,对非本人承办的案件关注甚少,陪审员制度流于形式。

4.考评机制失效

考评是院庭长行使监督管理权最直接的方式,虽然广西各地法院设置了诸多考核、考评方式,既包括对审判活动进行案件质量评查、审判质效考评等方式,也包括一些综合性的考评方式,但是现阶段考评效果不佳,主要表现在以下三个方面:第一,考评机制很大程度上仍停留在以审判质效数据进行评价的表面阶段,且有些考评指标不符合审判规律,比如对法官办案数量考核指标,缺乏对不同案件的横向比较,导致有的审判部门专门办理疑难、复杂案件,审判任务繁重,但在考核评价中无法具体反映出来,严重挫伤法官的积极性。第二,考评仅停留在院级的考评,法官个人的考评机制比较少,仅有年度先进个人、优秀工作者评选等形式的考核,没有建立起针对法官个人审判执行业绩多方面的专项考评机制。第三,各地法院专项考评均是随机进行,没有将专项考评常态化,考评机制没有监督效果。综合以上因素,课题组认为,当前广西各地法院缺乏有效的评估机制和依据,是监督制约制度不完善的一大因素。

二、明晰权责:重塑审判权力关系,梳理审判权力清单

审判权力清单是司法改革背景下的一项制度,其目的在于厘清各类审判人员之间的权力和责任界限,是完善司法监督与制约的基础。课题组通过对相关文件进行重新分析整合,进一步对各审判主体及其权力进行了梳理,确保各类主体规范用权、行权有据、履职尽责,为司法监督制约机制的完善提供了制度基础。

(一)梳理权力清单必要性

1. 顶层设计需要

司法监督制约是对审判权力的监督与制约,构建司法监督制约机制的目的是规范审判权力的运行,而审判权力运行的基础是权力界限的明晰,也就是说,厘清权力界限是进行权力监督与制约的前提。因此,最高人民法院《关于深化司法责任制综合配套改革的实施意见》将"完善审判权力和责任清单"放在"完善审判权力运行体系,健全审判监督管理机制"的首位,可以说审判权力清单是司法改革背景下的一项制度,制作审判责任清单既是制度化成果,也是制度设计和落实的需要。

2. 审判主体需求

权力责任清晰是各审判主体行使权力的基础,权力清单直接约束的对象系审判主体。对于各审判主体而言,权力的准确定位和限定、责任的明确划分,是其运行权力的内心和制度保障。厘清审判主体责任,一方面,使院庭长的审判管理监督权明确化,做好监督有理有据、监督有力和监督有限,从根源上解决院庭长不敢管、不愿管的问题。另一方面,对于审判权主体而言,权力和责任清楚、明确化,能确保其集中精力办好案,并从内心接受审判管理与监督权的制约,进而切实去执行各项规章制度。

3. 权责统一内在需求

司法责任制的核心是权责统一,责任既包括审判组织依法公正行使审判权的责任,也包括院庭长依法行使审判监督管理权的责任。通过梳理权责清单,明确了院庭长审判监督权和法官审判权力以及责任的具体情形,压实主体责任,为业绩考评、追究违法审判责任、实行惩戒提供重要依据。

(二)审判权力关系的重塑

合理构建审判权力之间的关系是进行权力清单梳理的前提条件。最高人民法院的司法改革实施意见将审判权力划分为审判权、审判管理权和审判监督权,并着力构建以审判权为中心、审判监督权和审判管理权为保障的权力体系。但目前法院的权力格局并不明了,审判权与审判管理权、审判监督权在逻辑上还不够明晰。为更好地梳理各审

判权力清单,课题组认为应进一步对审判权与审判管理权、审判监督权进行塑造。

1. 明确区分司法逻辑与行政逻辑

所谓司法逻辑是指审判权运行过程中,审判是独立与自治的,法官依照宪法和法律规定独立行使审判权,不受行政机关、社会团体和个人的干涉。行政逻辑是指法院构造呈现为层级化的组织体系,行政科层官僚制内嵌于审判权运行过程之中,审判机制依靠等级权力结构与行政层级体系运行,并以不侵犯司法独立为基本底线。目前我国法院组织体内司法逻辑与行政逻辑混同,行政科层很容易借助审判管理与监督干涉审判权运行,而本应对审判管理权进行必要监督制约的审判监督权也时常缺位,例如对"四类案件"等疑难复杂案件实行科学监管,是院庭长依法行使审判监督管理职权的关键抓手,但部分院庭长未能实现由"行政权威"向"业务权威"的转变,这就导致院庭长在监督管理"四类案件"等疑难复杂案件时,未能及时发现问题、解决问题、总结监管经验,提升对"四类案件"等疑难复杂案件的监管水平。

因此,必须明确区分法院组织的司法逻辑与行政逻辑,划定行政逻辑在法院运行中的边界。首先,从宏观制度层面,重构法院的制度逻辑,理顺法院的运行秩序,让司法逻辑主导法院运行,从而使审判活动充分体现司法逻辑,最终实现"法院像法院,法官像法官"的司法改革目标。其次,从微观制度层面,严格区分法院内部的审判事务与司法行政事务,继续推进司法人员分类管理。以审判为中心,司法行政作为审判活动的辅助性与服务性功能必须服从于审判,但司法行政事务管理权可以按照行政逻辑运行,必须按照司法逻辑与行政逻辑区分不同类型的权力,并对应不同性质的法院事务,即"审判的归审判、管理的归管理、监督的归监督"。

2. 明晰管理权与监督权的权限定位

对于审判管理权,需要明确"它是一种程序性权力,是一种辅助性、运转性的权力",对个案的管理不能针对事实认定与法律适用,只能在不侵害独立审判的前提下对程序实施控制和引导;在宏观管理层面负责审判质效把控、法官业绩考评、管理制度制定与裁判尺度统一等综合性、统筹性事务。对于审判监督权,应明确其应该从行政命令式转向正当程序型,对个案的监督是一种程序启动权,而非实体处分权,重点聚焦于审判流程、审判程序与审判行为的合法性与合理性;对整体审判工作的监督只能在事后通过分析审判运行态势、常规抽查、重点评查与专项评查等方式进行,同样不能涉及实体问题。必须强调的是,上述权限定位并不是否定审判管理权与审判监督权对审判活动必要的监管,更不代表它们不负有保障审判质效的义务。此外,还需明确审判管理权与审判监督权不仅是院庭长享有的职权,更是他们作为层级负责者应当承担的责任。最高人民法院《关于完善人民法院司法责任制的若干意见》明确规定，负有监督管理职责的院庭长因故意或重大过失，怠于行使或不当行使审判管理与监督职权导致裁判错误并造成严重后果的，依照有关规定承担监督管理责任。这些规定意味着审判管理监督不再是没有责任的职权，而是“行权必有责，失职要担责”。尤其是对院庭长可以介入的“四类案件”，应该明确区分法官责任与院庭长的审判管理监督责任，并规定只要提出处理意见和建议，就须承担相应的管理与监督责任。此外，鉴于司法责任制改革后部分院庭长“不愿管”“不敢管”，还需要强调对确有管理监督必要的必须进行有效监管，否则承担怠于行使管理监督职责的责任。

3. 明确管理权与监督权的职权范围与行使程序

应在制度层面进一步厘定审判管理与审判监督的职权范围，彻底剥离审判权运行中某些异质化的权能，例如，案件审理过程中几乎所有程序性事项都属于审判管理的范围，决定权都在院庭长尤其是院长手中。此制度设置实际赋予院长在程序性事项决定上享有高于法官的权力，与院长在审判上与法官同权的原理不符。不仅如此，有些程序性事项会影响实体裁判，因而这种不对程序性事项作具体区分完全交由院庭长审批的做法，有侵犯法官或合议庭审判权的嫌疑，也容易造成审判管理权对审判权的不当干预。因此，在厘定审判管理职权范围的过程中，应适当改造院庭长的程序性事项审批权，将那些直接影响当事人程序与实体权利以及属于诉讼法规定的程序性事项剥离出来纳入审判权范畴，不再由院庭长审批。此外，要完善审判管理权与审判监督权行使的方法与步骤，细化审判管理与审判监督行权的具体方法与程序步骤，并明确规定所有监督与管理规范化，坚决摒除既往口头化、隐秘化、非正式化的管理与监督行为。

（三）权力清单的具体梳理

基于现阶段审判主体权力属性的双重性，为了更好地厘清主体之间的权力和责任界限，课题组通过对制度梳理，基于不同审判权力将审判权和审判管理监督权进行分别梳理，制定不同的两份清单，分别为《法院法官审判权力和责任清单》和《法院审判监督管理权利和责任清单》。在此基础上，根据不同主体划分，依照程序及实体规范进行权力的厘清和责任的厘清，通过正面清单赋予权力，通过负面清单限制权力并划定责任，实现权力主体明确、权力内容清晰、责任划分清楚。

1. 法官审判权力和责任清单

课题组以《中华人民共和国人民法院组织法》（以下简称《人民法院组织法》）、《中华人民共和国法官法》（以下简称《法官法》）及最高人民法院《关于完善人民法院审判权力和责任清单的指导意见》、《最高人民法院法官审判权力和责任清单(试行)》、广西高院发布的《关于审判职权配置及运行规范的暂行规定》及各诉讼法等为依据,对审判组织中的合议庭内法官的权责进行了整体梳理(见图 10)。在规定共性职责基础上,根据审判法官(承办法官、审判长、合议庭其他成员)、立案法官及执行法官的不同审判职责梳理出了 54 项清单,另外还对审判辅助人员审判权责进行了梳理,共梳理出 26 项清单。进行正面清单梳理后,课题组还对法官的审判职责进行了负面清单梳理,共梳理出 16 项负面清单。

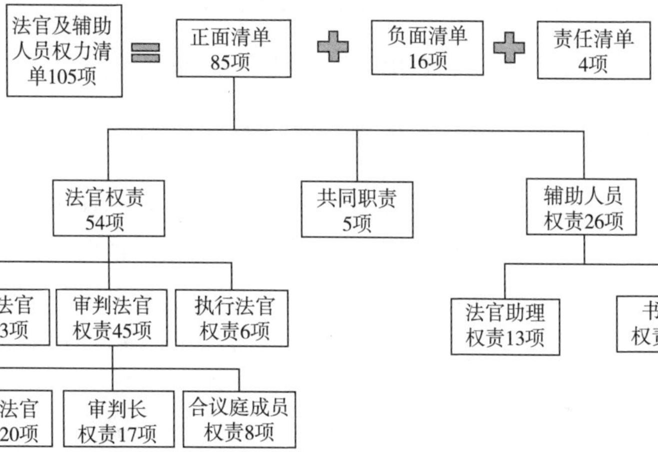

图 10　法官审判权力和责任清单

2. 法院审判监督管理权利和责任清单

课题组认为,基于院庭长一岗双责的特征,院庭长作为员额法官履行审判权,又作为管理者履行审判监督管理权。为了保证院庭长在实施两种权力、履行职责过程中更清晰化,课题组对审判监督管理权利和责任与员额法官的审判权力责任清单分别进行了梳理。课题组根据《人民法院组织法》、《法官法》及最高人民法院《关于完善人民法院审判权力和责任清单的指导意见》、《最高人民法院法官审判权力和责任清单(试行)》、广西高院发布的《关于审判职权配置及运行规范的暂行规定》、《关于进一步强化院庭长审判监督管理职责的实施意见(试行)》、《关于进一步加强"四类案件"监督管理的实施细则》等文件,对院庭长及各审判组织的审判管理监督权进行了梳理(见图 11),并形成《法院审判监督管理权利和责任清单》。《法院审判监督管理权利和责任清单》一共由 8 个部分组成,从正面对管理监督主体、机构与组织的审判管理监督权进行了划分梳理,共梳理出 63 项正面清单,另外还梳理出 16 项负面清单。

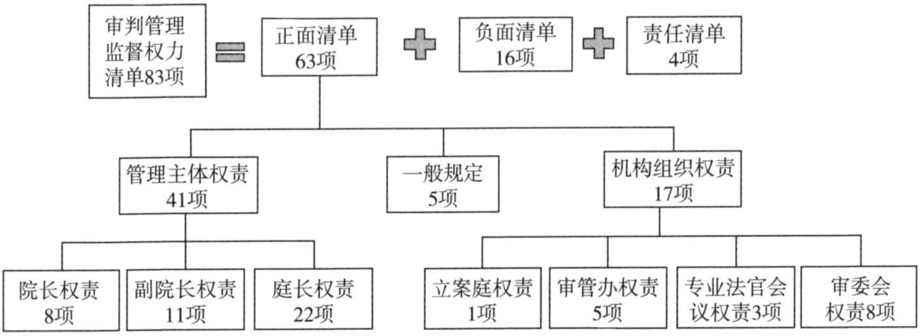

图 11 审判监督管理权利和责任清单

三、完善制度:加强标准化建设,确保监督抓手不落空

在审判权责清晰基础上,为进一步完善司法监督制约机制,课题组认为应以信息技术为支撑,以案件流程管理、裁判规则、“四类案件”监管及信访案件四大项目为抓手,通过规范案件审判流程、完善“四类案件”监督制度、统一裁判规则、构建信访案件办理机制,即通过标准化建设实现对审判权力的事前事中监督制约。

(一)规范案件审判流程,实现流程标准化建设

审判流程[1]是审判工作的基本单元,审判流程的规范化运行直接影响了案件的审判质量。《人民法院第五个五年改革纲要(2019—2023)》中亦强调,要加强审判流程的标准化建设,给每一位审判者提供标准化的操作指引,让审判者遵循规范进行自我管理,让制度制约权力。上海、江苏等地区法院在进行司法改革过程中,为确保案件审判质量将着力点放置于对审判流程标准化建设上。例如,上海一中级人民法院着力于构建过程管理机制,将审判流程细分并形成标准清晰可操作性强的工作准则。如上海长宁区人民法院针对庭前会议、审判流程、案件归档、信访接待等环节制作了各类操作手册,实现操作标准、流程可视化。再如,江苏省盐城市中级人民法院研发上线审判执行案件全流程节点信息化管控平台,将立、审、执中的各程序、各领域、两审级 210 个流程节点全部纳入信息化在线管理,通过明确管控范围、管控内容及管控方式,有力提升审判质效。

课题组认为对司法进行监督与制约应重视审判流程规范化处理,通过调研发现,为实现审判执行流程标准化,2019 年广西高院发布了《审判执行流程标准化工作指引(试行)》,对立案、分案、审判、执行等程序进行流程标准作出了规定,意在为司法

[1] 本课题阐述的“审判流程”系广义的审判流程,包括立案、审判、执行等案件流程。

实践提供指引。但是在实践中,并未达到预期的指引效果。

课题组认为该指引虽然对流程标准作出了规定,但是由于并未能形成清单化,流程节点规定不明晰、不全面,且文件将各类人员责任清单和流程标准进行混同规定,体系较为混乱,不具有可视性。可以说现阶段广西法院的案件审判流程依旧缺乏标准量化,指引可操作性不强,目前流程管理依靠人管、纯靠经验,而且优秀经验也未能传播。另外对于审限的管理仅限于案件整体审限的监督,对于每个审判流程节点并没有进行详细的规定和预警,导致案件流程运转不顺畅、审限把控不足、案件审理拖延,最终使大量案件长期未结。

因此,课题组认为从顶层进行设计,进一步对立、审、执各程序的各个流程节点进行梳理,并将各个程序流程节点工作标准化,同时通过明确各类司法人员的工作责任及时限等,将审判流程标准化、清单化,并将梳理后的流程节点全部纳入案件平台中,让审判权规范化运行,以实现对审判权的制约。接下来课题组以刑事案件审判流程为例,对将审判流程节点标准化、清单化构建的步骤、方法进行详细阐述。

1. 细化流程节点

以刑事诉讼法等法律法规为主要支撑,结合最高人民法院及广西高院发布的相关规范性意见,以纵向的业务流程线条为脉络,将刑事案件流程分为立案审查、庭前送达、变更管辖、变更强制措施、补充侦查、庭前会议、排期开庭准备、开庭、裁判、移送执行等流程,并形成节点流程图(见图 12)。通过将流程图示化,明确每个流程节点及其相应负责人,使案件流程清晰明了,确保案件流转顺利。

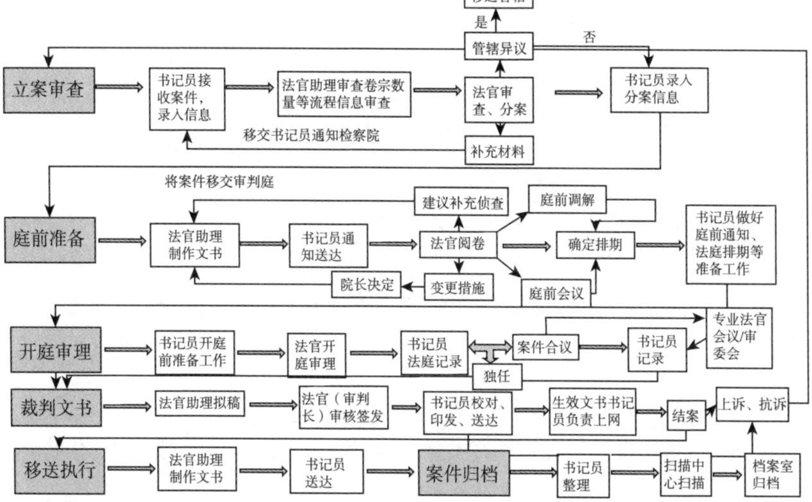

图 12　一审刑事案件流程

2. 明确各流程标准

在明确流程节点的前提下,明确每一流程节点标准、时限。首先,细化每一步骤的操作标准,明确每一节点流程相应文书样式,确保流程操作规范化。其次,明确每一流程节点办理期限。以刑事案件立案审查流程为例(见表 3),通过清单化,将案件流程标准、审限及负责人等标准化。

表 3 刑事案件立案审查审判流程操作

审判流程节点		工作要求	负责人	时间节点
立案审查	案件接收	接收由检察院移交的案件,逐一核对案件案由,清点卷宗材料及相关涉案财物,经核对无误后签收并在受案登记本进行登记记录。核对发现与案件移送材料单记载不符的,经报庭领导同意,将案件退回检察院补齐。 材料要求:公诉案件起诉书 1 式 8 份,每增加 1 名被告人,增加起诉书 5 份。自诉案件自诉状 5 份,每增加 1 名被告人增加 3 份。由随案材料的,附《随案移交清单》1 式 2 份	法官助理	接案当天
	案件信息录入	将案件信息录入系统,并将扫描卷宗形成电子卷宗	书记员	5 日内
	案件审查	公诉的案件审查:根据最高人民法院《关于适用中华人民共和国刑事诉讼法》的解释(以下简称《刑事诉讼法司法解释》)第 218 条规定的 10 项内容进行书面审查,并根据《刑事诉讼法司法解释》第 219 条分别作出不同处理,即退回检察院、要求补充材料、立案受理。 自诉案件审查:收到自诉材料后,根据《刑事诉讼法司法解释》第 310 条审查是否符合受理条件。符合条件的,根据《刑事诉讼法司法解释》第 319 条审查自诉状内容。根据《刑事诉讼法司法解释》第 320 条的规定分别作出不同处理:说服自诉人撤诉、裁定不予受理、立案受理。 提起附带民事诉讼的,一并审查	员额法官	公诉案件 7 日内,自诉案件 10 日内
	案件分案	利用随机分案系统进行分案,案件需特别调配的,通过系统经庭长、审判庭分管院领导审批同意后分配	法官助理	受理后 1 日内
	案件流转	及时将案件移交给分案系统指定的承办法官,做好卷宗材料签收和交接工作,并制作《立案决定书》随案移送	书记员	分案后 2 日内

3. 引入看板管理

现阶段广西法院的智慧审判系统对于流程节点的把控仅从案件整体审限进行监管，整个法官团队成员对流程信息的掌握并不准确，而且缺乏流程预警导致流程拖延。如在调研过程中发现，案件在受理后，法官通常对送达情况并不清楚，而在开庭审理后法官也经常因为工作问题使裁判文书迟迟不出，审而不决情况经常出现。课题组认为，在细化流程节点及明确标准情况下，要做到流程管理可视化，可以将看板管理[1]引入审判管理中。可以将案件的关键流程节点在审判系统中制作成相应看板（见图 13），在看板栏目显示流程的负责人、审限等关键信息，看板根据时间紧急程度标注不同颜色。在上一流程结束前，整个案件将会被锁定，完成上一流程节点后，案件自动跳转至下一流程，并提醒该流程负责人启动该流程任务。同时应完善平台的信息数据自动采集功能，对各个流程节点用时情况、超限情况等数据自动生成，便于建立管理台账。

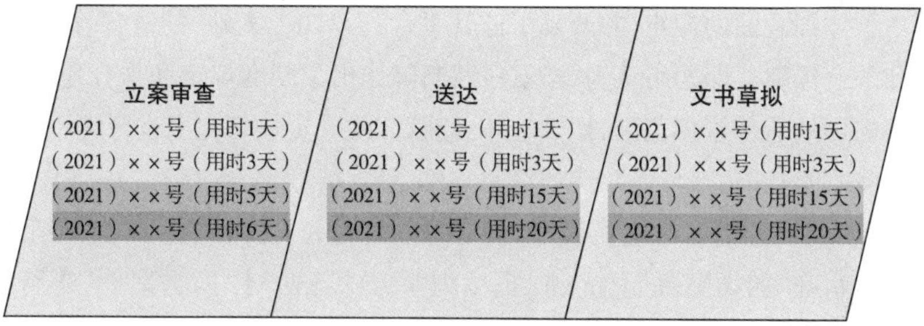

图 13　审判流程平台看板警示示例

4. 建立日常管理台账

管理工作台账的建立方便对团队或庭室工作情况进行管理。根据审判权利运行机制的构建，流程的监督属于院庭长监督范围。[2] 院庭长应当对其管辖的团队的案件进行全程流程监督，并负监管责任。院庭长可以通过审判平台对案件流程节点进行监控。庭长作为庭室负责人具体把控团队法官的流程情况并形成管理台账，每周对案件耗时、流程操作情况进行及时反馈总结，分析存在问题的原因，及时与法官沟

---

[1] 看板管理是应用在企业管理中的一种管理方式，即企业为了定时定点交货，制作一种类似于通知单的卡片，卡片记载产品时间、生产方法等信息或指令。在完成某一看板指令后，转接进入下一看板指令。

[2] 《关于审判职权配置及运行规范的暂行规定》（桂高法〔2017〕66 号）规定：院长可以通过了解案件审限、程序进展等情况，对办案计划、办案进度等提出要求，行使对案件的审判监督管理职责。

通反馈意见,通过反馈与沟通,进一步提高个人及团队的工作效率。审管办负责代院长履行流程监管,在庭室监管基础上,每月对每个庭室的案件耗时、流程操作情况进行及时总结并公示。针对存在问题进行分析并约谈庭室领导及相关人员,提高整个院审判效率及质量。

(二)完善"四类案件"监管,实现重点案件监管标准化

最高人民法院《关于落实司法责任制完善审判监督管理机制的意见(试行)》(以下简称《司法责任制实施意见》)发布后,院庭长的对个案的实体监督从原先的个案裁判文书签发制度,到专项对重点个别案件的监管及案件事后的监管。重点个别案件监管即对"四类案件"的全程监督管理,对案件事后的监管主要系通过对生效案件进行案件质量评查等方式开展监管。[1] 课题组在开展调研过程中,广西高院于2022年3月18日下发了《"四类案件"监管征求意见稿》。《"四类案件"监管征求意见稿》从"四类案件"的范围、识别主体、审查机制、监管原则、权限及方式等对"四类案件"监管作出了详细全面的规定,并开发了监管平台,为"四类案件"的监督管理提供了制度保障和平台保障。课题组认为,虽然广西高院作出了制度规定和平台建设,但在落实过程中仍可从监督管理范围、识别主体、监管方式及责任细化上进行进一步完善。

1.明确监管范围

《"四类案件"监管征求意见稿》以列举的方式规定了"四类案件"的详细清单,通过列举方式明确"四类案件"的范围,虽然列举方式无法对"四类案件"进行穷尽描述,但可操作性强且能严格限定院庭长的监管范围,确保权力不僭越。但课题组认为,《"四类案件"监管征求意见稿》通过列举方式进行详尽规定系从正面对监管范围作出了规定,即列出了"四类案件"监管的正面清单,为确保监管权力不被扩大,还应该列出负面清单,即对院庭长监督管理"四类案件"的禁止性行为作出规定,可以分为权限禁止、作风禁止和工作禁止三个部分(见图14)。

权限禁止指禁止超越清单范围行使个案审判监督权,违法规定通过变更审判成员、变更审限或发表倾向性意见、改变承办法官裁判结论等干预审判行为。作风禁止指禁止违反"三个规定"。工作禁止指监督管理"四类案件"必须严格按照规定监管权限、方式及法定程序进行,不得通过口头方式开展。

---

[1] 对案件事后的监管,课题组将会在后文进行论述。

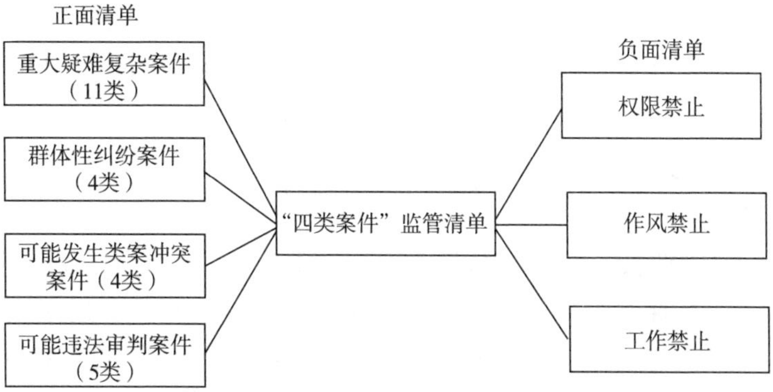

图 14 "四类案件"监管清单

另外,《"四类案件"监管征求意见稿》规定院庭长对"四类案件"有监督管理权,但是并未明确院长与庭长之间的管理权限,即对于何种案件属于院长监管范围、何种案件属于庭长监管范围并未作出明确的规定。对此课题组从案件难度等因素进行考量,将"四类案件"再进一步进行细分,细分为院长监督范围和庭长监督范围(见图 15)。

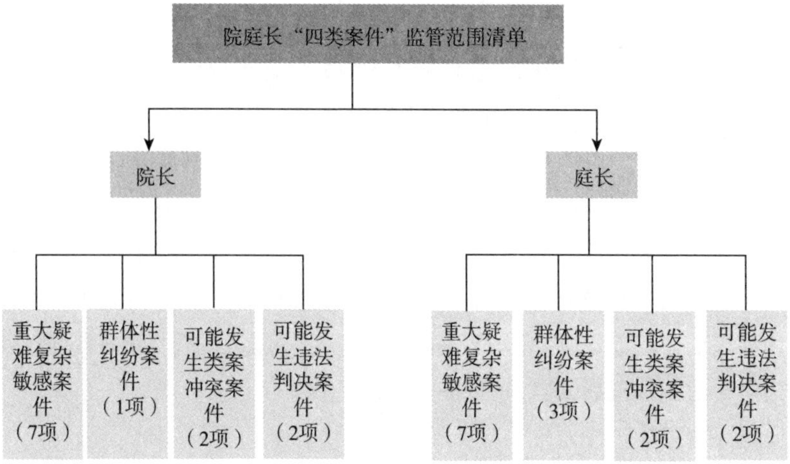

图 15 院庭长"四类案件"监管范围清单

另外,院长负责全院工作监督全院的审判工作,因此课题组人员需要明确的是院庭长对《"四类案件"监管征求意见稿》24 类案件均有监管权限。但实践中院长作为行政长官,其行政事务较为繁重,对全部案件进行监管存在一定困难。因此课题组认为院长对"四类案件"的全面监督管理,可以通过两个方面进行。一是对"四类案件"

的决定权(该部分在下文论述);二是对“四类案件”监管管理的授权。对“四类案件”监管管理的授权是指院长可以将具体个案的监管授权给相应的分管副院长负责,对个别具有重大影响的案件或与副院长具有关联性的“四类案件”,根据实际情况进行自行监管或指定他人监管。

2. 扩大识别主体

《“四类案件”监管征求意见稿》规定了立案部门、独任法官、合议庭及院庭长、审管办、监察部门、新闻宣传部门、上级法院作为识别主体。相对于《司法责任制实施意见》,识别主体更加全面,但是仅局限于内部。课题组认为,在《人民法院第四个五年改革纲要(2014—2018)》实施后,院庭长对于个案的监管欠缺主动性与积极性。课题组通过非正式访谈,对部分院庭长就重点案件监管进行访谈,大部分院庭长认为,在现阶段案件压力繁重情况下,对于重点案件监管更多的是提供裁判指导性意见,较少实际参与案件审判及监管。在目前实践中,由于怕担责或怕麻烦,院庭长对个案的参与通常通过非正式方式开展,院庭长似乎更希望通过不留痕方式进行监管。虽然“四类案件”平台具有自动识别功能,但大部分“四类案件”的识别并不能通过简单的计算机设置系统识别,大部分还是需要人为识别。由于上述原因,在实施后可能系统显示“四类案件”数量偏少甚至为零的状态,同时存在院庭长非常规干预案件和重点案件监管缺位的现象。课题组认为,在确定内部识别主体情况下,应赋予作为权利对抗主体的案件当事人、代理人、辩护律师作为启动主体。案件的当事人与案件具有直接关联,其认为案件属于“四类案件”的,特别是认为案件存在可能违法审判的情况下,可以向法院立案部门提出建议。另外,除了当事人、代理人及辩护人外,人大代表、政协委员、检察院、纪委监委等对法院具有监督职能的部门,在工作中认为案件属于“四类案件”范围,认为需要进行监管的,也可以通过建议方式提请法院监管。对于外部启动主体提出的监管建议,因为外部主体无法进入“四类案件”监管平台,所以可以由立案部门负责收到建议后,通过平台提交审批。

3. 变更决定主体

根据《“四类案件”监管征求意见稿》的规定,“四类案件”的决定主体为院庭长。课题组认为,“四类案件”的监督实际上是对法官独立审判的一种介入,对“四类案件”的监督要进行严格的限定,要从入口把好关口。在明确“四类案件”范围界限的前提下,为防止人为将案件范围无限扩大,应当对“四类案件”的决定主体作出限定。《“四类案件”监管征求意见稿》将决定权力交由各庭领导,无疑是增加了人为干涉的风险。课题组认为,应当仅将“四类案件”决定权交由院长,所有的案件要进入个案监管须经院长同意，方可启动监督管理程序。

在确定决定主体后，还应当规范决定程序。为确保“四类案件”精准识别，“四类案件”在提交院庭长监管前，应经过法官专业会议或审委会讨论决定。院庭长是否监管、交由谁监管应结合会议讨论结果决定。通过会议讨论，进一步制约院庭长对个案的监管权力（见图16）。

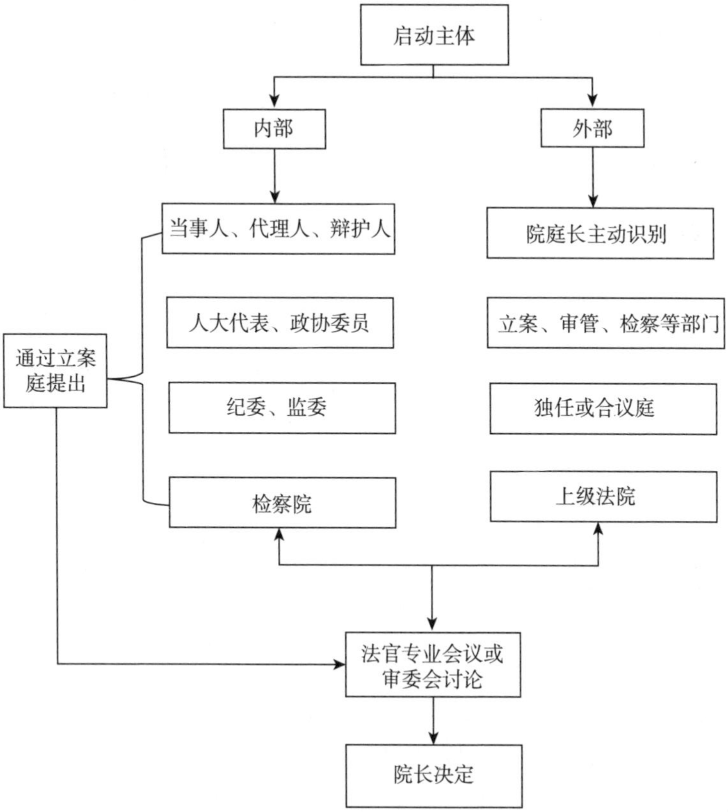

图16 “四类案件”启动流程

4. 完善监管流程

《“四类案件”监管征求意见稿》在监管方式及监管内容上作出了明确规定，但并形成明确的监管流程。课题组经过对《“四类案件”监管征求意见稿》规定的梳理，将监管流程明确化，使流程可视化，更具有操作性（见图17）。

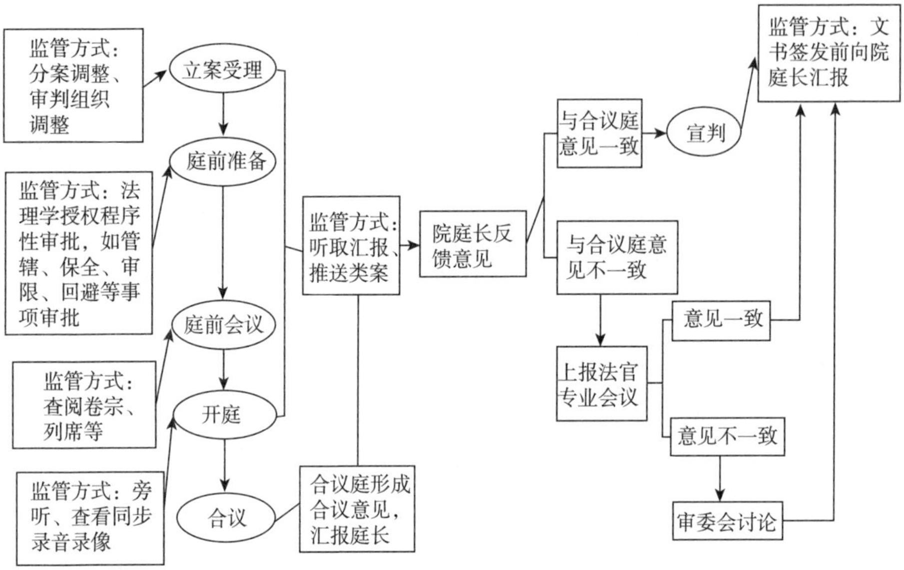

图 17 “四类案件”监管流程

5. 优化监管平台

根据《人民法院第五个五年改革纲要(2019—2023)》的要求，院庭长对于个案的监管要实现全程留痕。就目前的“四类案件”平台的建设来看，虽然实现了监管留痕和数据统计功能，但监管平台与审判管理平台尚未实现充分融合，目前监管平台与审判管理平台的交联处仅限于“案件标示”与“监管报告归档同步”，院庭长的监管留痕仅限于识别与报告。

课题组认为，监管平台的开发与运用应在现有的审判管理平台进行，并根据院庭长的监管方式在审判管理平台增设相应的流程节点，赋予院庭长相应的案件管理权限。也就是说，案件被标识为“四类案件”的话，在普通案件的流程节点上，在关键节点如分案、开庭、结案等关键节点为院庭长监管设置监管权限。如在分案环节，需经监管院庭长审批同意后，才可进入下一流程节点；在结案环节，经监管院庭长审批同意后，才可结案。此做法不仅实现了监管的全留痕，而且将监管方式程序化，确保监管落到实处。

(三) 统一案件裁判规则，完善类案强制检索制度

规范案件审判流程是从程序监督制约审判权力，实现程序标准的可视化，而统一裁判规则则是从实体规则限制和制约审判权力，实现对实体标准的可视化。根据最

高人民法院各项指导意见及司法改革文件[1]要求,各地法院要完善类案强制检索报告工作机制,实现对案件裁判规则的标准化、统一化。

对此,广西高院2020年发布了《关于加强类案和关联案件检索的实施意见(试行)》(以下简称《类案检索实施意见》),对类案和关联案件检索的应用原则、检索顺序等作出了规定,具有一定指引作用。但是经过调研,课题组发现对于类案和关联案件的检索,法官在案件办理过程中并未真正使用类案和关联案件检索制度。主要原因有三:缺乏统一的集成检索平台、法官适用理念缺位及监督缺位。课题组认为,应当从以下几个方面,完善类案强制检索制度。

1. 建立智能化检索平台

进行类案检索的前提是检索技术的保障,因此建立智能化检索平台至关重要。但目前《类案检索实施意见》规定的检索平台形成了最高人民法院平台(中国裁判文书网)、地方法院平台(办案系统)和外网平台(法信、北大法宝)共存但不共融的局面,而且现阶段的办案系统也仅能查询本级法院的,甚至是员额法官个人的裁判文书,办案系统不能对全区裁判文书进行查看。另外,现阶段的检索平台仅能实现与字段或文字匹配的机械检索功能,推送的案件过多,也无法识别出是否属于指导性案例、典型案例,对关联案例(如一审与二审)也未能进行推送。法官要进行类案检索需要花费大量的时间去进行筛选和甄别,无法实现对关联案例的检索。课题组经过调研发现,虽然最高人民法院未能形成统一的权威检索平台,但是各地区高级人民法院均开发了自己的智能化类案检索平台,如贵州省高级人民法院的类案智能推送系统、安徽省高级人民法院的类案指引项目、北京市高级人民法院的睿法官系统。课题组认为广西法院也应该开发自己的智能化检索平台,建立法律法规数据库、典型指导案例数据库(包括最高人民法院发布的指导性案例、典型案例,自治区发布的参考性案例、优秀裁判文书,案件裁判规则等)、生效裁判文书数据库、专业论文数据库及调研成果数据库等,形成大数据分析数据库(见图18)。

---

[1] 《人民法院第五个五年改革纲要(2019—2023)》规定:加强和规范司法解释工作,健全司法解释的调研、立项、起草、论证、审核、发布、清理和废止机制,完善归口管理和报备审查机制。完善指导性案例制度,健全案例报送、筛选、发布、评估和应用机制。建立高级人民法院审判指导文件和参考性案例的备案机制。健全主审法官会议与合议庭评议、赔偿委员会、审委会讨论案件的工作衔接机制。完善类案和新类型案件强制检索报告工作机制。

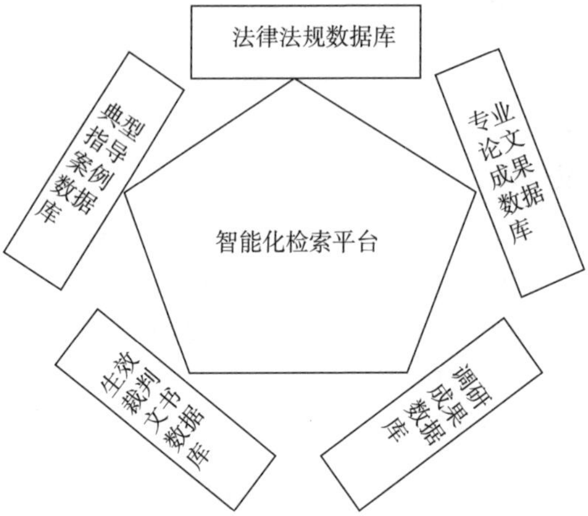

图 18 智能化检索平台"五库一体"

在进行智能检索系统数据集成的前提下,还要提升案件推送的精准性,通过对数据库的案件进行标签化、精细化,将案件数据的来源、层级、效力情况等尽可能进行细化标注。同时在进行类案推送的过程中,可以添加案件的质量高低及层级顺序进行参考性的标注,提高法院对类案的适用率。

2. 重构法官办案规则

类案检索制度的确立不仅是工作制度上的建立,更重要的是对法官审判思路的转变及办案规则的重构。传统的审判通常以找法、用法为主要审判思路,类案的援引和索引并未引起重视。调研发现,有经验的法官通常不习惯进行类案检索,只有年轻法官因为经验的缺乏更喜欢通过类案检索方式解决案件问题。但是根据《类案检索实施意见》的规定,合议案件原则上都应该进行类案检索,新颖、争议、结果不统一的几类重点案件则必须进行类案检索。可见类案检索不仅是为法官提供适用法律的工具,更是对法官自由裁量权的一种制约。因此课题组认为应当通过将类案检索制度归入案件审判流程节点、出台范例、加强对类案检索的业务培训等,引导法官形成类案检索习惯。

3. 发挥院庭长的审判监督作用

院庭长借助法官专业会议、审委会并以"四类案件"监督或案件研究制度等为媒介,对类案检索进行监督管理。同时通过案件倒查机制,将类案检索情况纳入案件质量评查机制中,将其作为一项重要的考评指标。通过考评倒逼制度的落实,督促法官自觉按照要求开展类案检索并制作检索报告,同时也要防止法官在个案裁判过程中选择性寻找与自己观点一致的类案而忽视其他分歧性案件。

4.建立类案裁判标准制度

类案检索报告是经过大数据初步筛选及法官人工分析形成的智慧成果,与指导性案例一样,对后续其他的类案具有很高的借鉴意义。但是类案检索报告一般只与个案进行绑定关联,系个案形成的文书,一般都不进行公布,这就导致法官对类案的检索经验无法得到有效复制。为解决这一问题,课题组认为可以借鉴上海市第一中级人民法院及北京法院做法,将类案检索报告转化成类案调研成果,结合具体案例、典型案例、指导性案例,将类案裁判标准适用的情形、裁判结果、法律理由和适用法律条文等编制成类案裁判标准,由高级人民法院或者中级人民法院定期发布、更新,最大限度发挥类案检索报告的借鉴功能。

另外,类案裁判标准虽然对审判实践具有借鉴意义,但是在具体案件运用时,课题组认为应当参照类案裁判标准所体现的法律精神促进法律适用统一,在裁判文书中表述类案裁判标准中明确的法律理由和适用的法律条文,但不得在裁判文书说理中明确表述该类案裁判标准的文件名称,不得直接援引该类案裁判标准作为裁判依据。当事人在诉讼中提出在案件中应当适用确定的类案裁判标准的,可以比照类案裁判标准中所明确的法律理由、所适用的法律条文进行回应。

发现已办结案件存在明显违反类案裁判标准且符合改判、发回重审、提起再审等法定条件的,应当依法依程序进行纠错。有充分理由应当作出与类案裁判标准不一致裁判的案件,或者发现确定的类案裁判标准与法律文件或法律精神存在冲突的,承办法官应当层报院庭长提请本院审委会研究决定,并报高级人民法院或中级人民法院相关责任部门。高级人民法院或中级人民法院责任部门根据情况,提请审委会研究决定。

(四)构建信访案件办理机制,实现信访处理标准化

涉诉涉法信访制度是监督管理法官公正司法不可或缺的制度。建立和完善对法官投诉与信访制度,将有利于减少司法腐败的发生,有利于减少针对审判工作的申诉、上访,有利于提高法官的职业素质,有利于保障法官的职业地位,有利于提升法官的职业形象。

2021年11月30日,广西高院发布了《广西法院涉诉信访依法终结工作实施细则》(以下简称《信访终结实施细则》),对涉诉信访案件的终结工作流程、“四个到位”终结标准等作出了详细的规定,并将工作流程嵌入全国法院信访信息管理系统,实现办理流程全留痕信息化。可以说《信访终结实施细则》的发布规范了信访案件办理流程。但课题组对百色市两级法院进行调研的过程中发现,该实施细则发布以来,各院

基本未能真正落实到位该细则,甚至相关业务部门并不清楚该细则具体内容。主要原因在于,该细则仅从涉诉信访的终结程序对信访案件处理作出相关规定,该细则仅规定到责任法院,细化到各院部门、个人的责任尚未明确,对于相关的流程仅作了框架性规定,对于信访案件接访流程、标准、方法等均未作出规定,导致基层法院在实施过程存在一定困难。

课题组认为,在《信访终结实施细则》基础上,可以进一步明确信访原则、责任划分、办理流程与标准及考评方式,细化信访案件的办理规定。

1. 明确信访原则

(1)有效化解原则

应当坚持有效化解原则。明确受理信访案件标准,严格办理初访案件程序,把息诉息访要求贯穿信访案件工作的全过程,在化解过程中,综合运用教育疏导、再审纠错、司法救助、三级会商、第三方力量参与、多元化解等方式开展息诉化解工作,做好释法说理工作,加快案件流转,防止案件积压。

(2)诉访分离原则

应当确立"诉访分离"原则,即诉讼与信访分离原则。对于尚在审判程序案件的来访,释明告知信访人依照法定程序行使诉权,通过诉讼材料递交窗口或邮递等方式反映诉求。对于审理案件法官的投诉举报,释明告知向人民法院纪检监察部门反映诉求。对于"诉"和"访"的界定,课题组认为,"诉"是指信访人提出的符合法律程序规定,属于人民法院管辖,且可以通过司法程序或相应法定救济途径解决的事项,主要包括起诉、上诉、申请再审和申诉,以及法律和司法解释规定的异议、申请复议等诉求。"访"是指信访人诉讼权利已经丧失或行使完毕,不能通过司法程序或其他法定救济途径解决的事项,仍通过走访形式,向人民法院表达意愿,反映与诉讼有关的问题和事项,或未按法律程序越级向人民法院反映诉求。通过明确"诉""访"界限,将信访案件分流,有效解决信访问题。

(3)严格依法原则

处理信访案件应严格依照有关法律和政策规定开展案件化解工作,把法治宣传教育贯穿涉诉信访工作全过程,引导信访人依法维权、理性信访。坚决防止推诿敷衍和搞形式主义"走过场",该解决的不解决,同时防止为暂时息事宁人而突破现有法律政策界限,引发更多矛盾。

(4)全程留痕原则

对于信访人来访并向人民法院提交的相关材料,人民法院应当及时录入全国法院信访信息管理系统,不得遗漏、随意修改、编纂录入信息。详细记录每一个环节的工作情况,包括每一次谈话笔录、合议笔录、讨论记录、三级会商会议记录等。对续访案件的办理情况和办理结果,要及时、准确录入信访信息管理系统。

2. 确定责任划分

责任划分分为 3 个层次,即责任法院的划分、责任部门的确定及责任人的确定。在办理信访案件时,3 个部分责任的划分按层次递进确定,逐步将责任落实到个人。

(1)确定责任法院

按照《信访终结实施细则》的规定,信访案件的责任法院为一审法院。如涉及上级法院的生效裁判,在进行审查形成意见后再逐级请示。课题组认为,这样规定虽然将操作进行了简化,便于实践操作,但是也存在很大问题,因为在信访过程中,信访人的诉求不仅包括对案件程序实体的处理,还有对人员办案过程违法违纪的反馈。生效裁判不属于一审案件的,让下级法院对上级法院进行核查,在逻辑及实践中其合理性都有待考究。对此,课题组认为应该对责任法院的确定进行细分。具体划分标准如下所示。

①一审法院作出并发生法律效力的判决、裁定或者调解书,一审法院为责任法院;对于二审法院作出并发生法律效力的判决、裁定或者调解书,除二审法院作出维持一审法院判决、裁定处理,二审法院为责任法院。

②再审改判或调解的,再审法院为责任法院;再审维持原审结果的,按照第一项的原则确定责任法院。

③对其他司法行为或决定不服的,作出具体司法行为或决定的法院为责任法院。

④对责任法院的确定存在争议的,由高级人民法院指定。

⑤高级人民法院为责任法院的,由高级人民法院相关责任庭室另组合议庭,对信访案件出具复查意见及结案审查报告。

(2)确定责任部门及责任人

根据《信访终结实施细则》的规定,涉诉信访案件由立案庭负责立案、业务庭负责审查。这一规定彻底改变了原先信访案件处理程序,不再沿用原先信访由立案接待、处理,业务庭只办案不接访这一传统。课题组认为,这一改变不仅有利于信访案件的有效处理,而且能通过让业务庭法官亲自接访转变法官服务意识,让法官在日常办案中更重视对当事人的释法明理,从源头减少信访案件产生。课题组认为,将信访案件分给具体的业务庭承担,会增加业务庭的压力,具体在分案时,会存在相互推脱的情况。对此,课题组认为各法院应当成立信访案件处理小组,小组成员由各个业务庭的二级以上法官组成(审委会成员除外),信访案件的业务处理由该小组成员负责。立案庭在对信访案件立案受理后,在回避原审合议庭成员基础上,通过随机分案模式,将案件派分到具体的承办法官手上,并确定合议庭成员。承办法官及其辅助成员负责信访案件的具体审查,出具初步意见,后提交合议庭合议。通过将责任明确到人,将责任压实。

3. 细化办理流程与标准

(1)规范接访流程

规范化接待是信访案件的基础,在向当事人及律师发放调查问卷过程中,接访态度恶劣和接访敷衍是当事人反馈最多的内容之一。对于接访的流程及标准,目前广西尚未形成规范化,课题组认为应当制作《人民法院涉诉信访接待工作规范》,从规范接待、认真接谈、依规登记、有效引导、甄别分类、应急处置等方面作出规定,防止出现接待不规范、接谈敷衍、“只挂号不看病”等现象发生。另外,还应当制作《人民法院信访人须知》,在接访前告知信访人,人民法院信访接待场所是涉诉信访群众依法反映诉求、主张申诉和参与诉讼活动的公共场所,应遵守相关法律法规,依法合理申诉信访,以维护良好的接待环境,保障信访活动依法有序进行。两份制度均应在法院规定接待场所上墙公示。

(2)细化材料标准

《信访终结实施细则》规范了终结程序中的相关文书样式,如执法过错评估单样式、询问笔录样式、终结报告书样式以及终结档案文书目录等文书样式,保证了文书的规范化。但是终结文书是确保对内审批过程中文书的规范,对于当事人提交的材料并没有作出具体规定。目前信访人提交的文书资料过于混乱且冗长,通常审判人员无法明晰其诉求。为确保信访人诉求得到有效识别,课题组认为应当从材料形式上作出规定,引导信访人按照规定书写反映信访诉求的意见书,提交身份证、原审裁判文书及相关证据材料等。无法书写的,可以为其提供法律援助服务,由法院值班的法律援助律师为其提供帮助。

4. 细化结案方式

对于结案方式,《信访终结实施细则》仅规定了案件终结一种结案方式,对于未化解的不予终结案件,没有规定续访相关制度和程序。课题组认为,为了让接访法官更好地化解矛盾,可以在区分案件可终结和不可终结的基础上,对结案方式进行进一步优化,将结案方式分为化解和未化解(见图19)。

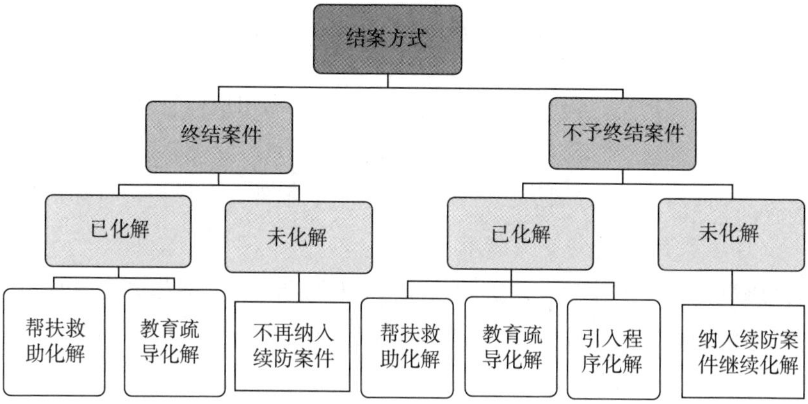

图 19　信访案件结案方式

化解包括帮扶救助化解、教育疏导化解、引入程序化解三种情形。帮扶救助化解是指人民法院对信访人进行必要的司法救助，信访人放弃信访。帮扶救助化解应当留存息诉罢访笔录、息诉罢访保证书、领取救助款收条的原件。教育疏导化解是指信访人经人民法院释法教育放弃信访。引入程序化解是指因信访人反映诉求所指向的案件确有错误，引导到诉讼程序中或另行提起诉讼解决。

未化解是指人民法院无法通过帮扶救助、教育疏导、引入程序的方式予以解决的案件。具体分为两类：一是未化解的终结案件，即案件认定事实清楚、适用法律正确，不存在程序瑕疵或存在瑕疵已经补正，案件已经信访终结程序终结，但信访人仍坚持其信访诉求的案件。对该类案件当事人仍继续信访的，法院不再受理、接访、登记。二是不予终结的案件，即案件存在瑕疵不能补正补救，又未能化解的信访案件，对该类案件自动纳入续访案件予以办理。对于不同的结案方式，均应制作结案报告，并通过信访管理系统层报至高级人民法院备查。

5. 完善监督考评

高级人民法院申诉审查负责部门负责对各级人民法院信访案件的办理工作，实施警示通报、专项考评，督促各级人民法院将信访案件责任落实。警示通报分为即时通报、定期通报两种形式、即时通报是指高级人民法院对各地法院开展信访个案办理过程中存在的问题情况随时进行通报，定期通报是指高级人民法院定期对各地法院的开展信访案件办理工作进行分析并在全区法院进行整体通报。同时高级人民法院还应对信访案件进行专项考评，构建专项考评机制，警示通报、专项绩效考评结果，纳入各级人民法院和干警业绩考评中。

四、评估检验：健全评价机制，保障机制有效运行

基层人民法院构建过程监督为主、结果监督为辅的司法监督制约机制，对审判权进行监督与制约，但权力运行效果如何，仍然需要一个评价机制进行验证。对此，课题组认为，现阶段可以充分围绕法官绩效考核机制、案件质量评查进行评价与运用。

（一）启用案件质量评查常规化

案件质量评查制度作为人民法院内部监督的重要抓手，对提升案件质量发挥重要作用。但司法责任制实施以来，基于种种原因，并未将案件质量评查制度作为常规制度予以落实，在以实现"审理者裁判，裁判者负责"的新一轮司法体制改革背景下，取消了院庭长的裁判文书审批签发制度，员额法官的专业素养参差不齐，导致审判质量有待加强，甚至出现错案。

关于案件质量评查必要性的实证分析，课题组以开展政法队伍教育整顿为契机，对百色市法院系统部分院庭长与员额法官就开展案件质量评查的必要性与具体方法进行问卷调查，发出问卷200份，收回196份，有效问卷196份。其中，认为司法责任制背景下法院系统应当开展案件质量评查常规化的有188份，占95.92%，认为没有必要的有8份，占4.08%。完善案件质量评查机制的具体设想有以下3点。

1. 评查主体的确定与管理

一是评查主体方面，案件质量评查的效果首先取决于评查人员的专业素养，应具备专业的法律素养以及丰富的审判经验，故评查人员应由各院的院庭长或者业务骨干组成。课题组通过调研，认为案件质量评查应分为日常常规评查模式与交叉评查模式。交叉评查采取专项评查方式，对特定案件类型与案由开展专项评查，启动主体为市中级人民法院与广西高院，评查人员从各院经验丰富的员额法官中进行抽选。日常常规评查模式的管理主体为审判管理办公室，评查人员由本院员额法官、纪检监察部门人员组成。

二是评查人员的管理上，加强评查业务培训，科学界定评查工作量。为保证评查质量，除了确保评查主体的专业素养外，还应提高其积极性与主动性，对此，应将评查工作进行量化，具体可与普通案件进行折算，并纳入年终的案件绩效考核。

2. 搭建智慧案件评查新平台

传统的评查方法不能适应未来大量评查案件的需求，为此要运用智能网络技术搭建案件评查新平台。课题组认为，全流程评查方式的运用需要依托智能网络技术将现有的办案平台互联互通，以"条目式"的方式展示案件从立案、送达、庭审、结案归

档等各个阶段的全流程记录。评查人员可直接从评查平台对案件的"全貌"进行查阅,可选择从程序上、实体上进行"过滤式"评查,使评查逻辑更直观更清晰,改变以往仅靠评查卷宗的方式来进行评查。

程序上、文书格式上的评查则由智慧评查平台自动完成,对于系统自动评查后存在疑问、模糊的部分,由评查人员进一步确认是否符合要求。评查人员应着重从实体上对案件事实认定、法律适用以及社会效果评价等方面进行评查,改变过去重程序、轻实体的评查现状。

3. 建立责任追究及奖惩机制

对案件质量评查发现的问题,应做好区分。第一,对于一般性质量问题,可组织个别谈话,警示教育。第二,对于重大性质量问题,应及时启动纠错程序如启动再审程序进行纠正,并可取消该人员的评优资格。第三,对于违法违纪问题,要移交监察机关进行调查。对于做出优秀做法及优秀裁判文书的人员,要进行鼓励及奖励,将案件质量优秀评比的结果纳入优秀考评的指标。同时,要进行倒查,对评查人员没发现而参阅案件评查总结报告后没主动对其案件进行纠正的办案人员,加重处置的方法,以此倒逼办案人员主动发现错误、更正错误。

(二)充分发挥法官绩效考核的作用

法官绩效考核是对审判权运行效果的有效评价机制,有利于推进司法体制改革的推进。绩效考核实践由单一评价机制转变为"四位一体"的多元评价机制。[1] 2021年11月,最高人民法院印发《关于加强和完善法官考核工作的指导意见》,坚持聚焦主责主业、突出工作实绩的原则,侧重对法官办案业绩进行考核,细化"四位一体"考核评价体系。对此,课题组经过调研分析,认为法官绩效考评应继续以"四位一体"为基础,实行动态指标调整与加减分制。

1. 普通员额法官绩效指标的设定

(1)办案数量的考核。办案数量这一指标是法官绩效考评中最核心、最基础、最直观的指标,通过办案数量指标设定,引导、鼓励法官多办案、办好案,从而实现定分止争的目标。当前实践主要采用设考核基准的方法,即对员额法官年结案数量设定一个标准,然后根据该标准对法官个人的实际结案数进行考评。主要有三类标准:一是平均基准,即考核年度内全院所有员额法官平均结案数作为基准;二是最高基准模式,即以结

[1] 单一评价机制指结案率作为加分项、改判发回率作为减分项;"四位一体"是指办案数量、质量、效率、效果。

案数最高的法官为基准，将其他法官结案数与其相比折算考核分数；三是绝对数量考核标准模式，即直接规定员额法官具体的年结案数，以此为基准进行考核。[1]

平均基准模式下，超过平均数的会得到正向激励，达不到的则得到负面评价。其优势在于简单、易实施，其弊端在于无论如何总有低于平均基准的法官，排斥全体进入优秀之列。最高基准模式突出了最高结案数的风向标意义，发挥“领头羊”的作用，激励全体法官办理更多的案件；其弊端是标准太高，容易对考核的公平性产生影响。绝对数量模式下，达到或者超过这一基准就奖，达不到就罚。考核方式相对直观，弊端是很难确定基准，只要解决好基准办案数量，可视为科学的考核方式。对此，课题组经过研讨后表示同意，并认为绝对数量模式较为合理，目标比较明确，而且超过基准数的，可以加分，从而可以调动法官办案的积极性。在基准数量的认定上，应该采集本院近三年的平均结案数进行折算标准案件数，以 P 市法院为例（见表 4）。

表 4　2019 年至 2021 年 P 市法院案件平均结案数（件）

年度	民商事					刑事	行政	执行	合计
	民初	重审再审	再审审查	财保	特别程序				
2019	3933	0	4	1	5	402	19	2777	7141
2020	4770	1	15	377	2	239	12	3282	8698
2021	4701	12	22	83	1	257	28	3429	8533
3 年案件合计数	13,404	13	41	461	8	898	59	9488	24,372
3 年案件平均数	4468	4.33	13.67	153.67	2.67	299.33	19.67	3162.67	8124
折算标准案	4468	13.00	6.83	15.37	0.53	598.67	59.00	790.67	5952.07

注：标准案 = 案件平均数 × 折算系数。折算为标准案系数如下[2]：1. 民商事案件，1；2. 财保字案件，0.1；3. 刑事案件，2；4. 行政案件，3；5. 再审审查案件，0.5；6. 发回重审、再审案件，3；7. 特别程序，0.2；8. 执行案件，0.25。

---

〔1〕刘俊峰：《员额法官绩效考核指标之优化分析》，载《司法改革论评》2020 年第 1 期。

〔2〕关于折算标准案系数的确定问题，课题组原拟借鉴邹碧华带领课题组研究案件权重指数设定的方案设定广西法院的案件权重指数，但因疫情原因，无法实地调研获取第一手资料，且案件权重指数的设计太过宏大，目前课题组的力量无法达成该目标，仅以当前实践简便认定。在采取上述折算标准时，课题组亦充分考虑是否对案件内容、程序进行细化，比如区分普通程序、简易程序等，但课题组认为，当前员额制体质改革中分案规则系其中一个核心、基础问题，且采取随机分案为主，通过随机分案系统应该足以均衡不同法官的案件量，故最终未采纳该观点。

通过表 4 可以得知，该院年平均结案数量为 8124 件，折合标准案件数约为 5952.07件。该院现有员额法官数为 29 人，根据广西高院《关于全区各级人民法院院庭长办理案件的暂行规定》（桂高法〔2017〕177 号）关于院庭长办案比例的要求，该院 29 位员额法官的基本情况及折算结果情况如表 5 所示。

表 5 员额法官折算统计

职务	数量	办案比例	标准员额
院长	1	8%	0.08
副院长	3	35%	1.05
专委	1	50%	0.50
庭长	5	70%	3.50
副庭长	4	95%	3.80
普通员额法官	15	100%	15.00
合计	29		23.93

由表 5 可知，29 位员额法官折算为标准员额数约为 23.93 个，用绝对数量基准模式所得全院标准案件总数 5952 件除以 23.93 个标准员额得出全院员额法官人均结案标准数约为 249 件，该案件数值即为普通员额法官年结案数量的考核基准，院庭长根据上级规定的办案比例进行相应折算。对此，应该注意标准案系数应当在年初时由审委会进行确定，对于极特殊类型案件，比如破产案件、信访案件的折算比例不作为统计基数，但其应计算其实际折算案件数。

（2）办案质量。关于普通员额法官办案质量的指标设定问题，课题组认为，该项不宜设定过多指标，综合认定以案件质量评查结果和二审发回重审与因错误改判两项指标为宜。

发改类似于在后工序中发现“质量问题”，给予负面评价自然合理，单纯根据发改案件情况评价法官的审判质量并不全面，在法官个体绩效考评中，如果对案件质量的评判仍然浮于数据表面，往往出现评价结果与实际情况双向背离的情况。因此，必须建立案件质量评价体系，深入个案内部，以个案评鉴的方式考察法官的审判质量。有的法院将庭审观摩纳入质量评查的范畴，理论上也算合理。不过，基于基层法院的具体情况，通常是对庭审规范的评查，很难有实质性的突破。有的法院将上诉率或服判息诉率作为案件质量指标进行考核，虽然案件质量有问题容易引发当事人上诉，但是当事人上诉并不意味着案件质量有问题，实际上，将它们作为办案效果指标更合理一些。综上,考核案件质量采用案件质量评查加发改案件情况相结合较为理想。这一指标不宜采用上诉率或服判息诉率指标,也不必拓展到庭审观摩等领域。

(3)办案效率。法官要严格遵守审限规定,除法定扣除审限情形和依法批准延长审限外,应当做到无超期限案件的基本效率目标,一般将法定审执限作为考核要求。对效率的考核宜取法定审执限,按件数考核;同时,区分超法定审理期限是否经过批准。未经批准超过法定审执限的给予严重扣分考核。经批准超过法定审理期限的,也应当酌情扣减一定的分值。对于考核的时间点,通常是否超审执限只考核年度内已结案件即可。未结案件尚不能确定是否超审限,或者确定要超审限但总有一天要结案,在结案年度考核中并无疏漏。但是,超 18 个月长期未结是一种严重的低效率状态,不能等到结案时再考核,只要出现即予以考核扣分。

有的法院以案件平均审理天数作为效率考核的重要指标。平均审理天数在一定程度上反映了结案效率。但是这一指标有问题:首先,可能忽略个案超审限的严重情况。比如,某法官有两件案件超审限,但是,其他案件审理天数相对较短,平均审理天数反而低于全院平均值。在考核时,超审限的那两件案件就影响不大。其次,平均审理天数的考核容易导致对效率的过度追求。考核这一指标一般取平均基准。此处极易引发问题,即平均审理天数是否有极限,是不是只有更少没有最少?如果是,终有一天,法官要崩溃。考核的导向或激励作用存在偏差。

有的法院取结案率平均值作为效率指标考核。有些情况下,结案率越高,就意味着期间内的结案数越多,效率也越高。但是,结案率并不总是反映结案效率。比如,结案速度不变,收案速度加大,结案率会下降,实际上法官的办案效率并没有下降。因此,用这一指标考核办案效率也不理想。

综上,对于办案效率考核,只考核年度内已结案件是否超审执限,再结合有无长期未结案件情况即可。根据审限审批情况规定虽经批准也扣一定分值较为理想。宜考核每一件案件,舍弃法定审限内结案率这样的指标。案件平均审理天数、结案率、结案均衡度以及一些深入节点的控制指标均不是效率考核的理想指标。

(4)办案效果。服判息诉率是指非上诉案件数与同期结案数的比。服判息诉率通常意味着案结事了的社会效果,作为办案效果的基本考核指标较为理想。“实践中,对办案效果一般只能从其事后发生的不良影响来进行相对的客观评价。”信访投诉作为办案效果的考核指标也非常合理,但是在考核方式上有不少差异。对于信访投诉的考核,直接以信访投诉是否存在进行考核较为合理,根据报告与否进行考核有些畸轻。考虑到信访投诉一般不会很多,统计信访投诉率可能不是很必要,直接按照信访投诉件数进行考核较为合理。就基层法院而言,根据信访级别进行考核通常较为合理。经过这些取舍所形成的考核办法对法官容易形成相对合理的导向作用。引发负面舆情通常也作为办案效果的考核内容,可以对此分三个环节考核:源头防范、同步推进、实际效果。

从办案效果考核整体考虑,将服判息诉率规定为考核内容更合理。有的法院将调解或撤诉情况作为办案效果指标考核。调撤的结案方式通常意味着办案效果较好,如此考核不能认为其不合理。不过,调撤率通常是法官控制服判息诉率指标的自觉手段。如果法官认为自己的服判息诉率有风险,可以主动提高调解或撤诉的结案数,故服判息诉率指标可以涵盖调撤率指标。而且只要服判息诉率达到要求,调撤率是高或低并不重要。综上,对于办案效果考核,取服判息诉率,再加信访投诉和负面舆情两方面的内容较为理想。若要更进取一些,可以考虑再加判决调解的自动履行考核。

(5)动态指标及加分项。首先,司法行为及司法作风问题事关司法的形象,事关人心向背,作风建设具有复杂性、顽固性,不能一蹴而就、一劳永逸,必须持之以恒、常抓不懈,改进工作作风不仅要对现象上的问题进行整改,而且要从根本上溯源,扬汤止沸不如釜底抽薪。近年来,最高人民法院不断加强对司法行为及司法作风问题的整治力度,通过审务督察系统对全国各法院的该项内容进行数据抓取并通报,以此推进司法作风建设,因此必须将司法行为及司法作风作为考评指标的一项重要内容。

其次,作为一名法官,办理案件不能陷入案件怪圈陷阱,为了办案而办案,而是要通过办案突出社会主义核心价值观,重塑行为标准,引导人民群众树立崇德善法的良好习惯,因此,典型案例、优秀文书、优秀庭审、调研或学术获奖、入选指导性或参考性案例应作为考评重点内容,否则会使法官对调研或者学术论文重视不够,没有下大力气抓好抓实该项工作,只重办案,不重发展研究。

再次,裁判文书公开和庭审直播是司法公开的重要内容,有必要列入考核项目。通常认为,其属于办案的社会效果,在效果部分进行考核相对合理。

最后,规范案件流程信息录入。流程办案化是规范司法行为的重要抓手,通过案件流程化,办案人员把握好司法办案过程中的每个重要环节和关键点,增强办案的合规合法性,减少办案的程序性和实体性差错等,促进司法办案规范化,提升司法办案公信力。同时流程信息化考验案件监管人员的法律素养、业务能力,推动办案人员不断学习相关法律业务知识,熟悉办案流程,根据不同案件的不同情况,全面把握案情,并与法律规定准确结合，真正对司法办案起到管理作用。因此，规范案件流程信息录入应作为法官考评的一项重要依据，进而促进司法办案规范化。

2. 院庭长考核指标的设定

司法体制改革后，审判团队取代了庭室设置，院庭长作为普通法官加入审判团队，此时，对院庭长权责清单不明确以及害怕陷入防止司法干预“三个规定”的怪圈，导致院庭长忽视监督管理职能，仅仅作为员额法官进行审判工作。因此，在对院庭长的考评上，如何通过考评机制引导院庭长既重要自身审判业务，又充分履行“一岗双责”的责任，显得尤为重要。

课题组认为，应及时修正对院庭长的考核机制，突出其统筹协调、内部监管、条线监督指导的职能发挥，出台了专门针对院庭长的绩效考核方案，用 50% 的分值考核其办案数量和质效，用 50% 的分值考核其“一岗双责”的履行，确保院庭长全面履职尽责。院庭长作为员额法官，仍以普通法官的身份对办案情况参与考核，按照上述普通员额法官的指标进行，办案结果占 50%；另外设定院庭长专项考核指标，两者相加即为院庭长最终的考核成绩。专项考核指标具体设置如表 6 所示。

表 6　院庭长考核指标情况

一级指标	二级指标	指标目标	考核内容	分值
团队审判管理(39 分)	团队长期案件化解率	100%	本团队长期未结案化解率为 100%，团队长期案的计 6 分，90% ~100% 的，计 5 分；化解率为 80% ~90% 的，计 4 分；化解率为 70% ~ 80% 的，计 3 分；化解率为 60% ~70% 的，计 2 分；化解率为 50% ~60% 的，计 1 分；化解率为 50% 以下不计分	6
	流程管理	0%	无差错得 3 分，每增加一件扣 0.5 分	3
	团队案件质量管理	庭审质量	团队庭审平均分为 90 ~ 100 分的，得 3 分；70 ~ 89 分的，得 2 分；60 ~ 69 分的得 1 分；59 分以下的不得分	5
		上网文书	团队上网文书为 100% 的得 2 分，每减少 5% 扣 0.5 分	4
		案件质量监督	本团队所办理案件未出现失误的得 5 分，一般瑕疵的得 3 分，被认定为重大失误的不得分	4
		完成评查工作	根据本院关于评查的安排完成各项工作评查事项的计 3 分，未完成任务的按照相关规定扣分	3

续表

一级指标	二级指标	指标目标	考核内容	分值
	团队管理	执行信访值班制度	团队按规定执行的得1分,未到岗班制度的一次扣0.5分	2
		随机分案	调剂分案10%以内的,得2分;超过随机分案10%~20%的,得1分;超过20%的,不得分(因特殊情况需要调整分案的除外)	3
		内部裁判尺度统一	内部裁判尺度统一得3分;不统一造成一般影响的,得1分;造成重大影响的,不得分	3
		严格审限管理(无差错)	没有差错得满分;差错1件扣0.5分,扣完为止	6
审判指导监督工作(11分)	其他职责	调研	全庭及本人完成调研任务的,得3分。没有完成不得分	3
		参加法官专业会议	参加法官专业会议达80%,且认真参加专业会履行职责的,计2分;未认真履行职议责的,不得分	2
		按时参加审责委会会议	参加审委会会议达80%,且认真履行职责的,计2分;未认真履行职责委会会议的,按照相关规定扣分;不是审委会成员的,直接得分	2
		落实院长、副院长交办的其他管理事务	认真完成院长、副院长交办的其他管理事务,该项分值由院领导确定	4
本考核占院庭长考核总分的50%,另外50%与《法官绩效考核》的考核内容一致				

关于完善人民法院司法监督制约机制的研究

——以广西基层法院内部监督机制为研究对象

南宁市江南区人民法院课题组*

一、八张面孔:基层法院内部监督机制的运行现状

基层法院的内部监督与外部监督相对,其主要指在基层法院内部的有权主体通过体制机制对审判工作和司法行政工作进行有效监督,以提高审判质效,防止司法腐败。该内部监督机制从审判职能监督、行政职能监督及技术监督等基本面,延伸出内部层级监督、纪检监察、审务督察监督、内部司法技术监督、审判委员会(以下简称审委会)监督、审判流程监督、法官会议监督及合议制监督等8个面孔。

(一)面孔一:内部层级监督机制的运行现状

法院内部层级监督是基于法院系统内部的自我监督机制,一种是上级法院对下级法院的监督,主要表现为二审程序的启动;另一种是以单个法院为单位在其内部对案件流转全过程所进行的监督。不同于外部监督机制的运行,内部层级监督机制有其自身专业优势,同时也会为外

---

* 课题组主持人:覃军,南宁市江南区人民法院党组书记、院长;课题组成员:郑白,南宁市江南区人民法院南宁经济技术开发区人民法庭庭长;路纳,南宁市江南区人民法院审判管理办公室(研究室)主任;包其剑,南宁市江南区人民法院苏圩人民法庭庭长;鲍放,南宁市江南区人民法院南宁经济技术开发区人民法庭员额法官;周丽君,南宁市江南区人民法院南宁经济技术开发区人民法庭员额法官;蒋环宇,南宁市江南区人民法院民事审判庭法官助理;谭小彤,南宁市江南区人民法院审判管理办公室(研究室)法官助理;黄雪妍,南宁市江南区人民法院审判管理办公室(研究室)法官助理。

部监督价值的发挥提供便利。[1] 本文意在讨论法院内部各职能部门之间及对法院司法人员进行的监督。

内部层级监督具体划分为院长对分管院领导的监督、分管院领导对庭室领导的监督、庭室领导对审判团队的监督、审判团队负责人对团队成员的监督,形成“院长—分管院领导—庭室领导—团队负责人—基础办案单元”监督管理链条,通过细化院庭长、团队负责人权力正面清单和负面清单,优化各层级审判管理职责,按程序履行监督管理职责。早在《人民法院第五个五年改革纲要(2019—2023)》中就提出,务必要明确院庭长的“正负权力清单”和监管职责范围,完善工作指引和司法案件监督的全程留痕制度。随后,最高人民法院下发要求全国法院严格落实 2019 年印发的最高人民法院《关于完善人民法院审判权力和责任清单的指导意见》。与此同时,全国法院系统自上而下掀起开展落实防止干预司法“三个规定”情况专项整治活动的热潮,为法院干警依法公正履职划定“红色高压线”。内部层级监督机制的各项监管手段,贯穿于事中监督、全程留痕、组织化行权,因此,既要防止重回审判老路,又要防范监管缺位导致的权力失范。[2]

(二)面孔二:纪检监察监督机制的运行现状

法院纪检监察监督是法院内部监督的重要形式之一,本调研报告所称的纪检监察监督仅指法院内部开展的监督,不包含纪委派驻监督等外部的监督。

2005 年 4 月,南宁市机构编制委员会印发《关于南宁市部分市辖县区行政区划调整后市辖区人民法院机构编制和人员调整的批复》(南编〔2005〕35 号),核定市辖 6 城区人民法院均内设 10 个职能部门,其中,监察机构数为 1 个,具体为政工科(监察室)。内设机构改革之后,法院内设机构政治部负责法院内部监督工作,内设机构不再设置监察机构,政治部主任负责内部监督工作及其他政工工作。调研组通过问卷调查形式对广西 14 家基层法院进行了调研,所调研的基层法院的内设监察机构均已被撤销,原本的纪检监察职能合并归政治部。

通过调研发现,基层法院纪检监察人员配置不多,基本人员配置为 1 ~3 人,其中配置 2 名人员的法院占比较多。上述纪检监察人员中,其中有法学专业学习经历的 5 人,无法学专业学习经历的 23 人。有编制人员 16 人,无编制人员 12 人。纪检监察

---

〔1〕 陈丹、娄必县:《法院院庭长权力角色冲突及解决》,载《四川师范大学学报(社会科学版)》2018 年第 1 期。

〔2〕 李少平:《放权后如何监督追责》,载《人民法院报》2018 年 3 月 28 日,第 3 版。

干部的组织关系、工资关系、年度考核等都由所在法院进行管理。

（三）面孔三：审务督察监督机制的运行现状

审务督察是加强人民法院内部监督的重要形式，最高人民法院于2011年12月9日曾印发《人民法院审务督察工作暂行规定》（法〔2011〕346号），后于2022年1月30日印发《人民法院审务督察工作规定》（法〔2022〕46号），《人民法院审务督察工作暂行规定》同时废止，这一规定在制度层面确保了审务督察有章可循、有制可行。与此相应的是，各地各级人民法院也出台了一些审务督察工作实施办法或实施细则，确保审务督察制度的实施和落地。

根据上述制度性文件的规定，所谓审务督察是各级人民法院对本院各部门及其工作人员，上级人民法院对下级人民法院及其工作人员履行职责、行使职权、遵章守纪、改进作风等情况开展检查的内部监督方式。限于本调研报告主题范围，本课题仅讨论在基层法院内部对各部门及其工作人员的监督。

对于审务督察的具体落地和实施情况，从本次调研的情况来看，各调研对象均已采取审务督察监督方式，受调率为100%。但受限于基层法院案多人少的客观情况，专职专责的督查小组基本由院领导和各部门领导组成，下设办公室的办事人员亦由政治部领导和工作人员兼任。

从开展审务督察监督的频次和内容来看，审务督察常与当年其他相关专项活动相结合，集中在一年之内的某一段时间内开展。从方法步骤来看，主要包括自查自纠、督查检查、反馈整改和总结通报等4个方面。从开展审务督察的效果来看，既有起到提醒作用的"敲警钟"，也有通报整改的"打补丁"，当然，也不否认客观存在的"地皮风"。

（四）面孔四：司法技术监督机制的运行现状

司法技术内部监督属于审判阶段的司法性监督，在服务法院日常审判工作的同时，也起着减少审判人员工作失误、提高审判质效进而实现基层法院内部监督机制优化的重要作用。在公众普遍对统一裁判尺度抱持强烈需求与期待的背景下，[1]各项司法技术应运而生，其中法院运用最广泛的是类案检索、文书纠错程序以及档案智能化管理。

第一，类案检索是指对于待决案件争点问题存在相同或相似的已决案例进行检索和运用的活动。人民法院大力推行类案检索机制，主要目的即获取审判辅助决策

〔1〕 左卫民：《如何通过人工智能实现类案类判》，载《中国法律评论》2018年第2期。

信息，推动民事案件审判工作高质效发展，实现“同案同判”“类案类判”的裁判尺度统一。近几年，最高人民法院针对类案检索机制出台各项文件，[1]不断总结人民法院在类案检索机制司法实践经验，并在此基础上针对类案界定标准、强制检索情形、检索平台发展、法律适用分歧解决等问题提出明确的指导意见，规范完善类案检索制度。[2] 尤其是明确了强制检索的四种情形[3]，以义务性的方式要求审判人员对存在前述情形的案件进行类案检索，以避免主审法官滥用审判权。

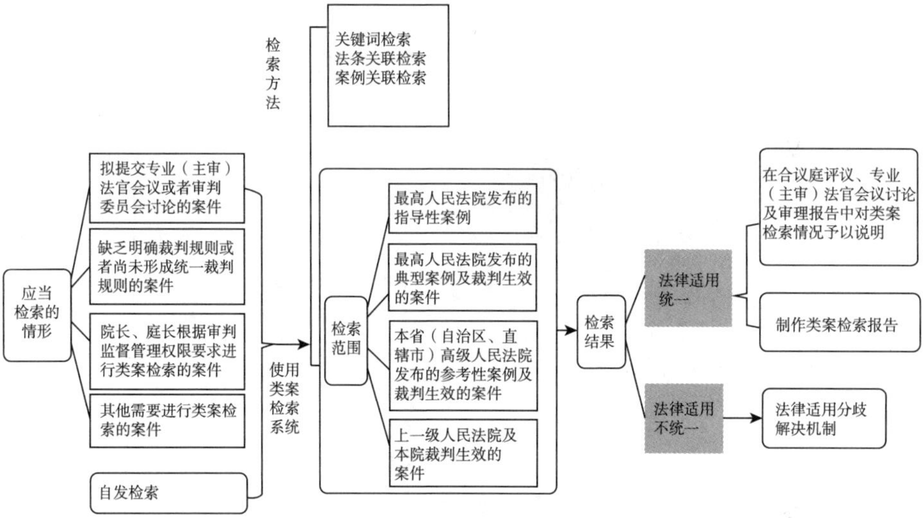

图1 《关于统一法律适用加强类案检索的指导意见》导图

课题组对广西14家基层法院的审判人员使用类案检索系统情况进行了调研，大部分审判人员首选使用的是内网办案系统的“北大法宝”与“法信”，但超过半数的审判人员仅在处理疑难复杂、新型案件时进行检索，类案检索使用频率不算高（见图2、图3）。

---

[1] 包括《最高人民法院司法责任制实施意见（试行）》最高人民法院《关于进一步全面落实司法责任制的实施意见》最高人民法院《关于统一法律适用加强类案检索的指导意见（试行）》等。

[2] 刘树德、胡继先：《关于类案检索制度相关问题的若干思考》，载《法律适用》2020年第18期。

[3] 四种情形指拟提交专业（主审）法官会议或者审判委员会讨论的案件，缺乏明确裁判规则或者尚未形成统一裁判规则的案件，院长、庭长根据审判监督管理权限要求进行类案检索的案件，其他需要进行类案检索的案件。

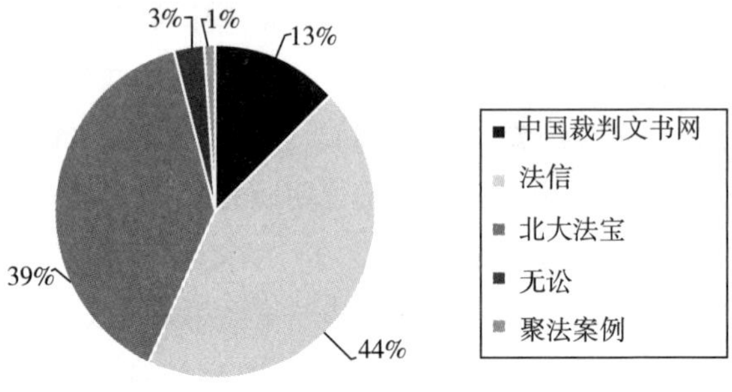

图 2　类案检索平台首选使用情况

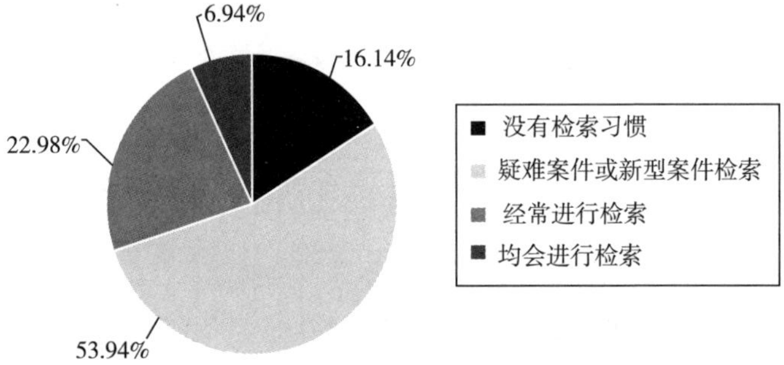

图 3　类案检索使用频率

第二，文书自动纠错程序是指通过数据处理技术对裁判文书的格式规范性、信息完整性、逻辑一致性及法律规范性等方面进行校验，提示错误或存疑并提供相应的修改意见的审判辅助程序。目前全区内网办案系统均统一设置了文书自动纠错程序，审判人员在进行文书制作时只要点击文书自动纠错功能，只需几秒钟时间就可减少一些低级但会引起较大社会反应的错误。审判人员基本都能熟练操作 Office 办公软件，均可以轻松使用“文书纠错系统”进行裁判文书的“一键”校对，软件操作使用较为简便。现有的“文书纠错系统”除做好纠错工作外，还能为排版提供一些标准化意见建议，解决部分审判人员只会输入文字，不会排版的苦恼。

第三，法院档案智能化管理是指将案件数据在计算机或网络云服务器上进行定级、储存处理等，并且将档案数据经过复制及刻录后存储于脱机载体上，以实现其长期有效的保存工作。[1] 2021 年 8 月底，广西高院已在桂林、崇左、玉林三地部分基层法院开展无纸化试点工作，无纸化办公最先要攻克的难关就是将所有诉讼流程环节

〔1〕 石玲：《新时代法院档案智能化管理的探索与研究》，载《内蒙古科技与经济》2021 年第 12 期。

全部打通,核心便是电子卷宗随案同步生成。目前,试点法院通过社会化外包服务将立案、审执、归档各流程串联,采用"分散扫描、自动编目、集中校对"的方式确保电子卷宗随案生成、流转、保存。

(五)面孔五:审委会监督机制的运行现状

基层人民法院对特殊疑难重大案件的监督中,审委会无疑被关注的最多,且学理和实务对审委会监督特殊疑难案件的办理关注颇多,歧见纷纭。审委会作为人民法院审理案件的最高审判组织,在外人眼中其就像是某一个案件临时搭班子组成的组织,其实不然。审委会既不是某一案件的临时性组织,也不是处理日常事务性的行政部门。更大程度上,它其实是人民法院集体领导审判工作的一个重要组织机构,是人民法院在审判工作中施行民主集中制的具体表现,贯彻了集体领导的组织形式。值得关注的是,审委会其实并不直接受理案件,只是对审判业务上遇到的难以定夺和解决的问题进行讨论和表决,它是我国特有的一种审判组织方式。审委会一般由庭长以上级别的法官组成,集中了法院法律水平较高、经验比较丰富的审判人员,可以集思广义,发挥集体领导的作用,保证特殊疑难重大案件能够作出公正的判决。长期以来,基于不同价值理念与研究方法,理论界与实务界围绕审委会对案件的监督职能产生了较大的分歧。对于审委会的监督职能,其未来的改革之路到底该如何走?如何转型?这是本次调查研究的重点。

(六)面孔六:审判流程监督机制的运行现状

《人民法院第一个五年改革纲要(1999—2003)》,明确提出了建立科学规范的案件审判流程管理制度,由专门机构根据各类案件在审判流程的各个环节,对立案、排期、送达、开庭、结案等不同阶段进行跟踪管理,确保案件审理的公正和高效。之后,各地法院相继成立了审判管理办公室,专门对审判流程进行全面监督和管理。《人民法院第五个五年改革纲要(2019—2023)》提出,要完善审委会制度,完善审判监督管理机制,加强审判流程标准化建设。该纲要强调,"要明确院长、庭长的权力清单和监督管理职责,健全履职指引和案件监管的全程留痕制度"。《人民法院第五个五年改革纲要(2019—2023)》再次强调了审判流程监督管理的重要意义和标准化建设的方向。从《人民法院第一个五年改革纲要(1999—2003)》至今,基层法院的审判流程监督管理建设在逐步健全和完善。调研组通过问卷调查形式对广西 14 家基层法院进行了调研,所调研的基层法院都具备了专门的审判流程监管机构,但人员占比不同。总人数为 2~3 人的占 60%,4~5 人占 30%,5 人以上占 10%。其中 11 家法院制定了审判人员和司法辅助人员的绩效考评管理办法,8 家基层法院制定了本院的审判流程监督管理制度并和绩效考评办法挂钩，对本院流程监督的满意度为 75%。

以样本法院南宁市 A 法院的改革为例，该院于 2014 年年初从优化司法资源配置入手，对审判管理办公室的职责范围及人员配置进行重新划分，首创了“大审管”工作格局，在审判管理办公室下设两个中心，2021 年总人数是 34 人。

A 法院设立诉讼流程服务中心，配置审判辅助人员负责程序性事务的管理，中心设流程组、送达组及保全组，流程组负责院部民商事案件、全院刑事案件的排期送达及开庭前的程序性辅助性工作。根据 A 法院的改革实践，该院流程服务中心设立后采用集约化管理，避免了流程工作的分散性、无序性，有效地对审判资源进行了优化配置。第一，全面负责送达工作。整合全院的送达人力资源，把送达职权统一划归审判管理办公室，有效分担业务庭的工作量，并且将案件立案之后开庭之前的流程节点直接划归审管办管理。通过集约化送达及审管办的集中监督管理，该院的送达效率同比提高 20%。第二，设立审判管理服务中心。负责审判流程信息公开平台运行的日常检查及审限管理、结案管理、审判质效指标分析、绩效指标完成情况的监督和管理、审判执行运行态势分析、司法统计分析等日常审判管理工作、网上办案监管及审委会事务管理。

从 2021 年度该院审判工作重点指标分析中可以看出，审判流程监督管理的科学性和规范性对审判提质增效上发挥了重要作用。例如在“同比类”考核指标方面，该院简易程序适用率为 77.29%，较 2020 年的 67.50% 增长近 10 个百分点；一审服判息诉率为 86.53%，较 2020 年的 83.31% 增长 3.22 个百分点；法定第一次审限内结案率为 72.31%，较 2020 年的 70.63% 增长 1.68 个百分点。在“绝对值”考核指标方面，生效案件服判息诉率为 98.3%；除涉外及破产清算案件外，12 个月以上长期未结案件全部清零；上诉平均流转时长为刑事 38 天、民事 89 天，除一季度的刑事流转时长外，其他全部达到考核要求；优化营商环境保持良好运行态势。在“排位类”考核指标中，法官人均办案数 541.9 件，全市排名第三；小额程序适用率为 26.06%，排名第三。

（七）面孔七：法官会议监督机制的运行现状

基层人民法院的审判决策行为和业务咨询监督与中级人民法院、高级人民法院、最高人民法院存在较大的不同，前者的审判决策行为和业务咨询监督面对的是具体的个案，是比较单一纯粹的事实认定和法律适用决策，而中级人民法院、高级人民法院和最高人民法院的审判决策和业务监督往往体现为类案裁判尺度的决策和司法政策的决策。基层人民法院的审判决策中的典型行为模式，除了审委会以外，自 2015 年最高人民法院启动司法改革以来，还提出建立法官会议，法官会议以研究讨论合议庭或独任法官提交的事实认定或法律适用问题为主。它既是向承办法官或合议庭提供参考性意见的议事咨询组织,也是基层人民法院实现对法官和案件裁判监督的组织形式。自从最高人民法院在顶层设计层面提出建立法官会议制度以来,全国各地法院特别是基层人民法院在充分运用资深法官的专业知识和审判技能,帮助合议庭成员解决案件因重大、疑难、复杂而存在事实定性不准和法律适用分歧,强化案件审理的事中监督管理,规范案件监督管理程序,有效实现了充分放权与有效监督管理的统一。推行法官专业会议之后法官之间的业务交流和问题探讨增多,案件的审判质量和效率得到提高,被上级法院发回重审或改判的案件减少趋势明显。但在不同的基层人民法院,特别是在案件少、员额法官少的县城法院和案件多、员额法官多的地市城区法院,存在法官会议发起的形式不一样,召开的次数不一样,召开的时间、地点不固定,研究讨论的事实定性、法律适用的类型不一样,没有一个比较统一规范的标准等问题。下面是南宁市两家样本法院 A 法院(地市城区法院,案件多、员额法官多)和 B 法院(县城法院,案件少、员额法官少)2018 年至 2021 年召开法官会议的次数(见表 1)。

表 1　两家样本法院 2018 年至 2021 年召开法官会议情况对比

法院类别	2018 年召开的次数	2019 年召开的次数	2020 年召开的次数	2021 年召开的次数
A 法院	107	121	143	166
B 法院	34	41	56	65

(八)面孔八:合议制监督机制的运行现状

人民法院组成合议庭审理案件,案件审理由合议庭共同审理后共同评议,集体行使诉讼权利、履行诉讼义务,对外以合议庭的名义负责。合议庭人数为 3 人以上的奇数。基层人民法院除简单民事案件和法律另有规定的案件采用独任制审判外,其余案件都要采用合议制。合议庭按照民主集中制原则设置,本身是一种公正程序的体现,一定程度上也是一种职务监督,其优越性在于发挥集体智慧,防止个人独断,得以保证案件公正、公平审判。[1]

目前,我国法律规定的合议庭的组成形式有审判员和审判员、审判员和人民陪审员两种。人民陪审员在执行职务期间同审判员有同等权利,有权参加所办案件的全

〔1〕 韩玫:《强化合议庭职责是审判方式改革的关键》,载《人民司法》1999 年第 2 期。

部审判活动，按少数服从多数原则作出判决或裁定。但是目前司法实践中，仍然存在不少问题。对于审判员与人民陪审员的合议庭模式，人民陪审员"陪而不审"的现象仍存在。课题组通过对样本法院收集的 100 件适用普通程序的民事案件进行分析（见表 2）发现，在案件中大量存在由主办法官包揽一般审务性工作[1]的现象，其他合议庭成员仅是在庭审时象征性地"坐庭"，并在裁判文书上署名，即审判活动虽均以合议庭名义作出，但实际上更多的是主办法官一人审判。

表 2 合议庭成员参与审务性工作情况抽样结果统计

合议庭成员 / 参与的审务性工作	主办法官参与件数	非主办法官（含人民陪审员）	
		参与件数	比例
庭外调解	41 件	5 件	12.20%
组织庭前证据交换	19 件	2 件	10.53%
外出调查取证	20 件	3 件	15.00%
撰写提交审委会汇报材料	8 件	1 件	12.50%
草拟裁判文书	100 件	19 件	19.00%

同时，实践中合议庭"合而不议"的现象也普遍存在。通过对样本法院抽取的 100 件合议审结的案件分析后发现，其中合议庭成员间未出现意见分歧的案件高达 87%，剩余 13% 的案件中，合议庭成员多是对事实认定与承办人的意见存在分歧，占 8%，对事实认定及法律适用均不赞同承办人意见的案件仅占 2%（见表 3）。由此可见，审判实践中合议庭成员均对案件进行实质审判的案件数量占比较低，合而不议、合议形式化在审判实践中客观存在。

表 3 合议庭审结案件评议意见分析情况

合议庭意见类型				与承办人意见关系类型		
完全意见	事实认定不认同	法律适用不认同	完全不认同	直接认可	略加说明	充分讨论
87%	8%	3%	2%	84%	11%	5%

---

[1] 一般审务工作具体包括：(1)庭前阅卷、拟定庭审提纲、归纳争议焦点；(2)庭审中对部分证据的采信以及法律的适用作出认定；(3)向合议庭其他成员汇报案情，对争议事实的认定、争议证据的采信以及法律的适用等作出实质性的认定；(4)撰写裁判文书；(5)其他事项。

二、八重困境:基层法院内部监督机制实践难题

(一)困境一:内部层级监督机制的实践难题

员额制改革保障主办法官可以独立行使审判权,避免行政权力对审判权的过多干预,解决了以往审者不判和判者不审的问题,但同样带来新的问题。

1. 监督权的异化

深化司法改革进程中,在去除内部层级监督的行政化方面,如为规范院庭长等负有审判监督管理职责的人员,司法改革设计了“三个规定”“正负权力清单”“全程留痕”按月填报制度,旨在保障以上人员能够依法依规履行监督管理职责,避免对法官独立发挥审判职能形成干预。然而,无论是院庭长的审判监督管理权,还是院长对于审委会和法官考评委员会的主持均依然带有明显的行政色彩。诚然,法院的各项审判业务开展落实离不开行政工作的辅助,而留痕与记录并没有规定具体如何操作,使相关规定更像是要求,且没有规定由谁来督促院庭长的“全程留痕”。同时,部分民警因担心如实填报“三个规定”会遭到恶意打压,或出于对权力的忌惮及“多一事不如少一事”的心理,“三个规定”制度在保障审判权不被干预的过程中功能性作用被弱化。

2. 亲历性效果堪忧

院庭长参与对其他法官承办案件的评议,对案情的了解来自案件承办法官的转述,并非亲自参与案件的审理过程中,亦未与当事人之间有过面对面的对话,院庭长对案件的认知建立在承办法官的认识之上,难免被承办法官的观点所影响,仅仅结合法官提供的案件事实去适用法律,作出案件结果的预判,可能会导致案件错判。[1]

3. 审判团队内部监督机制缺位

现行基层法院中审判团队配置大多采用“1 +1 +1”或者“1 +1 +2”模式,即一名员额法官、一名法官助理和一名或者两名书记员。对外由员额法官全权负责,接受院庭室领导监督;对内由员额法官个人监督团队各个成员。现行的案件质量评估体系和评价机制,通过定期分析审判质量运行态势,常规抽查、重点评查、专项评查等方式对案件质量进行专业评价,能够实现对案件结果质量的评估。但在审判团队内部,法官助理负责的庭前会议组织、文书草拟质量,书记员负责庭审记录、送达时效的质量,仅仅依靠个人能力和员额法官的督促难以实现对审判质效的有效评估,而实现审判

〔1〕 孙海龙等:《司法责任制改革》,法律出版社 2017 年版,第 35 页。

质效的提升同审判结果的公正一样都是系统工程,只有通过形成长效机制强化对审判团队内部运转的监督,审判团队的整体业务能力才能稳步有效提升,审判质效才能得到系统保障。

(二)困境二:纪检监察监督机制的实践难题

1. 纪检监察人员配置薄弱

纪检监察工作是一项原则性、政策性、专业性很强的工作,要求纪检干部既要有坚定的党性原则,还要有丰富的政策法律等业务知识。司法体制改革之后,员额法官只能配置在审判一线,而纪检监察岗位并非审判业务部门,因此纪检监察人员基本上由非员额法官担任。此种做法导致的现象是,监督者法律专业素养有可能低于被监督者,难以保证监督的质量,缺乏监督的权威和能力。按照《人民法院监察工作条例》第 9 条的规定,各级人民法院监察部门负责人一般应当从法官或者具有法官任职资格的人员中选任,这说明法院监察人员应该具有较高的法律素养,但司法体制改革和监察体制改革后,这一专业要求被弱化,因此监督无法有效深入,难以形成威慑。除了专业性不强,纪检监察人员配置也存在不足。部分法院纪检监察工作由政治部主任兼任,政治部主任不仅要管理人事工作,还要兼管内部监督,且实际工作中,更加侧重于人事管理工作,对于内部监督工作开展较少。纪检监察人员不仅要对基层法院人数众多的干警行为进行督察、规范和引导,还要接待群众来访、处理群众反映的问题,难以保障工作全面展开,以至于纪检监察工作在开展时有心无力,无法展开系统的、常态性的、有震慑力的监督工作。

2. 监督工作内容缺乏同步监督和实时监督

从目前基层法院开展纪检监察工作的现状来看,监督方式以事后监督为主。由于审判工作的特殊性,纪检监察监督一般从廉政风险控制、审判权力公开透明、信息化建设等常规方面进行监督,缺乏对审判权力运行的同步监督、实时监督,因此监督效果欠佳。由于监督不够深入、及时,很多问题不能及时被发现,小问题演变成大问题。纪检监察如不改变现有的被动事后追责监督方式,很难有效发挥其监督作用。

3. 对纪检监察人员的管理体制机制不合理

纪检监察人员的组织关系、工资关系、年度考核等都在其所任职法院,这种“利益共同体”关系自然导致监察人员角色错位,纪检监察人员要对上级实施监督,难免存在顾虑,纪检监察人员无法有效和独立地履行职责。同时,纪检监察干部的考核与其他干部的考核程序并不区分,都是在本院干警开展民主评议的基础上进行综合考核,年底各种评先评优、民主推荐工作都是在本院干警中开展,一般也是采用民主测评和投票的方式，导致纪检监察存在“老好人”的思想，影响工作积极性。

（三）困境三：审务督察监督机制的实践难题

1. 相对重审执、相对轻督察

不可否认，基层法院长期客观存在“案多人少”的实际情况，为了完成繁重的审判执行工作任务，基层法院及其工作人员不得不将更多精力分配给审判执行等所谓“核心”工作，由此在认识层面对审务督察监督的重视程度不够。从基层法院工作人员的角度出发，在繁忙的工作事务中，再增加督查与被督查的工作内容，容易导致部分工作人员产生畏难甚至抵触情绪。

2. 综合督查相对多、专项督查相对少

审务督察监督的内容较多，从《人民法院审务督察工作规定》看包含履行立案职责、提供诉讼服务情况，落实审判执行制度规定情况，庭审、调解、送达、执行等司法行为情况，文书质量、卷宗管理情况，审判管理监督和司法公开情况，落实中央“八项规定”及其实施细则精神情况，内部管理、司法作风情况，上级或本级法院认为需要督察的其他情况。从《人民法院审务督察工作指引》来看，内容涵盖了诉讼服务、审判执行、送达与移送、司法公开、安检、值庭、解押、公车和警车使用管理、财务管理、公务接待、诉讼档案管理、保密工作、落实中央“八项规定”精神、人民法庭等多个方面。从督查的整体效果出发，审务督察监督一般采取综合性的监督，涵盖内容较多，这与在力求实现司法作风整体提升方面所追求的价值预设有关，但专门针对某一项或某一方面的督查更能挖深、挖实，有利于外科手术式的“刮骨疗毒”。

3. 明察相对多、暗访相对少

审务督察监督往往采取明察与暗访相结合的方式开展，在实践操作中，明察方式采取的多，暗访方式采取的少。本课题并不否认明察方式的重要作用，但也特别强调暗访方式的积极意义。暗访与突访方式的合理运用更能取得日常警醒与长期警示的良好效果。

4. 程序相对强、效果相对弱

审务督察监督虽然在工作方案中制定了较多的程序与步骤，审务督察监督结束后也能形成颇有“厚度”的工作台账，但从所取得的实际效果来看，还是存在缺位或打折扣的情况。这一方面与督查人员存在督查可能得罪他人的畏难情绪有关，并导致在督查过程中避重就轻走过场；另一方面与被督查对象存在应付的消极情绪有关，并导致强调客观困难多、查找主观原因少。

（四）困境四：司法技术监督机制的实践难题

1. 类案检索机制：检索结果不准与裁判规则过少

课题组在调研中发现，审判人员尤其是承办疑难案件较多的资深法官对检索效果不满意，虽然对检索需求大但因使用检索系统较麻烦，故整体使用频率较低（见图4）。

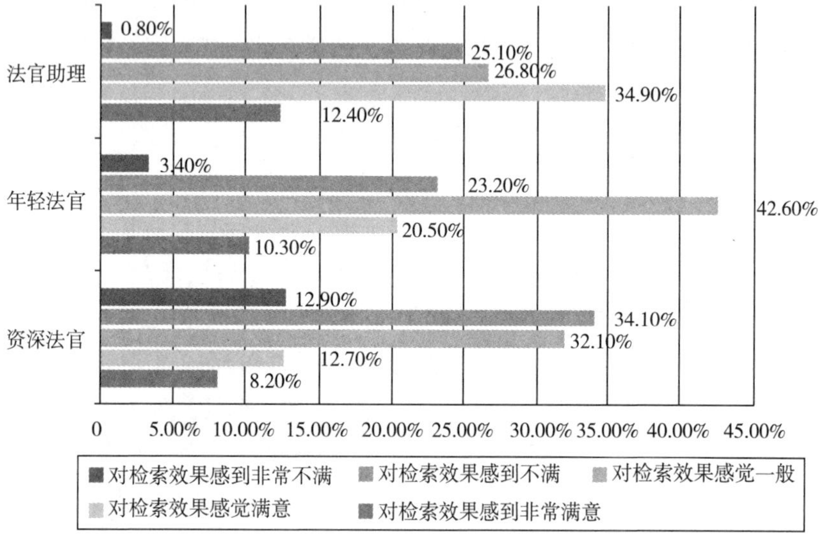

图4　对类案检索效果的满意程度

现有的类案检索系统虽在不断优化，但仍存在不少问题，这些问题导致类案检索实践效果与理想状态相差较大。其中受调研人员普遍反映的问题有：（1）关键词检索结果数量大但是不精确，需要进行多次复筛；（2）检索结果中简单案件数量过大，疑难案件和新型案件比例过少且没有特殊标识，自动推送服务缺失；（3）"类似"标准不明确，导致检索出大量仅在适用法律、文本形式、用语习惯相似的文书；（4）仅有指导性案例与公报案例附带裁判规则，裁判规则凝练较少，难以满足审判实践需要；（5）检索结果、适用法律更新不及时；（6）高级检索系统设计忽视审判实践需求，增加人工检索难度（见图5）。

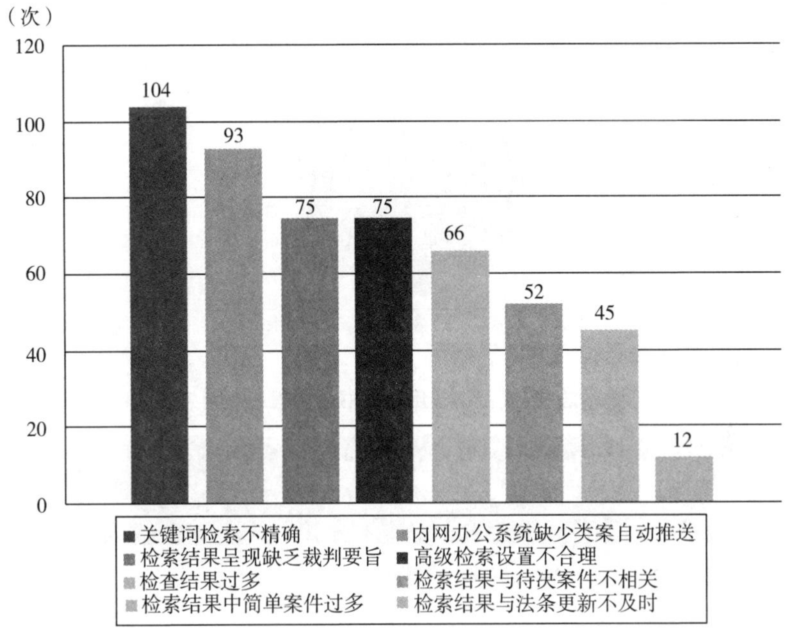

图5　调研中法官、法官助理反映类案检索系统存在的共性问题

2. 文书纠错程序：纠错功能较少与纠错意见有误

课题组在调研过程中收到84.86%的使用者反馈文书自动纠错程序使用效果不佳，不仅增加工作量还经常对文书内容提出错误意见（见图6、图7）。例如一起民间借贷纠纷案中，借贷事实发生在《中华人民共和国民法典》（以下简称《民法典》）实施之前，但原告在《民法典》实施之后提起诉讼。根据最高人民法院《关于适用〈中华人民共和国民法典〉时间效力的若干规定》第1条[1]第2款之规定，应当适用当时法律的规定，但是在进行文书纠错时，系统会提示该法律已经废止；如果适用法律的纠错服务还可以智能解释，那么系统还会提出一些建议，如将文书中涉及的银行账号中的数字“123”更改为“321”，就更使不少审判人员产生了困扰。

---

〔1〕最高人民法院《关于适用〈中华人民共和国民法典〉时间效力的若干规定》第1条规定：“民法典施行后的法律事实引起的民事纠纷案件，适用民法典的规定。民法典施行前的法律事实引起的民事纠纷案件，适用当时的法律、司法解释的规定，但是法律、司法解释另有规定的除外。民法典施行前的法律事实持续至民法典施行后，该法律事实引起的民事纠纷案件，适用民法典的规定，但是法律、司法解释另有规定的除外。”

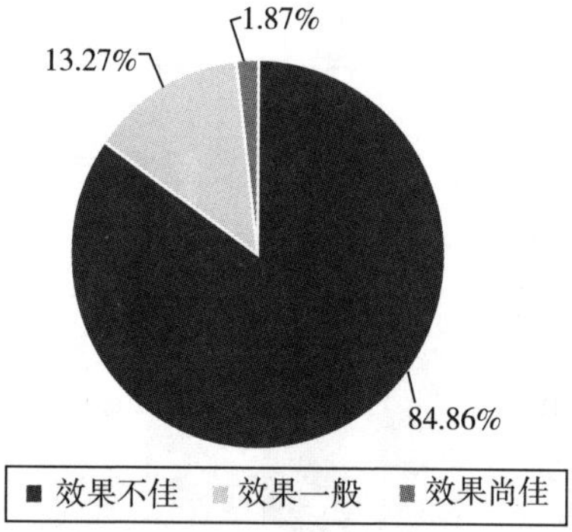

图 6　调研中法官、法官助理反映文书纠错程序使用感受的占比

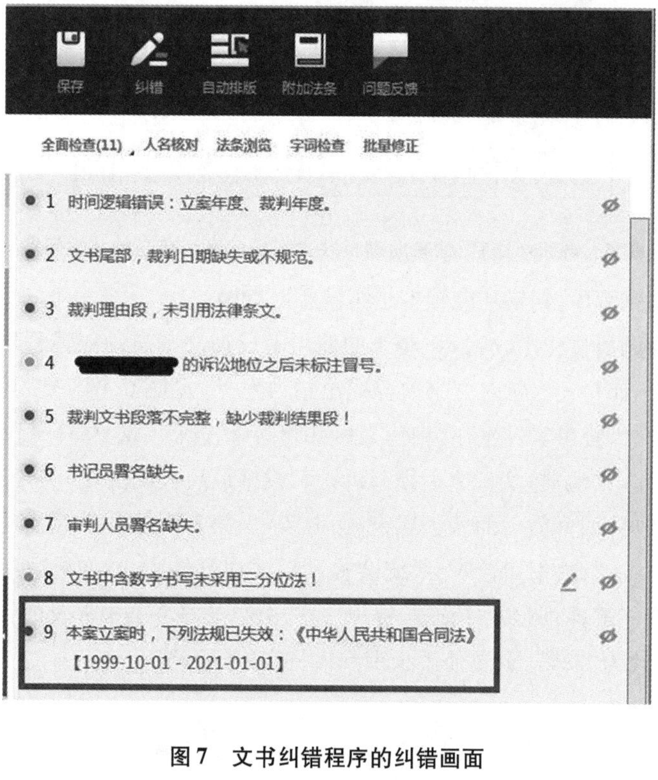

图 7　文书纠错程序的纠错画面

3. 电子档案管理：配套制度缺失与软硬件设施落后

无纸化办公是未来办公方式的大趋势，审判工作全流程将全部实现数字化，与此对应，法院内部监督将从线下转为线上模式，确保数据真实性、完整性、有效性。课题组在调研过程中发现，受调研单位大部分在 2010 年前后对案件档案归档统一进行数字化处理并开始形成制度化管理，但是电子卷宗随案同步生成工作均是近几年才开始推进，全区基层法院目前普遍存在电子档案和纸质档案并存的局面，有关电子档案管理的规定并不全面，电子档案的管理制度有待完善，电子档案保存软硬件设备也需要进一步提升。

（五）困境五：审委会监督机制的实践难题

1. 疑难复杂标准未明确

现行法律规定，对于疑难复杂案件可以上审委会讨论决定。但是对“疑难复杂”的标准并未进行明确，加上“终身责任制”的约束，就会形成案件主办人或合议庭对审委会的依赖性，案件主办人或合议庭责任心不强，庭审对案件把握不到位，没能有的放矢地提问，走过场，案件提交审委会时无法确定准确有效的争议焦点及调查重点，给审委会监督带来困难。

2. 职权和功能在法律上模糊

让人民群众在每一起司法案件中感受到公平正义，是一名人民法官的期盼，也是其责任。基层人民法院在面临案件量爆炸式增长的压力下也要保证案件审理的质量。但是现实情况是，无法准确界定何为“重大疑难复杂”类案件，就提交审委会讨论、定夺，主办法官作为对案件事实认定的第一手主体，会对审委会产生依赖性。审委会又因为没有参与案件的审理，从而无法对案件事实负责，于是就造成对这些案件的事实认定和法律的适用大家都需要负责，最终就会导致对具体案件责任认识不统一。

3. 不参与审理难以保证监督科学性

根据民事诉讼证据规则的要求，直接证据的证明力往往优于传来证据。证据传来的环节越多，其失真的可能性越大。主办法官及合议庭成员亲自参加庭审，通过当事人举证、质证，可以在掌握第一手证据的基础上，形成对案件事实的认识。审委会由于不参加对案件的审理，不可能对案件的全部证据进行审核，而是通过承办人的汇报和看审理报告了解案情，这样即使案件主办人尽可能客观地陈述事实，但其中不可避免地会带有个人的主观认识。由于接触到基础材料的客观性受到限制，据此形成的判断也难以保证客观、公正。所以审委会监督有效性受到其亲历性缺失这一客观情况的制约。

4. “上会门槛低”增长办案周期

基层人民法院案件量的重负对缩短办案周期、提高办案效率十分不利。现行《中华人民共和国民事诉讼法》（以下简称《民事诉讼法》）规定，主办法官可以在案件事实清楚的基础上作出当庭宣判的决定，这一定程度可以防止庭审辩论后存在交易。但有的主办法官在案件事实清楚的前提下，也认为案件属于重大、疑难案件，需要向审委会汇报后再作宣判，这无疑加重了当事人的负担，增长了办案周期。

（六）困境六：审判流程监督机制的实践难题

《人民法院第五个五年改革纲要（2019—2023）》实施以来，基层人民法院的审判流程监督逐步步入正轨并且朝着规范化、标准化建设的方向迈进，但运行中还是会遇到不少堵点、痛点、盲点和短板，需要在实践中分析解决。

1. 信息化运用水平不高导致监督盲区

信息化运用水平不高导致监督盲区主要体现在以下两个方面：（1）法院部分工作人员对审判流程监督管理认识不到位，系统操作不熟悉，录入信息不及时，从事审判流程监督的人员也相对不足，部分案件流程监管节点处于“空转状态”，管理无序。（2）目前广西法院审判系统的功能无法对排期送达阶段的各个节点进行精准统计、提示和预警，导致无效排期、反复排期、排期冲突、法庭利用率不高、缺少监管和统计功能等问题，使排期送达工作成为审判流程管理的“隐秘的角落”。此外，还有一部分流程节点没有在网上留痕，导致监督上不透明、不及时、不到位。审判流程监督水平的提高离不开信息化手段的运用和支撑。监督人员运用信息化平台的技能参差不齐，观念高低不同，审判活动的信息不对称，信息化平台或者系统功能不齐全、不智能、利用率不高，是审判流程监督存在盲区、滞后性和监督不透明的主要原因。

2. 长期未结案件边清边积

长期未结案件边清边积的主要原因体现在以下四个方面：（1）个别法院思想不重视，监督措施不得力。一些基层法院在长期未结诉讼案件清理活动中，对列入清理范围的案件未及时督办落实到位，导致清案效果不明显；一些法院没有认真分析总结案件长期未结的原因，不积极采取有效措施防止积案，导致“边清边积”、积习难返，恶性循环。（2）长期未结诉讼案件工作监督滞后。目前，大部分基层法院仅停留在收集和统计未结案件数据上报、对已经产生的长期未结案件进行通报、制定清案目标等工作上，且以事后监控为主，内部协调不顺畅，尚未完全建立审限管理、节点控制、院庭领导管理、上下级法院联动相结合的多层面、多样化综合防控机制，监督处于被动迟延的局面。（3）审限监督意识不强。部分基层法院审判监督管理力量不足，尚未建立超审限案件、长期未结案件定期通报、督办机制；少数法院案件流程管理机制不健全，对案件延长、中止、扣除审限审查不严格，监管不到位，责任不明确，案件没有审限变更手续或手续不完整的情况较为普遍，导致乱扣审、滥用审限变更延长审理周期的现象愈演愈烈,最终导致案件结案效率的下滑和长期未结案件数量的上升。(4)长期未结案件缺乏综合性的预警机制。部分基层法院对长期未结案件监督滞后,由于缺乏必要的预警机制,没有在案件变成长期未结案件之前进行监督和预警提示,没有提前跟踪好审判环节的各个节点,导致长期未结案件清理效率低,边清边积。

3. 结案目标制定不科学导致结案不均衡

部分基层法院,尤其是案件基数大的部分基层法院,面临"年年清案,年年积案"的困局,还存在案件结收比低、法定第一次审限内结案率低、平均审理周期长、人员忙闲不均、队伍内在动力不足、"眉毛胡子一把抓"的"粗放型监管"等现象,导致法院陷入旧存案件、超审限案件、长期未结案件数增多,结案率下滑的恶性循环。结案监管缺乏绩效意识,缺乏均衡结案的意识,缺乏精细化监管的意识,使法院的结案工作各个环节处于混乱无章的状态,对审判质效造成连锁反应,无法实现法院工作的高质量发展。

4. 审判流程监督的相关制度和配套措施不完善

审判流程监督是系统工程,一些基层法院对审判流程监督工作重视不够,监管缺失,没有落实制度或者没有配套机制保障,监督主体不明确,监督责任不明晰,导致审判工作中出现推诿、扯皮、内耗、迟延、拖拉等现象,很大程度上影响了法院审判工作的质量和效率。没有制度的约束,监督就没有了武器。监督人员没有制度意识,就会导致监督工作缺少权威性和规范性。相关监督制度和配套规定如果没有和评先评优和绩效考评挂钩,也就缺乏了实效性和责任归属性。

(七)困境七:法官会议监督机制的实践难题

法官会议制度属于比较新的制度设计,自从 2015 年最高人民法院从顶层设计中确立该制度以来,存在各级法院特别是基层法院在法官会议制度运行的实践规则不统一、案件事实定性咨询功能和法律适用监督裁判的作用发挥不理想、缺乏制度化运行机制和规范化体系配套、研究讨论的结果不明确及结果的有效约束力不强等不可忽视的问题。结合对广西几家基层法院特别是案件数量、员额法官人数较多的南宁市基层法院、各项审判执行及改革工作成效均名列前茅的南宁市 A 法院的法官会议规章整理、问卷调查统计结果,以及和这些基层法院的部分员额法官的访谈,课题组认为基层法院的法官会议在运行决策及对法官裁判案件监督过程中存在以下几个方面的问题。

1. 召开前期准备不充分

一般来说,法官会议的召开首先由面临案件事实定性和法律适用难题的主办法官提请发起,发起时主办法官要提前完成案件书面讨论草稿,草稿内容包括案件的来由、事实认定和法律适用的意见,发起后由院庭长通知要参加会议的员额法官,通知后向参会的法官提前发放书面讨论草稿,再确定开会的时间、地点,一般需给充足的时间研读书面讨论草稿,以保障开会时员额法官们充分地发表意见,开会讨论时安排专人做好会议记录,会后拿给参会的法官签字。但经过问卷调查和访谈,课题组发现基层法院法官会议召开的前期准备不充分,存在启动的随意性问题:(1)有些案件只是在合议庭内部作简单交流后由主办人直接提请法官会议研究讨论,院庭长和员额法官们往往到达开会地点后才知晓。(2)主办人在会前未提前准备好案件书面讨论草稿,而是会议开始时才给员额法官们分发,导致参会人员没有充足时间研读,如南宁市 A 法院并未硬性要求会前需要将案件讨论相关材料发送参会人,导致法官们不能在短时间内研判案情,给出意见,很多法官可能选择保持沉默。(3)开会后发现拟要研究讨论的案件不属于重大、疑难、复杂案件,只是主办人自己的知识理解偏差和认知局限而已。同时,虽然不少基层法院在实际操作中规定主管副院长或庭长负责召集员额法官参加法官会议,但对于法官会议的召开是由院庭长从上到下启动,还是由案件的主办法官从下到上启动这一问题没有明确规定。

2. 员额法官参会积极性低

基层法院法官会议还存在员额法官参会的动力不足问题。基层法院往往案多人少的矛盾比较突出,如南宁市 A 法院员额法官在 2021 年人均办案数超过 550 件,法官会议往往被认为是放下案件腾出时间来“帮助”案件主办人出谋划策、解决难题,类似于一种公益组织,因为参加会议讨论、研判案件需要耗费法官们大量时间和精力,但讨论的案件被归入主办人的办案任务,不计入其他参会法官的个人业绩考核,其他法官忙于办理自己的案件,对参加法官会议研究他人的案件自然动力不足。对广西不同基层法院的问卷调查和对法官的访谈结果显示,在碰到法律适用方面的疑难问题时,不愿意选择法官会议或如其他方式可解决则不会选择法官会议的法官占比近八成,通过法官会议获得参考意见并不是法官们在实践操作中的第一选择,这就导致法官会议对法官办案的监督作用在很大程度上无法得到发挥。

3. 研究讨论结果不明确

基层法院法官会议在这一阶段存在的问题主要表现在:一是决策规则不统一,导致讨论结果无法为承办人、合议庭提供明确具体的指导意见。如南宁市 B 法院在参会人员意见发表的明确性上没有硬性要求,导致一半以上的结论都较为笼统。二是个案讨论较多,经验总结较少。仍将更多的注意力放在解决个案疑难问题上,对个案中能够提炼出的法律适用共性问题总结不够，导致在有些同类型的案件上反复讨论，浪费时间和人力。

4. 预判咨询效果不理想

此次问卷调查和访谈将效果预判划分为会议讨论过程与结果两个方面。对于会议讨论过程的充分性或满意程度，法官们平均打分为73分，对会议最终效果打分平均为70分（总分值设为100分），即总体上法官们认为法官会议的效果在一般偏上一点。因在法官会议操作实践中衍生出个别讨论或个案讨论这一更为灵活方便、更为符合法官们需求的形式，个别讨论、个案讨论已成为法官们采用最为广泛和频繁的咨询方式。在审判权力制约监督制度体系中，法官会议上承审委会，下接独任法官或合议庭，形成纵横联动、运行规范的新型审判权力制约监督工作格局未能完全确立，大大影响了审判权始终沿着法治轨道规范高效运行的改革目标的实现。

（八）困境八：合议制监督机制的实践难题

1. 合议庭评议规则过于抽象

合议庭各成员是否均能够实现真正审理、公正审理，合议庭评议起着至关重要的作用，故合议监督机制的有效运行有赖于合议庭评议的有效执行。现今对于合议庭评议和表决规则，适用《中华人民共和国人民法院组织法》、《民事诉讼法》及最高人民法院《关于人民法院合议庭工作的若干规定》等有关法律法规的规定。但以上法律法规中关于合议庭评议制度仅规定了一个大致流程和规则。比如，规定评议时间要在庭审结束5个工作日内进行；评议的顺序先由承办法官发表意见，审判长最后发表意见；需提交审委会或专业法官会议讨论的案件类型等。但是合议庭成员的权利具体如何实现以及如何实现合议庭真正评议这一目标，并未有明确的具体规定，这也造成了合议庭合议时无据可依，所谓“无规矩不成方圆”，故目前合议庭评议规则过于抽象是造成合议庭“合而不议”、人民陪审员“陪而不审”的原因之一。

2. 人民陪审员专业性缺失

合议监督机制中人民陪审员要发挥其监督功能，需自身具备一定的专业性。现今社会发展迅速，新领域、新专业层出不穷，案件中的新情况、新问题也屡见不鲜，但正所谓隔行如隔山，若人民陪审员不具备相应的知识背景及专业性，则难以实现真正审理、有效评议。目前，基层法院中人民陪审员的来源主要为社区居委会的工作人员、中小学校的老师、企业职员等，专业性并不突出。实践中一些专业性强的案件，比如建设工程类案件、医疗损害案件、金融类纠纷案件，若人民陪审员具备相应的知识背景及专业性，则其能从专业的角度看待案件的事实，监督法官对案件的审理过程及裁判意见，也能一定程度上解决陪审员“陪而不审”“形合实独”的问题。

三、八个锦囊：基层法院内部监督机制的优化路径

（一）锦囊一：内部层级监督机制的优化路径

1. 细化院庭长权力清单

通过细化合议庭成员、主审法官、院庭长和审委会的权力清单，实现纵向层级全覆盖，消除权力规范的盲区。将权力监督清单分为“正面清单”和“负面清单”两部分，涵盖审判和行政辅助人员、案件流程各节点。

“正面清单”主要坚持权责内容全涵盖，以列举方式规定法院各类人员包括院长（含副院长）、庭长（含副庭长）、审判长（审判员）、法官助理、书记员的权责范围，明确各类审判组织研讨案件的范围。

“负面清单”指根据法律及司法解释的强制性规定和禁止性规定，明确审判岗位和行政辅助岗位人员枉法审判、违规办案及违反职业道德准则的行为，通过进一步细化权力边界，完善权力的良性运行，为有效制约监管、落实司法主体责任提供依据和操作指引。

2. 技术赋能细化监督标准

在院庭长开展审判监督过程中，运用现代化信息技术有利于院庭长和审判团队具体工作的开展，更符合智能化办公发展趋势，有利于扩大审判监督的覆盖面。同时，积极推进在线管理活动，实现在线文书签批、在线案件评查、在线审限监管，运用信息技术实现全程监管、痕迹监管，促使科学流程管理制度更有效、规范地运行。线上办公为院庭长开展审判监督工作给予更直观的数据参考，[1]也有利于审判团队在接受院庭长监督的同时提高自我要求、复盘工作细节、倒查追溯问责。

3. 健全人才培养管理机制

第一，探索筹建基层法院内部监督工作干部人才库，制定配套的具体管理办法，加强教育培训和监督管理，为内部监督工作提供有力人才保障。积极推进监督干部和业务干部双向交流，确保监督干部引得进、出得去。

第二，探索建立以政治锻炼、业务培训为核心的基层法院内部监督干部培训体系，重视对干部的教育培训，打造一支政治素质极高、职业素养正确、司法能力过硬、专业水平一流的监督干部队伍。健全监督岗位轮换培养机制，在法院内部选拔优秀

---

〔1〕 万毅：《对院庭长审判监督权的若干思考》，载《人民法院报》2020年5月25日，第005版。

年轻干部到监督岗位进行充分锻炼。

第三，探索完善监督权力配置和运行制约机制，健全分事行权、分岗设权、分级授权、定期轮岗、岗位职权利益回避制度，坚持权责透明，探索建立监督权力运行可查询、可追溯机制，使监督权力公开在阳光之下，避免“灯下黑”。[1]

（二）锦囊二：纪检监察监督机制的优化路径

1. 强化纪检监察岗位人员配置

人民法院监察具有独特功能，是国家监察体制无法替代的。[2] 因此，应保留法院内部的监察岗位，以体现出对司法规律的高度尊重。[3] 首先，在人员配置上，应增加内部监察人员编制数量，充实内部监督队伍。其次，鉴于法院纪检监察既要对行政权力进行监督，也要对审判权的运行进行多视角、全方位的监督。因此，纪检监察岗位应该从优吸纳复合型人才，既要懂监察业务，也要精于审判业务。课题组认为，监察岗位应当保留 1 名至 2 名法官，并建立合理轮岗制度，这样有利于监察队伍稳定，有利于监督工作深入开展，有利于法官多岗位锻炼，形成监察部门敢监督、能监督、真监督、愿监督的格局。要加强基层纪检干部队伍的专业化教育，不断增强基层纪检监察干部的工作能力并提高其工作水平。

2. 构建全流程立体式监督网格

纪检监察要充分发挥监督作用，进行全程监督，而不能仅侧重于事后监督。一是加强日常的廉政监督，通过不定期检查廉政监督卡、查看庭审活动等方式，及时发现干警在办理案件过程中在纪律方面是否存在问题。二是加强审务督察，严密组织审务督察和专项检查活动，开展对违纪违法行为的专项治理活动，同时积极发动群众进行监督，拓宽线索发现渠道。三是加强与其他部门的沟通。加强与审判监督、技术、审管办等部门的沟通联系，注重收集上级反馈、媒体和群众的反映线索，形成监督合力。

3. 优化纪检监察干部考核方式

基层法院纪检监察干部的考核，应该由上级法院纪检监察部门和同级纪委按照基层法院纪检监察部门履行监督责任的具体工作情况综合考核，减去民主测评环节，评先评优标准更侧重考察业绩考核情况，不再由所在基层法院的干警推荐。这样才

---

〔1〕 王喜凤：《浅谈加强人民法院内部监督工作的着力点》，载《人民法院报》2020 年 7 月 9 日，第 008 版。

〔2〕 秦前红、刘怡达：《国家监察体制改革背景下人民法院监察制度述要》，载《现代法学》2018 年第 4 期。

〔3〕 王炜：《双重体制改革背景下的人民法院纪检监察体制机制研究——以内设监察部门建设为侧重点》，载贺荣主编：《深化司法改革与行政审判实践研究——全国法院第 28 届学术讨论会获奖论文集》（上），法律出版社 2017 年版，第 145 页。

能让基层法院纪检监察干部放下思想包袱，充分履行监督责任。不再顾及情感和面子，从根本上树立基层法院纪检监察部门的权威，让纪检监察部门的监督责任真正落到实处，从而推进所在法院党风廉政建设有序进行，保持队伍风清气正。

4. 完善纪检监察干部管理机制

一是将基层法院纪检监察部门的编制收归上级法院纪检监察部门，上级人民法院监察部门对辖区人民法院监察干部实现统一调度使用，[1] 选任也由上级法院纪检监察部门向同级组织部门提出人选后，由组织部门考察后任命。二是上级法院纪检监察部门直接对基层法院纪检监察部门进行领导，指导、监督基层法院纪检监察部门落实党风廉政建设监督工作，认真履行监督职责，对发现的违纪问题进行初核初查，报上级法院纪检监察部门决定处理意见，实现基层法院和上级法院纪检监察部门工作力量的有效整合和监督延伸。三是基层法院的纪检监察机构人员工资福利、办公经费、设备等由上级法院纪检监察部门直接管理，以便增强监督的实效性。

(三)锦囊三:审务督察监督机制的优化路径

1. 提升认识:作为“一把手”工作来抓

思想是行动的指引，审务督察监督的重要意义不必多言，那么审务督察工作能否取得突破和成效，必须首先在思想认识上予以提升。从现行的工作体制、机制出发，提高对审务督察监督的重视程度，现实可行的方法就是特别强调作为“一把手”工作来抓。上行而下效，若将审务督察监督放在与审判执行工作至少同等的程度来抓，甚至考虑将审务督察监督情况作为绩效考评的组成部分进行考核，则势必会提高对该项工作的重视程度。同时，也会避免出现上热、中温、下冷的逐级递减效应。

2. 创新方法:完善智能审务督察系统

在建设智慧法院的背景性因素下，通过信息化建设和信息化应用程序，创新审务督察监督的方式、方法，成为可行和必要的探索方向与追求目标。不断完善智能审务督察系统的督查范围、逻辑规则、判断标准和提升系统的实操便捷程度，通过科技手段的运用逐步实现督查工作的自动化、全面化和科学化，变传统的“人盯人/案”为“系统盯人/案”。这不仅可以在监督的即时性和全面性上取得突破，还可以有效缓解当前专职人员较少的困境。

---

[1] 王炜:《双重体制改革背景下的人民法院纪检监察体制机制研究——以内设监察部门建设为侧重点》，载贺荣主编:《深化司法改革与行政审判实践研究——全国法院第 28 届学术讨论会获奖论文集》(上)，法律出版社 2017 年版，第 149 页。

3. 健全制度:发现问题与解决问题相结合

在审务督察监督中所发现的问题,首先必须彻彻底底、扎扎实实地得以整改,该承担相应责任和进行问责的,就要承担责任和进行问责,否则可能导致“监督一阵风,过后旧模样”的顽疾存在。更重要的是,对审务督察监督中发现的共通性问题,要举一反三进行梳理和分析,进而制定出相应的规章制度,彻底消灭顽瘴固疾。

(四)锦囊四:司法技术监督机制的优化路径

应当肯定司法技术手段在基层法院内部监督机制中发挥的积极作用,认真贯彻习近平总书记关于“善于运用互联网技术和信息化手段开展工作”重要论述精神,利用法院信息化建设成果推动法院内部监督高质量发展,努力实现线上监督与线下监督的良性互动、传统监督与智慧监督的融合发展,这样才能不断提高监督预警、辅助决策、督促反馈能力。[1]

1. 化解检索机制现存难题

第一,培养“法律+技术”型人才。强化法官和法学专家在类案系统研发中的角色,加强复合型人才培育,建立以“法律+技术”复合型人才为核心的研发维护团队,法官要在类案检索研发维护全环节中结合专业知识积极发挥作用。

第二,提炼“类似”案件要素。类案检索不是对案件简单地“贴标签”了事,而是要对案件要素进行有效提取,建立明确法律知识要素与表现维度的专用法律词典,才可采用深度学习算法优化形成可解释性的案例数据挖掘过程,在此基础上进一步明确类案“类似”的标准。

第三,凝练共性裁判规则。类案检索的落脚点是统一裁判尺度,向审判人员提供正确的裁判思路与规则。进一步探索裁判文书改革,规范裁判文书数据生成和上网,重视裁判文书说理,必要时增加“裁判要旨”撰写,这种做法既推动裁判文书说理的实质性提升,[2] 又为类案检索规范化、系统化供给原始数据。

2. 优化文书自动纠错功能

第一,增强法律适用纠错功能。对案件法律条文引用、判决结果等方面进行纠错检验,尤其是对判决结果的检验,需要准确查找不符合法律规定的地方,并且与类案检索、推送系统联动,根据案情提供法律引用具体条文,增加刑事案件中的量刑检查。

---

〔1〕 王喜凤:《浅谈加强人民法院内部监督工作的着力点》,载《人民法院报》2020年7月9日,第008版。

〔2〕 梁平:《基于裁判文书大数据应用的区域法治化治理进路——以京津冀类案检索机制的构建为例》,载《法学杂志》2020年第12期。

第二,增加语法拼写纠错功能。在语法逻辑上查找文书错误,通过对文书整体结构的扫描,查找不符合语法逻辑或是段落间、分项间存在的逻辑错误。在拼写方面查找文书内容的错误,包括对数字、序号、标点符号、文字等进行拼写错误检查。

第三,完善定期更新服务功能。法律条文尤其是一些基本的法律经常会被修订,需要对法律知识库、校验文书规则、错别字库、软件技术内核等模块提供每年至少 2 次的更新服务。

3. 构建智能档案储存机制

第一,推行“双套制”改革工作。构建智能化档案储存中心需要建立专门的电子档案管理部门,明确电子档案管理、制作流程。可以借鉴上海法院开展的电子卷宗“单套制”归档改革方案,并结合全区法院工作实际,大力推进电子卷宗为主、纸质归档为辅的“双套制”卷宗归档改革,将智能阅卷、“左看右写”、一键归档等功能进一步完善,并配备专人负责卷宗随案生成数字化处理。

第二,完善档案保密管理流程。落实人员培训保密工作,在增强工作质效的同时更要强化信息安全意识和保密意识,杜绝失泄密事件发生。应当建立严格的电子档案调阅制度,在对电子档案上传下载过程中,需要对相关部门、人员设置对应的访问权限来确保档案管理工作的保密性和安全性,并记录访问时间、内容、方式、用途,以备发生保密问题后倒查追责。

第三,升级储存中心软硬件设施。配置数量足够、数据处理等级足够的计算机设备、储存介质是构建智能化档案储存中心的基础。还应设置过硬的信息安全技术关卡,明确信息安全制度要求,筑牢信息安全防护墙,定期对现有的档案资料管理软件的安全漏洞进行修复,实现对病毒软件的有效防范。

(五)锦囊五:审委会监督机制的优化路径

当下审委会人员均是法院内资历相对丰富的法官,法律功底丰厚。但是现实反馈是审委会个案讨论范围较为有限,实际决策功能趋于弱化,能够起到一定的案件质量保障作用。但审委会仍需要在一定范围内进行改革创新才能对特殊疑难复杂案件起到监督作用。课题组提出以下几个方面的改革意见。

1. 限缩审委会讨论的案件范围

课题组通过对样本数据进行实证研究发现,目前在基层法院中提交审委会讨论的大多数案件,特别是包括涉案标的额较大但争议不大的案件在内的民事案件,提交至审委会讨论的必要性不大,甚至因提交讨论进行的一系列流程反而使案件处理效率相对迟滞。因此,对审委会的案件讨论范围进行调整具备可行性和必要性。课题组认为，应将讨论范围限定在疑难复杂案件、涉及法律创新、具有普遍适用性的指导性案件之中。其中对于如何界定疑难复杂，课题组认为应当从案情新颖性、案由特殊性、争议内容价值性等方面进行综合性审查。换言之，当案件的主办法官认为该案疑难复杂，需先交庭领导召开庭室内部的法官会议进行充分讨论后，仍无法获取思路及最终定论的，可确定为疑难复杂案件提交至审委会进行讨论。

2. 审慎处理审委会对案件事实的讨论

提交至审委会讨论的民商事案件，应以讨论法律适用问题为主，事实问题仅作为辅助讨论事项进行确认。但现实往往并非如此。最高人民法院在《关于完善人民法院司法责任制的若干意见》中将审委会案件讨论的事项只限于“法律适用问题”的改革动议，课题组认为这样规定是合理的。但在目前阶段似乎很难在所有层级法院推广实施。一旦把审委会的案件讨论只限定为法律适用，某些个案的质量把控难以保证，从而损害个案层面上的司法公正。其实，无论是从个案质量保障的角度来看，还是从事实与法律交融性的维度着眼，目前我们很难“一刀切”地将审委会的讨论范围限定在法律适用问题上。因此，课题组认为需要更为审慎地讨论边界，保持事实与法律之间的边界意识，渐渐过渡到只讨论案件的法律适用问题。

3. 构建制度化、民主化和公开化议事讨论机制

各地基层人民法院都制定了审委会议事讨论的程序规则，实践中课题组经过了解发现，审委会讨论决定案件的程序机制在很大程度上是一种“惯习”，更多的带有一种随意性，这就使疑难复杂案件讨论的充分性、权威性难以得到保障。就此来看，最高人民法院在《关于完善人民法院司法责任制的若干意见》中所提出的“按照法官等级由低到高确定表决顺序，主持人最后表决”的发言次序，无疑具有重要的制度意义，改革的问题意识非常明确。课题组依托这条规则，认为就审委会运行的程序化与制度化的高度而言，仅仅明确规定审委会委员的发言顺序还远远不够，还应将主办法官如何汇报、如何提交上会的证据材料、发言时间及最终如何表决、如何进行规范的会议记录等，都纳入审委会运行机制制度化改革的范围。在未来修改中在不违背保密性的前提下，对外公开审委会的案件讨论情况，以有效保障当事人的知情权是十分有必要的。例如，在提交至审委会讨论之前对当事人进行告知，或者在判决书中将审委会的讨论体现出来。

（六）锦囊六：审判流程监督机制的优化路径

审判流程监督的本质是为了保障案件的提质增效，课题组认为，建立以信息化管控为先、以精细化监管为要、以可视化预警为重、以制度化考评为纲的“四位一体”的

审判流程监督模式,才能搭建好"案件信息全覆盖、流程监控无死角、督办问责有依据"的新型内部监督格局,最终达到整个审判案件质量、效率双提升的根本目标。

1. 以信息化管控为先,确保监督更高效

2016 年 1 月 29 日,时任最高人民法院院长周强在最高人民法院信息化建设工作领导小组第一次全体会议上,首次提出建设立足时代发展前沿的"智慧法院"。"智慧法院"建设是新时代人民法院高质量发展的需要。因此,在法院内部监督当中,我们可以依托现代人工智能,以高度信息化方式和手段支持法院审判流程监督体系的运转,解决和打通审判流程中的"痛点""堵点",将立案审查、分案、排期送达、案件移送法官、评估鉴定、审理期限、案件报结、上诉案件移送、案件归档等整个流程纳入信息化管控的范围,通过智能化审判管理系统,各节点自动提示、动态统计、预警显示、催办督办和逾期冻结,正常案件显示"绿灯",期限临近亮"黄灯",违规超期闪"红灯",将审判流程监督驶入"快车道"。以样本法院之一的南宁市 A 法院的改革为例,2021 年 1 月,该院自主创新研发,为排期送达工作量身定做的软件"江小排"正式在该院局域网上线使用。"江小排"具备排期冲突检测、排期时间"私人订制"、空庭自测、排期送达数据统计、排期送达流转节点监控等功能,通过使用该软件,可以直观监控到每一个案件在排期送达阶段的时长、法庭的利用效率、案件直接送达率、送达排期人员平均工作耗时等数据,不仅实现了对个案的监督,也实现了对排期送达人员工作质效的客观评判,更重要的是,通过智能化手段的运用,能够快速发现审判流程监督存在的问题和短板,有利于监管部门动态监督和分析研判,对症下药再强化各环节的监管,最终达到审判流程提速的目的。2021 年,该院民事案件排期送达平均时长由 2020 年的 31 天下降到 23 天,其中速裁团队的排期送达平均用时仅 15 天。"江小排"彻底改变了以往排期送达工作客观上游离于审判监督之外的局面,成为该院内部监督的有力抓手之一。

2. 以精细化监管为要,确保监督更精准

"大功成于精细。"审判流程的精细化监管的最终目标是提升审判质效和强化队伍建设。精细化监管的核心在于监督的细化、量化、流程化和标准化。只有把握核心,才能更精准地去监督。因此,我们必须紧紧围绕法院审判工作绩效考评各项指标进行职责分工上的细化、工作质效的量化、工作环节的流程化和考评机制的标准化。审判流程监督最关键的一环是结案环节。对结案工作,我们认为必须进行结案目标的精细化监管。首先,从结案均衡的角度出发,审判管理办公室必须根据全年预计的收案情况和绩效考评的要求,按月制定各部门的结案目标。在制定各部门月度结案目标时，必须以当月结案数量大于上月新收案件数量为基本目标，并且利用审判系统统计出每个部门目前已开庭未结的案件数和当月明确可以开庭的案件数，作为当月结案目标数的一个参考值，同时结合当年度法院绩效考评关于结案率和结收比的相关要求，最终确定一个科学合理的部门结案目标，再由各部门负责人将部门结案目标分解到每一位员额法官，并进行公示。其次，由审判管理办公室对各部门结案进度进行“双9计划”、“5个节点跟踪”和“红黑榜”排名。“双9计划”即每天上午9点之前，各部门将预计当日能结的案件数报给审判管理办公室，审管办在每天晚上9点，公布各部门当日结案数。“5个节点跟踪”就是将当月结案总目标进行再细化，由审判管理办公室把一个月的时间分为5个时间段（每个时间段是6天左右），由各部门将本部门当月结案总目标再分解到这5个时间当中，接着由审判管理办公室监督每个时间节点各部门的结案进度并进行全院通报。通报的内容包括各部门的各节点的结案目标、已完成数、完成比例。同时，实行结案扎口管理，审判管理办公室要求各部门按照案件报结的相关规定和期限规范报结案件，否则不予批准结案。最后，在下个月初由审判管理办公室对上个月各部门结案目标完成比例进行“红黑榜”排名。每个月完成比例最低的部门被认定为黑榜，完成比例最高的部门认定为红榜。结案“红黑榜”制度与年度法官评先评优制度挂钩。以南宁市A法院为例，该法院2021年实行上述结案目标精细化监管制度之后，全年结案28,182件，结案数同比上升近10个点。

3. 以可视化预警为重，确保监督更有力

要加强监督力度，突出预警机制，破解长期未结案件“边清边积”难题，确保审判流程监督更具刚性。

（1）监管前移集中整治。建立长期未结案件常态化防控机制，实行监管前移，将立案超9个月以上未结案件纳入监管范围，充分运用“四类案件”监督管理平台对长期未结案件实施监督管理，发挥院庭长审判监督管理职责，真正做到挂图作战，并发挥审委会的职能作用，对疑难复杂的案件进行监督指导，有针对性地研究解决集中清理工作中遇到的问题和困难，严格督促，限期整改，做到情况明、底数清、措施实、催办严，确保集中清理工作取得实实在在的效果。

（2）实行“两通报一预警”机制。审判管理办公室要充分利用审判管理系统，通过全流程监控，对法院长期未结诉讼案件实行精确统计、精准分析、定向督导和全面清理，努力构建新型清案工作模式。坚持实行“两通报一预警”制度，“两通报”包括周通报和月通报，即审判管理办公室每周通报各部门新增长期未结案件数、新增2件以上长期未结案件的法官及案件明细表、个人长期未结案件数排名；每月通报长期未结案件清理目标、已清理案件数、未清理案件数、已清零法官名单。“预警”即每周对准长期未结案件（还有15天即超9个月的长期未结案件）的承办人和案件明细进行预警提示，除案件因法定事由未结以外，督促承办人务必在案件变成长期未结前报结。

（3）强化审限和评估鉴定两方面监督。要切实强化审限管理、预警和督促，压缩评估鉴定流转时长，溯本清源，从源头治理长期未结案件。一是进一步严格落实各类案件审限管理相关规定和审限报批制度。2021年11月，广西壮族自治区高级人民法院印发了《关于进一步严格案件审限管理若干规定》，明确了中止、延长、扣除审限、重新计算审限的报批程序、事由和证明材料，并且规定审限变更一律线上办理，全程留痕管理，对审限变更次数超过3次以上的案件，自动识别纳入“四类案件”进行监督管理，对12个月长期未结案件申请审限变更的，由分管院领导审批，进一步强化审限的刚性监督管理。二是强化院庭长对审限的监督和管理。庭长对审限变更进行动态管理，对申请审限变更的，要认真审核是否具备法定事由和正当理由，对因同一事由再次申请审限变更的，分管院领导应严格审核把关；庭长对案件超过12个月未能审结的案件要进行重点督办，逐案分析形成长期未结案件的主客观原因，召开法官会议制订清理方案并限期结案。院领导对超18个月未结的案件进行督办，对12个月以上长期未结案件申请变更审限的，要严格审查，疑难复杂重大敏感案件及时提交审委会讨论决定。三是进一步加强审判管理办公室对审限的监管和预警。审判管理办公室要对法院审限扣除情况进行专门的调研，发现问题及时研究对策，对审限变更审批进行确认审查，严格执行审限管理各项规定，避免出现滥用延长审限、扣除审限、中止诉讼、随意转变审理程序等形式，杜绝非法律规定事由的变更审限，而导致办案拖沓、效率低下，增加办案周期现象发生。此外，审判管理办公室每周要对10天后即超法定第一次审限的案件的承办人和案件明细进行预警提示，除有法定事由以外，督促承办人尽可能在法定第一次审限内审结案件，确保优先审结法定第一次审限内的案件，并对超审限案件进行月通报，提高案件结案效率。四是对评估鉴定案件加强内部监督。制定标准化的司法技术工作流程管理实施办法，明确司法鉴定技术办公室从收案、材料审核、选择专业机构或者鉴定人与委托人，到鉴定机构受理、结案等各节点的工作要求和时间点，并由审判管理办公室负责监督每个时间点的用时，跟踪评估鉴定环节，并做到及时预警、随时催促、严格通报，加快流转的效率。以南宁市A法院为例，该院制定了详细具体实操性较强的《A法院司法技术鉴定管理暂行规定》，并由审判管理办公室负责监管。2021 年该院处理评估鉴定事项 285 件,评估鉴定用时从 2020 年的 48 天缩短到 27 天,因评估鉴定导致案件长期未结的问题得到根本性改善。

4. 以制度化考评为纲,确保监督管理更规范

审判流程监督是一项系统性综合性的工程,涉及诉讼的各个环节,必须要有完备的措施和制度,才能保证高效有序地运作。纲举目张,完善各项监督制度并且与绩效考评结合在一起,才能使审判流程监督更全面、更规范、更到位。

(1)建立完善审判案件流转管理的相关配套制度。对各类案件从立案、分案、排期送达、评估鉴定、开庭、合议、调解、结案,到卷案装订、归档、上诉、调卷、移送等管理节点,从制度上明确各节点流转的程序和时间,以及审判管理办公室负责监督的重要节点,并明确相关责任主体和问责的程序,最终与绩效考核和评先评优挂钩。

(2)制定和完善长期未结案件清理的配套制度。将长期未结案件的监督管理纳入法官审判业绩评价范畴,并强化对已结案件的质量评价,将扣除和延长审限作为案件质量评价指标之一,对超过 18 个月未审结的案件,视情况作出负面评价;对 18 个月以上长期未结案件进行个案跟踪,除鉴定、评估、等待另案处理结果等法定事由无法审结外,审判管理办公室对无正当理由长期未结的,尤其是临近 3 年或 3 年以上长期未结案件案件进行督办通报。对主观原因导致案件超期审理并造成严重影响的,依照相关规定追究主办人及相关责任人员的责任。

(3)建立科学的审判绩效考评体系。绩效考评的科学性、合理性可以促进各项监督机制的规范化和标准化。必须完善质效考核制度,科学设置结案率、案件结收比、法定第一次审限内结案率、扣除延长审限未结比、简易程序适用率、小额程序适用率等指标,客观评价各法院、各部门及法官个人的审判质效,考评结果作为季度考核、年终考核的依据。审判管理办公室要注重审判运行态势研判,合理配置审判资源。根据案件权重折算,确定合理的法官工作量,做到人案相匹配,避免忙闲不均。根据司法体制改革的需要,改变固有的审判质效考核指标体系,进一步优化各项审判绩效考评指标,凸显对审判团队或者法官个人审判业绩的评价,促进审判质效同步提升。

(七)锦囊七:法官会议监督机制的优化路径

1. 法官会议召开的制度化、台账化、规范化

课题组在对样本法院的法官会议运行情况进行分析的过程中发现,不同的基层法院法官会议发起形式多样化,召开的次数有多有少,时间、地点不固定,研究讨论的事实、法律问题的类型也不一样,缺乏比较统一的标准。针对这一问题,基层法院可

根据自身实际情况，建立关于法官会议发起的程序、法官提请发起的条件、拟讨论的议题、召开的时间、参加的人员、是否要做会议记录等一系列问题的刚性制度，并经该院全体员额法官讨论通过。同时在召开法官会议讨论研究案件事实和法律适用时，注意避免“类案不同判”“小案大舆情”等现象的发生。中央、最高人民法院要求强化对“四类案件”的监督管理，由于缺乏对“四类案件”的科学识别标准，存在法官会议履行个案监督管理职责边界模糊不清的问题。为确保法官“有权不任性”“放权不放任”，坚持问题导向，破解实践难题，可将“四类案件”统一纳入“典型案件动态台账”，并规定“四类案件”原则上提交法官会议讨论，否则系统将对其结案流程予以“冻结”。对进入台账案件要求必须将案件提交法官会议讨论等恰当方式进行监管，规范法官会议，履行个案监管职，责形成组织化、平台化的路径保障，真正做到放权不放任、用权受监督。

2. 法官会议运行机制的配套体系化

法官会议不能背离开放性、民主性的目标追求，不然会增加制度运行的成本，限制制度效能的释放。在组会模式上方面，可以采取适当放宽的运行模式，不要求参会法官相对固化，不要求审委会委员或分管副院长必须参加。法官会议是在审委会的集体领导下开展工作，成员应当经审委会审查批准。鉴于实践中法官会议会次数过于频繁、法官会议开会召集难等问题，可比照区分常务成员和候补成员的模式，设立常务成员名单和候补成员名单，以确保运行的顺畅和讨论观点的多样性。至于院庭长是否一定要参加法官会议，可区分情况而定。如果案件是院庭长依职权提请讨论的案件，相关院庭长自然应当参加会议。如果案件是合议庭提请讨论的案件，参会人员范围可交由合议庭决定，可以邀请院庭长参加，也可以不邀请。

3. 法官会议讨论结果的效力化

本次调查研究结果显示，法官会议机制的运行高效优质与否，关乎案件的审判质量和效率，关乎对法官办案的监督实效。要大胆革新参会人员的组成结构、创新法官会议的召开条件、创新会议组织程序和强化会议效力约束等措施，努力提高法官会议质量，充分发挥法官会议在法院内部对审判人员和案件裁判的有效监督。首先，可以尝试建立既相对固定又具备弹性空间的法官会议成员库，辅之以将法官参会情况纳入业绩评价体系的举措，较好解决法官之间相互推诿、参会热情不高的问题，丰富每次会议出席人员的层次结构，使会议讨论意见能够体现该院法官的主流裁判思路。其次，提高会前的准备门槛。对要提请召开法官会议的案件或议题，规定主办人必须制作包含基本案情、需要讨论的法律适用问题、拟处理意见及理由、类案及关联案件检索情况等内容的汇报提纲。再次,明确法官会议必须严格记录,可以由主办人的跟案书记员或所在法官团队的法官助理记录,甚至是所在庭室的内勤或审委会专职记录人员记录。最后,赋予法官会议讨论结果的强制效力。通过复议程序设置赋予会议讨论意见柔性约束力,规定合议庭或独任法官应当根据法官会议讨论意见对案件进行复议,经复议未采纳会议形成的多数意见的,应当按照规定将案件提请审委会讨论决定,进而避免任性裁判,最终发挥法官会议的法院内部监督作用。

(八)锦囊八:合议制监督机制的优化路径

1. 案件评议实质化

案件评议是合议庭审理案件的关键环节,案件评议实质化是避免合议庭审判流于形式的必由之路,也是实现合议监督的必然要求。要实现案件评议实质化,课题组认为,应从完善制度和改进方式两方面着手。

(1)完善合议有关制度。课题组认为,在制度保障方面,主要是为保障合议庭成员均能切实参与案件的整个审理过程,为之后的合议庭评议筑牢基础。一是要建立合议庭共同阅卷制度,因合议庭大多系临时组成,案件完成送达后移送给承办法官,若其他成员未能在庭审前阅卷,了解案件事实和争议焦点,庭审上的“形合实独”则难以避免。二是建立合议庭共同拟定庭审提纲制度,合议庭成员在了解案情后,还需参与庭审提纲的拟定,方能保证阅卷的效果,真正参与庭审。共同拟定提纲的方式既可以是各成员各自拟定庭审提纲后再共同讨论决定,也可以是由承办法官提供初步意见,并由其他成员参考后提出意见再予以确定。

(2)改进评议方式。课题组认为,评议方式的改进以保障每个合议庭成员能够充分行使其审判权,兼顾合议庭成员关系平衡与案件办理质效的提升为出发点和落脚点。一是及时评议。根据相关法律规定评议时间要在庭审结束5个工作日内进行,且将评议安排在庭审后临近时间有利于合议庭成员基于对庭审过程中查明的案情较清晰的记忆提出评议意见,若拖的时间过长,案情已遗忘殆尽再进行评议,既要付出更大的时间成本,评议意见的质量也难以保证。二是实行全面评议。合议庭成员需对案件事实和法律适用均作出评议,对证据是否采信、争议事实的判定及适用法律所得出的结论全面阐述自己的依据和理由,并将此意见记入合议庭笔录,而不能仅就承办法官判定的案件事实或得出的结论,简单发表是否同意的意见,这样才能实现实质性的功效。三是实行分段按序评议。为保证评议的质效,评议应区分事实认定和法律适用等围绕庭审确定的争议焦点分段进行,并对整个评议意见发表的顺序按照资历由低至高排序,充分保证合议庭每一成员能充分发表其自身意见。

2. 建立专家陪审员制度

面对现今案件的新类型、新情况，建立专家陪审员制度，由具有与案件相匹配的专业知识背景的陪审员作为合议庭成员参与案件审理，这样才能实现有效的合议监督。

（1）专家陪审员的选任。对于特定类型的案件，如建工类案件、医疗损害案件、金融类案件等，可从有关行业协会、监管机构或该领域的学者等渠道选择，主要考量陪审员的专业性，同时兼顾官方与民间，并基于案件数量等确定所需专业陪审员的数量。确定备选人员后，课题组认为，可参照《中华人民共和国人民陪审员法》的规定，由司法行政机关会同人民法院、公安机关，由高等院校、行业协会、科研机构等推荐有关专家，联合审查备选人员的资格后，确定人选放入信息库，再由法院院长提请同级人民代表大会常务委员会任命。

（2）专家陪审员的启动。对于专家陪审员的启动，可有依当事人申请启动及法院依职权启动两种方式。前者系当事人立案后，确定案件适用普通程序后，其基于对案情的了解，向法院申请专家陪审员参加，并说明理由，由法院对其申请进行决定；后者系法院立案受理后，法官阅卷时认为案件专业性强，主动邀请专家陪审员参与进来。

结　语

在司法体制改革的大背景下，如何在保障法官独立行使审判权的前提下，建立一套行之有效的内部监督机制，是建设社会主义法治国家所必须解决的问题。本课题通过大量的调研实践与理论分析，力求解决旧有的基层法院内部监督机制无法适应司法改革的现实需求问题。对内部层级监督、纪检监察监督、审务督察监督、内部技术监督、审委会监督、审判流程监督、法官会议监督、合议庭监督机制提出了改革完善的路径，希望本调研成果能对全区基层法院内部监督机制的改革起到“抛砖引玉”的作用。

重大疑难复杂敏感案件识别与监管问题研究

——以人工与智能相结合为视角

北海海事法院*

一、重大疑难复杂敏感案件识别与监管的实践样态

在最高人民法院出台《关于进一步完善"四类案件"监督管理工作机制的指导意见》(以下简称《指导意见》)前,各地法院纷纷结合本地实际,制定"四类案件"监督管理相关制度,进一步落实院庭长的审判监督管理职责,推动司法责任制落地生根。在各地法院制定的审判监督管理制度中,对"四类案件"的识别及院庭长对"四类案件"的监督管理是其中的重要内容。课题组选取11个分布于全国东南西北不同地域、不同层级法院关于"四类案件"识别和监管所制定的制度文本进行分析,具体包括河北省高级人民法院〔1〕、山东省高级人民法院〔2〕、浙江省高级

---

* 课题主持人:唐海波,北海海事法院党组书记、院长,二级高级法官。课题组成员:傅晓明,中国—东盟自由贸易区南宁国际商事法庭常务副庭长;赵波,北海海事法院党组成员、政治部主任;陆英涛,北海海事法院海商庭庭长;苏维琳,北海海事法院执行局局长;孙淑锋,北海海事法院海商庭法官助理;梁韵捷,北海海事法院审管办法官助理;蒋璧灿,北海海事法院研究室法官助理。

〔1〕 最高人民法院司法改革领导小组关于印发《人民法院司法改革案例选编(七)》的通知(法改组发〔2020〕1号):案例117"河北省高级人民法院:搭建'四类案件'信息化监管平台提升审判质效"。

〔2〕 山东省高级人民法院办公室《关于印发"四类案件"监督管理暂行规定的通知》(鲁高法办〔2020〕16号)。

人民法院[1]、贵州省高级人民法院[2]、宁夏回族自治区高级人民法院[3]、新疆维吾尔自治区高级人民法院[4]、四川省宜宾市中级人民法院[5]、四川省筠连县人民法院[6]、浙江省东阳市人民法院[7]、福建省厦门市思明区人民法院[8]、天津市河北区人民法院[9]的改革案例。本课题组将从识别和监管两个角度,通过对比分析找出其中存在的共通性和差异性,从落实落细《指导意见》出发,发掘应考量的相关问题。

(一)共通性分析

通过对各样本法院的制度文本的剖析,呈现如下共通性。

1. 细化认定标准,明确监管范围

上述法院均根据最高人民法院《关于完善人民法院司法责任制的若干意见》(以下简称《司法责任制意见》)要求,结合当地实际出台相关实施细则或规定,进一步细化"四类案件"的认定标准,明确院庭长的职责和监督管理范围。浙江省高级人民法

---

〔1〕 最高人民法院司法改革领导小组关于印发《人民法院司法改革案例选编(八)》的通知(法改组发〔2020〕2 号):案例 133"浙江省高级人民法院:制度建设和科技创新双管齐下　完善'四类案件'全流程在线监督管理体系"。

〔2〕 最高人民法院司法改革领导小组关于印发《人民法院司法改革案例选编(六)》的通知(法改组发〔2019〕2 号):案例 114"贵州省高级人民法院:完善常态化监督管理机制,凝聚审判权运行监督管理合力"。

〔3〕 宁夏回族自治区高级人民法院《关于进一步落实院庭长审判监督管理职责的办法(试行)》(宁高法〔2018〕77 号)。

〔4〕 《新疆维吾尔自治区高级人民法院"四类案件"监督管理办法(试行)》(新高法发〔2019〕5 号)。

〔5〕 最高人民法院司法改革领导小组关于印发《人民法院司法改革案例选编(三)》的通知(法改组发〔2018〕1 号):案例 17"四川省宜宾市中级人民法院:放权到位　控权有效　构建全院全员全程审判监督管理体系"。

〔6〕 最高人民法院司法改革领导小组关于印发《人民法院司法改革案例选编(二)》的通知(法改组发〔2020〕2 号):案例 17"四川省筠连县人民法院:完善'四类案件'监管制度做到'放权不放任'"。

〔7〕 《"四类案件"监督管理实施意见》,载东阳市政府信息公开专栏,http://www.dongyang.gov.cn/art/2021/8/6/art_1229530837_59479235.html,于 2021 年 10 月 6 日访问。

〔8〕 最高人民法院司法改革领导小组关于印发《人民法院司法改革案例选编(八)》的通知(法改组发〔2020〕2 号):案例 134"福建省厦门市思明区人民法院:创新'四类案件'监管模式　助力审判质量效率双跃升"。

〔9〕 最高人民法院司法改革领导小组关于印发《人民法院司法改革案例选编(六)》的通知(法改组发〔2019〕2 号):案例 98"天津市河北区人民法院:完善'四类案件'全流程监督管理机制全面提升案件质效"。

院制定“四类案件”监管实施细则,依据全省法院近5年办案情况的大数据分析和历年案件评查结果对“四类案件”进行分类,细分为4大类、39种案件。其中,将疑难案件细分为4类、20种案件,具体包括:涉及国家政治安全、社会公共利益等的重大案件,法院自身容易出现案件质量问题和违法审判的重点案件,公、检、法存在重大分歧的案件等疑难复杂案件,上级法院督办、涉军事等敏感案件。河北省高级人民法院印发《关于进一步规范院庭长履行审判监督管理职责的意见(试行)》,明确院庭长、法官的审判权力和责任,及其审判监督管理职责,并研发“四类案件”监管平台,将其细化为27条识别规则,每一项又逐级细分,形成229项涵盖了重大敏感、合议分歧、发回改判等案件。四川省宜宾市中级人民法院制定“四类案件”监督管理办法,对“四类案件”进行准确界定,实现对“群体性”案件的界定本地化、疑难复杂案件的范围具体化、类案冲突案件的情形固定化、违法审判案件的含义明确化,明确院庭长对个案监管的类型和范围。厦门市思明区人民法院制定《关于“四类案件”监督管理的规定》,将“四类案件”具体细化为4类28项,明确院庭长的正面清单和负面清单。天津市河北区人民法院制定《规范审判权和审判监督管理权实施细则》,将“四类案件”具体细化为7类21项,明确“群体性案件”范围,细化“疑难复杂案件”标准等。

2. 充分运用信息技术,建立精准的识别机制

上述法院从当地法院工作实际出发,因地制宜,充分运用信息技术,建立了“四类案件”识别机制。主要模式有以下5个。

(1)全流程在线监管模块。以浙江省高级人民法院为例,其建立了“人工+智能”的识别机制。该审判系统可根据案件来源、案由、当事人人数、职务职级、审理天数、拟量刑刑罚与原审判决或检察院量刑建议书的比对等要素,自动识别“四类案件”,通过该系统自动识别的案件占所有“四类案件”的52.3%;审判系统根据案由、关联案件数等因素识别案件为“可能引发群体性诉讼”“可能影响政法机关形象和司法公信力”等案件,并发送相关预警信息给承办法官,由承办法官综合案情、争议焦点、评议结果或拟裁判结果,决定是否将案件识别为“四类案件”。

(2)“四类案件”结构化识别规则库。以河北省高级人民法院为例,凡匹配规则库中自动识别规则的案件,系统将自动标记提请监管。对系统不能自动识别的“四类案件”,立案、审判、执行部门在案件审理、执行过程中发现的,可以在系统中提请监管;纪检、信访等非办案部门,可根据工作中接到的违纪举报、涉诉信访等外部线索在监管平台标记案件,提请监管。该省各级法院还可结合自身实际,增加自定义识别规则,进而实现识别规则统一化、具体化、本地化。

(3)三阶识别模式。以福建省厦门市思明区人民法院为例,三阶依次为"以法官发现报告为主、专业法官会议讨论认定、院庭长审查决定为补充",同时依托审判管理系统对"四类案件"进行动态监督管理。

(4)个案监督管理平台。以天津市河北区人民法院、福建省厦门市思明区人民法院为例,主要以承办法官主动报告为主,同时强化立案环节审查和信访纪检对违法审判线索的识别。

(5)"四类案件"自动识别系统。以四川省筠连县人民法院为例,首先由系统对各类案件进行筛查,自动提示是否属于"四类案件",再由人工进行二次甄别。四川省宜宾市中级人民法院以筠连县人民法院为改革试点单位,在总结其经验的基础上研发"四类案件"智能监管系统,建立"自动+人工"识别机制,强化监管系统自动化识别、智能分析、敏感案件识别预警的功能,并在全市法院全面推行。

3. 监管方式的行政化色彩减弱,更为符合司法规律

最高人民法院《关于落实司法责任制完善审判监督管理机制的意见(试行)》(以下简称《审判监管机制意见(试行)》)第1条规定,院庭长不仅不能再审核签发裁判文书,也不得通过口头指示、旁听合议、文书送阅等方式变相审批案件。这表明院庭长对个案行使的监督应当以不干预法官案件实体处理权为前提,即对案件结论形成过程进行监督。[1] 由表1可知,上述法院在院庭长对特定个案实施监管的方式上,逐渐改变了以往层层上报、须经多层级审定后方可提请监督的方法,转而采用推送典型案例、听取案件进展报告或提交审判委员会(以下简称审委会)讨论等静默式理念的监管方式。监管的行政化色彩减弱,这不仅使监督管理的效率得到提高,也是对法官、合议庭独立审判权的尊重,符合"让审理者裁判,由裁判者负责"的改革思路。

表1 监管方式及监管效力

法院名称	监管方式	监管效力
河北省高级人民法院	建立在线监管平台。将"四类案件"识别规则库嵌入监管平台,凡匹配规则库中自动识别规则的案件,系统自动提起监管;同时监管平台和立案、办案、电子卷宗、信访等平台无缝对接,在监管平台即可查看案件详情和电子卷宗,在线发表监管意见	被标记监管的案件只有院庭长发表了监管意见、承办法官反馈了监管意见才能通过结案申请

[1] 卢祖新:《院庭长监督特定类型案件的路径转型与程序优化》,载《人民司法》2021年第1期。

续表

法院名称	监管方式	监管效力
山东省高级人民法院	直接办案；查阅卷宗、旁听庭审、审阅审理报告、要求独任法官或合议庭报告案件进展及评议结果；提供类案裁判文书或检索报告	不得直接改变独任法官或合议庭的意见，但可以决定将案件提交专业法官会议、审委会讨论
浙江省高级人民法院	建立“监管—反馈”在线互动机制。院庭长可实时通过“四类案件”在线模块直接提出监管建议，承办法官实时可见，并直接在线上反馈案件进展；督促案件办理进度、要求汇报案件进展；提供办案思路、推送类案裁判、提交专业法官会议或审委会讨论	院长可直接在线上监管模块提出监管建议；院庭长未在规定时间提出监管建议的，系统自动冻结监管权限
贵州省高级人民法院	开展事中监督管理、通过逐级开展扩大合议、复议、提交专业法官会议、提交审委会讨论	不能直接改变审判组织决定
宁夏回族自治区高级人民法院	查阅卷宗、旁听庭审、审核审理报告；要求独任法官或合议庭在规定期限内报告案件进展和评议结果	不得直接改变独任法官或合议庭意见，但可要求独任法官或合议庭复议一次，对复议结果仍持异议的，不得要求再次复议，但可提交专业法官会议、审委会讨论
新疆维吾尔自治区高级人民法院	直接办案；向合议庭推送类案判决、典型案例	不得直接改变合议庭意见；可通过查阅案卷、旁听庭审或调取庭审视频资料，查看案件流程情况，要求合议庭在指定期限内报告案件进展和评议结果；提供类案裁判文书或检索报告，可要求合议庭复议一次，也可决定将案件提交专业法官会议、审委会讨论
四川省宜宾市中级人民法院	推送类案判决、典型案例；查阅卷宗、旁听庭审；对案件流程进行查看、操作	不得直接改变合议庭意见，但可以决定将案件提交专业法官会议、审判委员会进行讨论
浙江省东阳市人民法院	作为合议庭成员直接参与审理；推送类案判决、典型案例，查阅卷宗、旁听庭审、监督管理审判运行情况；“四类案件”法律文书原则上由独任法官、合议庭签署，但经审委会讨论决定的，可由分管领导签发或授权庭长签发	可以决定将案件提交专业法官会议、审委会进行讨论；根据需要要求独任法官、合议庭提供类案裁判文书和检索报告

续表

法院名称	监管方式	监管效力
福建省厦门市思明区人民法院	发出督办通知;听取承办法官对案件进展的审理报告、计划和评议结果;调整承办人;提交专业法官会议讨论	专业法官会议讨论结果仅作为定案参考,与合议庭意见不一致时,提交审委会讨论决定
天津市河北区人民法院	向审判组织推送类案判决、典型案例,全程查阅卷宗、旁听庭审、监督管理审判运行情况;调整承办人	不得直接改变合议庭意见,应提交专业法官会议研究,讨论结果作为合议庭提供参考;专业法官会议与合议庭意见不一致的,有权决定将案件提交审委会讨论决定
四川省筠连县人民法院	向独任法官或合议庭推送类案判决、典型案例、相关法律法规和司法解释;查阅卷宗、旁听庭审、对审判流程运行情况进行查看、操作和监控;调整承办人;签发督办单,听取承办法官对案件进展情况和评议结果的报告;提交专业法官会议或审委会讨论	在3日内决定将案件提交专业法官会议或审委会讨论

4. 监管过程全留痕,便于对监管权力的事后监督、评价

绝对的权力必然导致绝对的腐败。对"四类案件"的监督管理权,必须用制度加以规制,规范监督管理程序,实现全程留痕,才能杜绝监管权力的滥用。河北省高级人民法院依托"四类案件"信息化监管平台,建立监管痕迹库,将监管程序细化为识别标记、提出意见、反馈结果、流程审批等,同时将每一步操作的主体、内容、时间都记录在库,并予以公示,全程留痕。浙江省高级人民法院依托信息化技术建立健全节点控制和全程留痕机制,在审判信息系统"四类案件"全流程在线监管模块中对不同的行权主体按监管层级设置不同的监管权限,严格监管权力边界,禁止随意操作;启动"四类案件"监管程序后,系统会自动将根据案件进程向院长、副院长、庭长推送案件节点信息;系统自动把院庭长对"四类案件"监督管理的时间、内容、节点、处理结果等生成监管日志,监管日志随案永久保存。四川省宜宾市中级人民法院依托"四类案件"智能监管系统,将监管方式从行政化转为扁平化,实现监管过程全程公开、全程留痕。天津市河北区人民法院在《加强院庭长审判监督管理职责的工作规则》中,对"四类案件"发现、甄别、报告、公布等流程进行细化,对发现、启动、认定、追责主体进行明确,并依托审判信息系统个案监督管理平台,实现"四类案件"监督管理全程留痕。

(二)差异性分析

当然,除以上共通性做法外,在对“四类案件”的识别标准、识别主体、追责机制等方面,各样本法院也存在差异性。

1. 对“四类案件”范围界定标准不统一,识别主体范围不同

表2　识别案件范围及主体

法院名称	案件范围	识别主体
河北省高级人民法院	“四类案件”具体指:(1)涉重大敏感案件;(2)合议分歧、发回改判案件;(3)长期未结案件;(4)破产涉外案件;(5)信访申诉、纪检投诉案件;(6)“两委”关注、媒体关注案件;(7)涉众系列案、疑似虚假诉讼、涉及特殊主体等案件	承办法官、院庭长、立案部门,审判管理办公室(以下简称审管办)并引入纪检、信访、宣传、办公室等非办案部门
山东省高级人民法院	“四类案件”具体指:(1)严重影响社会经济秩序的涉众型刑事案件;(2)一方当事人众多的劳动争议、劳动报酬、农村土地经营权流转、土地征收、房屋拆迁、环境污染等涉民生的民事、执行案件;(3)危害国家安全、涉黑涉恶案件;(4)涉及区域重点产业、重大项目、重点企业的民事案件、公益诉讼等案件;(5)发回重审、指令再审、检察院抗诉案件;(6)领导机关交办督办案件、政协委员监督案件;(7)审限超一年案件;(8)法官与律师、代理人存在不正当关系等涉嫌违法审判的案件	立案部门、承办法官、合议庭成员、纪检监察和信访部门、新闻宣传部门、审判管理部门及院庭长
浙江省高级人民法院	“四类案件”具体指:(1)涉集资诈骗、人数众多的破产案件等;(2)涉及国家政治安全、国防、外交等案件;(3)督办案件、涉人大、军人等特定主体的案件等	承办法官,院庭长及立案、信访、监察等相关部门
贵州省高级人民法院	“四类案件”具体指:(1)一方当事人人数在10人以上,可能引发关联诉讼、集团诉讼等案件;(2)审理结果可能对相关区域、特定领域、特定行业的发展具有重大影响的案件;(3)危害国家安全、涉黑恶势力及黑社会性质犯罪等案件;(4)涉及在本省投资企业重大权益的民商事案件;(5)与本院、上级院生效案件冲突案件;(6)反映法官有违法审判行为的案件	立案部门、承办法官、院长、副院长、庭长、合议庭成员、纪检监察、信访部门

续表

法院名称	案件范围	识别主体
宁夏回族自治区高级人民法院	“四类案件”具体指:(1)一方当事人人数在 10 人以上,可能引发连锁诉讼、集团诉讼案件;(2)危害政治安全、国家安全犯罪案件、监察体制改革试点期间的职务犯罪案件和改革试点之后的重大职务犯罪案件、破坏金融管理秩序犯罪、金融犯罪案件;(3)涉及在自治区投资企业重大权益、涉党政机关、军队等特殊主体的民商事案件;(4)各类涉外、涉港澳台案件;(5)检察院抗诉、拟改判发回重审案件、人民群众普遍关注、可能引发较大舆情的案件;(6)涉民族宗教因素各类案件;(7)上级领导重点督办案件、上级法院明确要求呈报的案件	立案部门、承办法官、监察部门、新闻宣传部门以及院庭长
新疆维吾尔自治区高级人民法院	“四类案件”具体指:(1)涉黑涉恶案件;(2)涉索要劳动报酬、商品房买卖等一方当事人在 5 人以上的案件、涉重点产业、重大项目、重点企业的群体诉讼案件;(3)在辖区有重大影响的职务犯罪案件和“两面人”案件,涉及政治安全、国家安全、国防安全、民族宗教的重大刑事案件;(4)县级以上人民政府为被告的行政案件;(5)涉公益诉讼、生态环境损害赔偿诉讼及新类型的民事案件;(6)上级法院发回重审或指令再审、超一年未结案件;(7)与最高人民法院指导性案例、上级人民法院类案处理意见可能发生冲突的案件;(8)法律、法规、司法解释未作规定,或规定不明的案件;(9)纪检监察部门发现法官有《司法责任制意见》第 26 条规定的 7 种情形之一的案件	发现“四类案件”的主体包括:负责立案的人员、法官、审判长、庭长(副庭长)、执行局长(副局长)、院长(副院长)、信访部门人员和承担舆情监控智能的人员、审判管理人员、纪检监察部门人员 确认“四类案件”的主体为:庭长(副庭长)和分管院领导
四川省宜宾市中级人民法院	“四类案件”具体指:(1)一方当事人人数在 5 人以上或关联案件在 3 件以上的劳动争议、劳动报酬、企业破产清算等民商事、执行案件;(2)涉黑涉恶等涉众型刑事犯罪案件;(3)涉土地征收、房屋拆迁等可能引发批量诉讼的行政案件;(4)合议庭存在重大分歧案件;(5)当事人一方为同级人民政府或同级以上的人大代表、政协委员的案件,当事人一方为军队单位、军人家属等涉军案件;(6)涉访入罪案件;(7)存在重大执行障碍以致长期无法执结或辖区内多起涉同一被执行人需协调的执行案件;(8)可能与上级院、本院生效判决发生冲突的案件;(9)有关单位或个人反映法官有涉嫌违法审判行为的案件	承办法官,院庭长及审管办、研究室、办公室、纪检监察、立案诉讼等部门

续表

法院名称	案件范围	识别主体
浙江省东阳市人民法院	“四类案件”具体指:(1)涉黑涉恶、电信网络诈骗等涉众型犯罪案件;(2)原任正科级以上领导干部的职务犯罪案件;(3)诉前发生集体信访的案件;(4)特定主体案件;(5)定罪量刑可能违背社会主义核心价值观或应当提交审委会讨论的案件;(6)引发舆情隐患,符合最高人民法院贯彻落实“三同步”原则规定的案件;(7)与指导性案例、上级法院参考性案例、典型案例相冲突的案件;(8)承办法官有违法违纪影响审判的案件	立案部门、承办法官、院庭长
福建省厦门市思明区人民法院	“四类案件”	承办法官、院庭长
天津市河北区人民法院	“四类案件”具体指:(1)重大集团诉讼案件,涉少数民族宗教习俗的敏感案件,对区域发展、行业经营和群体利益造成重大影响的案件;(2)审理期限较长、合议庭成员意见分歧重大案件;(3)发回重审、指令审理或指令再审案件等	告申庭、承办法官、院庭长、监察部门
四川省筠连县人民法院	“四类案件”具体指:(1)一方当事人人数在5人以上,或虽不足5人但可能引发连锁诉讼的案件;(2)可能引发较大舆情的案件、新类型案件、发回重审案件、再审案件等疑难复杂案件;(3)与上级法院、本院生效裁判可能产生冲突的案件;(4)法律、法规、司法解释未作规定,或虽有规定但不明确,或规定之间存在冲突的案件;(5)处于新旧法衔接阶段的案件;(6)超审限、裁判不公或其他违反审判纪律、廉洁自律规定的案件	立案庭、承办法官、院庭长及纪检组、监察科、信访窗口等部门

由表2可以看出,尽管上述样本法院均以《司法责任制意见》第24条为基础确定监管案件的范围,并对其中所列举的群体性案件、类案冲突案件和违法审判案件的具体含义如何明确、范围如何界定,以及对疑难、复杂案件如何与具体审判领域相结合等都作了一定的探索和补充,尝试将“四类案件”实现从抽象到具体的转变。但实际上,各地法院对如何界定“四类案件”的标准并不统一。大多数法院都作了扩张性界定,有根据刑事、民事、行政等审判类型细化,也有根据当事人情况细化,且同一类监督案件下的细化项从几项到几十项不等,有的法院将督办案件、有重大影响的涉港澳台案件、上级法院要求呈报案件、新型行政案件、跨区执行案件、长期无法执结案件等

纳入特定案件监督范围。有的法院将院庭长监督案件的类型仅限制在《司法责任制意见》第 24 条确定的 4 种情形。

在识别主体的范围上，上述法院基本按照《司法责任制意见》的规定，将立案部门、承办法官、审判长、院庭长、审判管理机构、监察部门纳入"四类案件"的识别主体范围。有的法院将"四类案件"的识别主体进一步扩大，将新闻宣传部、办公室、信访部门等非办案部门的人员纳入识别主体的范围中。有的法院将识别主体仅限定在立案部门、承办法官和院庭长等范围内，有的法院则进一步缩小识别主体，仅赋予承办法官和院庭长享有识别重点监管案件的权利。有的法院将识别主体划分为发现主体和确认主体两种，将发现"四类案件"的主体覆盖到立案、审判、执行全过程的领导人员，在此基础上，又将庭长（副庭长）和分管院领导作为确认"四类案件"的主体，将"确认主体"作为是否纳入个案监督范围的最终确定者。

2. 追责规定不一，部分法院建立激励机制

表 3 追责规定

法院名称	追责规定
山东省高级人民法院	相关人员对于"四类案件"存在应当报告未报告、应当认定未认定、应当监督未监督等情形，造成严重后果的，依照有关规定追究责任
浙江省高级人民法院	将"四类案件"监管纳入院庭长个人业绩考核，并规定负有监督管理职责的人员因故意或重大过失，怠于行使或不当行使审判监督管理职责导致裁判错误并造成严重后果的，追究监督管理责任
贵州省高级人民法院	一方面，遵循"谁审理、谁裁判、谁决定、谁负责"原则，没有参与案件审理和决策的院庭长一般不承担错案责任。院庭长故意或重大过失未正确履行"四类案件"，导致错误裁判并造成严重后果的，承担监督管理责任。另一方面，将对"四类案件"的办理情况纳入考核评价指标体系，作为绩效考核奖金、评先选优、职级晋升的重要参考因素
宁夏回族自治区高级人民法院	独任法官和合议庭因故意或重大过失，对应当报备的案件没有报备导致裁判错误并造成严重后果的，依照《司法责任制意见》中关于审判责任的认定和追究的规定处理。负有监督管理职责的人员因故意或重大过失，不当行使审判监督权导致裁判错误并造成严重后果的，依照有关规定应当承担监督管理责任。追究其监督管理责任，依照干部管理有关规定和程序进行

续表

法院名称	追责规定
新疆维吾尔自治区高级人民法院	有责任发现和识别"四类案件"的主体,因为故意或重大过失没有发现或识别"四类案件",造成严重后果的,依据有关规定追究责任人员审判责任。负有监督管理职责的人员因故意或重大过失,不当行使监管权导致裁判错误,造成严重后果的,依照有关规定追究监督管理责任
浙江省东阳市人民法院	院庭长对"四类案件"监管情况纳入其业绩考核评价体系。承办法官因故意或重大过失未能识别"四类案件",导致院庭长不能履行相应监管职责,且案件出现一般瑕疵或重大瑕疵的,按《关于进一步加强案件监督管理工作的意见(试行)》相关规定从重处理;被认定为违法审判的,按照《关于完善司法责任制改革的实施办法(试行)》等相关规定从重处理。承办法官已按要求向审判团队负责人申报,因该负责人故意或重大过失未能向院庭长提请监管,案件出现瑕疵或被认定为违法审判的,由该负责人承担相应的责任。"四类案件"监管中,存在应当报告案件进展、评议结果未报告,应提交类案裁判文书或检索报告未提交,应提交专业法官会议或审委会而未提交等情形的,应予以通报。导致案件出现瑕疵或被认定为违法审判的,对责任人按照有关规定从重处理。负有监管职责的人员因故意或重大过失,怠于行使或不当行使审判监管职责导致裁判错误并造成严重后果的,依照有关规定追究责任
福建省厦门市思明区人民法院	对怠于发现、报告、监督的责任人员依规问责
天津市河北区人民法院	建立监督管理台账,对怠于履行发现、申报、认定、监督等责任导致严重后果的,依规追责
四川省筠连县人民法院	对于法官应该报告而没有报告、应该提交讨论而没有提交讨论的,系统会自动冻结文书签发和结案审批流程,法官无法签发文书和报结案

由表3可知,在追责规定中,一是追责情形表述不一,有的法院使用怠于或不当行使审判管理职责的表述,有的法院则用故意或重大过失的表述。二是纳入追责主体的范围不一,有的法院采用相关人员的表述,有的法院则区分有责任发现和识别"四类案件"的主体、负有监管职责的人员。值得一提的是,部分法院采取了"正向激励"和"倒逼监督"并举的做法,如浙江省高级人民法院、贵州省高级人民法院以及浙江省东阳市人民法院等,均将履行监管职责的工作量纳入个人考核评价体系,并作为业绩考评、评先选优、晋职晋级、法官惩戒等方面的重要参考依据。一方面,用制度激励监督者积极履行监督管理职责,消除监督者"不愿监督、不敢监督"的顾虑;另一方

面,又用制度倒逼监督者摒弃"怠于履行、不当履行"的做法及补足"不善监督"短板,追究违法失职监管的相关责任,健全完善对院庭长的监督管理制度。

二、重大疑难复杂敏感案件识别环节应重点关注的问题

(一)降低人工识别的判断差异

较之于《指导意见》出台前,各地法院以列举方式说明疑难、复杂且在社会上有重大影响的案件,但难以形成统一规范的指引。一个案件上升到重大疑难复杂的程度,最根本的原因在于其很难在法律体系内找到答案。[1] 那么这就对主办法官的专业性提出了更高的要求。法官不仅需要拥有专业的法律素养和知识,还需要熟练掌握裁判要点和尺度,运用缜密的法学思维,对案件事实、法律事实作出认定,对权利义务关系进行确定和分配。四川省宜宾市中级人民院在原有"四类案件"智能监管系统 V1.0 版基础上,加大对智能监管系统自动化识别、智能化分析,敏感案件识别预警,"数助决策"服务审判管理和市域社会治理现代化的进一步探索,系统现能实现对 80% 的"四类 · 敏感"案件自动识别。[2] 从这个数据可知,智能识别技术并不能覆盖重大疑难复杂敏感案件的全部自动识别,它仍需要人工识别相支撑。余下 20% "四类 · 敏感"案件的识别,其关键在"人"。法官自身经验的不同会对发现是否属于该类案件的把握有差异。法官的办案经验是通过长期的案件审理不断积累出来的。同一个案件,在办案经验丰富的法官与办案经验尚在不断提升的法官的判断中,会有差别。对于经验丰富的法官,他并不认为该案件复杂,但办案经验尚在不断提升的法官则会持不同的看法。这不仅造成对重大疑难复杂敏感案件识别工作的效率低下,也更容易产生遗漏识别的风险。现《指导意见》出台,虽有了对重大疑难复杂敏感案件认定因素的统一指引,但如何降低司法判断的个体差异性,仍是识别环节的重点关注方向。

(二)提升智能识别准确度

课题组以某办案系统为例,关于重大疑难复杂敏感案件的智能识别存在的显著问题是自动化程度不高。它表现在以下三个方面。

1. 识别归类的选择单一。当前,在某办案系统中,案件信息标识有 27 个标签(见图 1)。其中,能与重大疑难复杂敏感案件产生关联的标签为"大要案""繁案""敏感

---

〔1〕 何玉凤:《疑难案件之判断标准》,载《区域治理》2019 年第 9 期。

〔2〕 四川省宜宾市中级人民法院:《积极探索"四类 · 敏感"案件监管》,载法安网,https://m.faanw.com/zhihuifayuan/4006.html,于 2021 年 7 月 20 日访问。

程度低中高”,但“大要案”“繁案”这两个标签本身并不是为重大疑难复杂案件所定制的,二者可能会有部分重合。

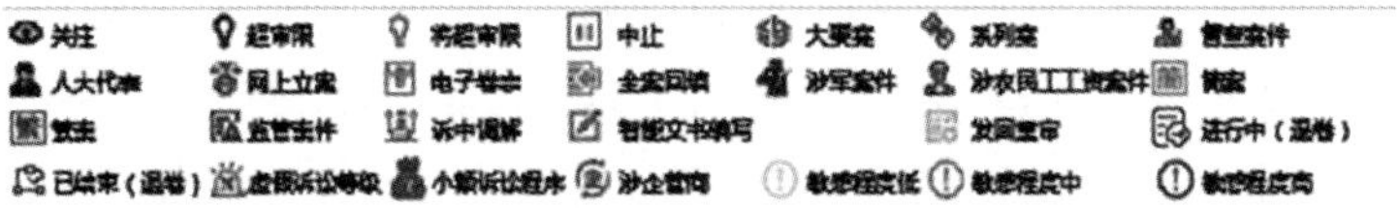

图1　某办案系统案件信息标识图示

2. 识别规则单一僵化。在该办案系统中,会要求录入相关数据,如起诉标的金额、管辖依据,上传原告的起诉状及证据等案件材料。有关对案件的大小影响,主要是基于人工判断,其提供的3个选项可同时进行勾选(见图2)。在完成上述步骤后,该办案系统会自行进行测算,从而得到繁案、简案或大要案的智能案件标识。

图2　某办案系统案件大小影响选项图示

3. 识别比对功能不足。在该办案系统中,案件只有在进入具体承办阶段后,才会出现法智罗盘这一功能(见图3)。法智罗盘主要提供类案检索、法律检索等,对识别的辅助意义不高。

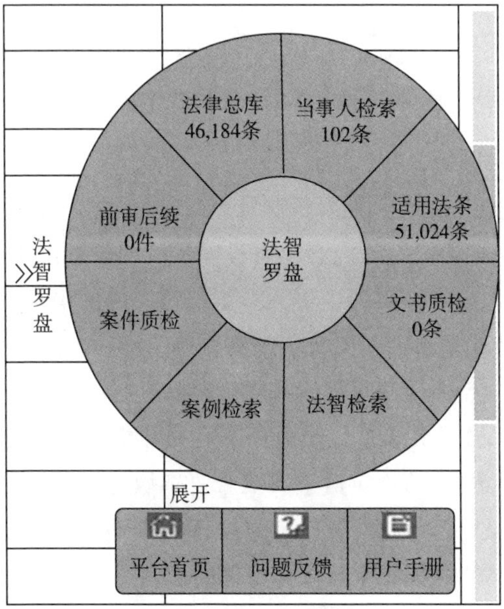

图3　法智罗盘功能

在课题组所作的问卷调查中，对于“您认为所在法院建立的智能识别系统的准确性如何”这一问题上，在不同身份人员中，员额法官与审判辅助人员认为其准确程度能达到“相当准确”的比例在3.5%以下，认为其识别准确程度为“一般”的比例分别约是“准确”的2.3倍、1.8倍(见图4)。如何提升智能识别该类案件的准确度，是一个较为显著的问题。正如上文提及，法官自身经验的差异将对该类案件的识别产生影响，这也提示了智能识别发展的方向：现有智能技术如何去平衡这样的差异，从而提供更好的辅助识别方式，并以直观、立体方式加以呈现，让办案经验不同的法官有一个客观的参照，决定是否需要筛查报告。

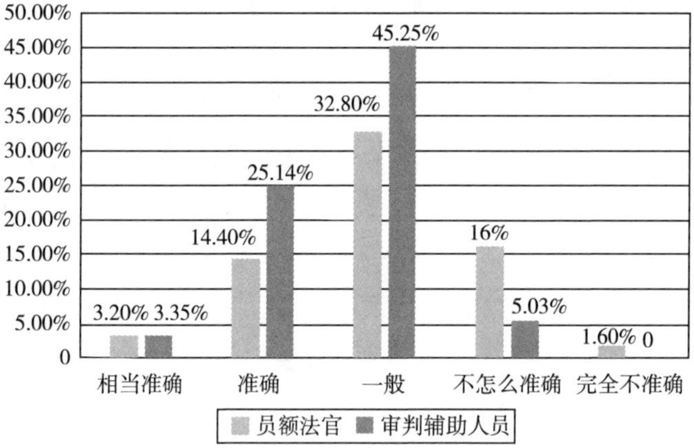

图4　智能识别准确程度调查

注：该问题为选填题。填写该问题的员额法官有85人，审判辅助人员有142人。

(三)健全发现机制

从《司法责任制意见》《审判监管机制意见(试行)》的内容来看，对应该以何种方式处理重大疑难复杂案件识别等内容没有进一步的明晰。过往，由于缺乏统一且清晰明确的规范指引，以至于在实践中重大疑难复杂案件的识别多采取结合本地审判实际和案件的具体情况来制定相关实施细则，这就导致实务上对重大疑难复杂案件的识别机制规定的不统一，无法很好地完成从抽象识别到具体监管的转变。

《司法责任制意见》、《关于进一步全面落实司法责任制的实施意见》(以下简称《实施意见》)、《指导意见》的规定对重大疑难复杂敏感案件的发现主体及发现程序作了相关规定，将立案部门、承办法官、审判长、审判管理部门、审务督查部门、新闻宣传部门、监察部门纳入重大疑难复杂敏感案件的识别主体范畴。

从程序法治的角度来看，对一个事物的处理程序不仅包括实施处理的主体及各自的分工,还应当包括各实施主体所能采取的具体步骤和方法。《司法责任制意见》《实施意见》的规定仅针对特定案件自发现后的流转流程作出要求,但对于如何发起、如何提醒以及如何上报等具体措施并未作细致规定。从前述样本法院的做法来看,其基本上也只是做到对识别发现主体的划分,将包括立案庭人员、案件承办人、院庭长、审管人员、纪检人员等纳入疑难、复杂且在社会有重大影响案件的识别主体范围之列,而对于识别程序的启动及后续一系列的流转运作等流程,大多数法院并未制定出一套清晰且切实可行的机制。问卷调查结果显示,有 88.14% 的人员认为建立健全重大疑难复杂案件识别工作机制的重点应更多放在识别为重大疑难复杂案件后的程序设计上,而识别规则及识别启动程序的设计则相继排后(见图 5)。

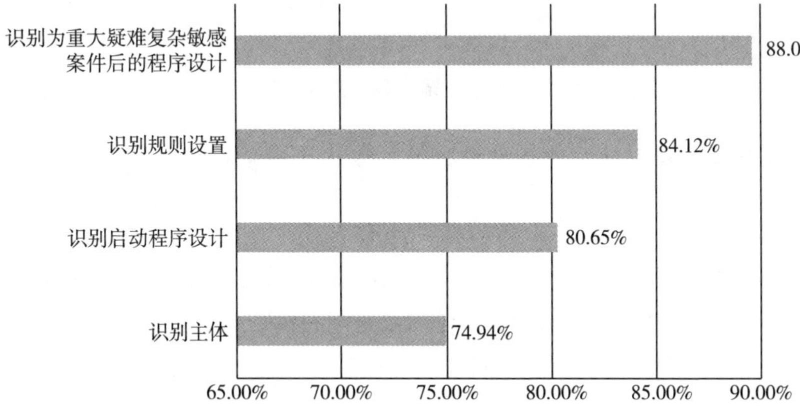

图 5　识别机制设计中的重点调查

(四)提升主办法官主动报告的积极性

根据《司法责任制意见》第 24 条以及《实施意见》第 5 条的规定,独任法官或合议庭对特定案件负有"积极主动报告"的义务。问卷调查结果显示,除员额法官外,审判辅助人员有发现并主动上报重大疑难复杂案件的经历占比不到 26%,而在所调查的 125 名员额法官中,仍有 36% 的法官从未有过发现并主动上报重大疑难复杂案件的经历(见图 6)。然而,法官是重大疑难复杂敏感案件最主要的发现者,也是个案监督程序最主要的启动者。若法官主动报告的积极性不高,多以自身判断和实际需要自行决定是否将案件报送给院庭长,那么所造成的结果必将是许多案件明明属于重大疑难复杂敏感范围,却没有进入个案监督之中。

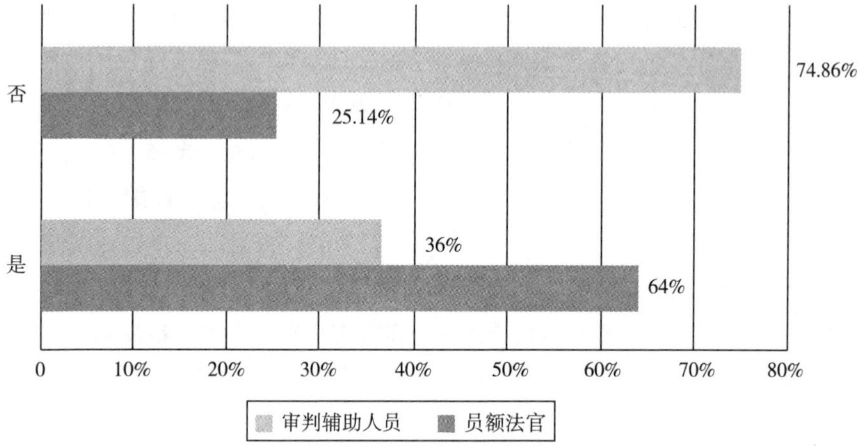

图 6　主动上报重大疑难复杂案件的情况调查

三、重大疑难复杂敏感案件监管环节应重点关注的问题

（一）明确不同层次监管主体的权责指引

根据《司法责任制意见》《实施意见》的规定，院庭长是监管主体。院庭长又分为院长、副院长、庭长 3 个不同的层级，实施分级监管，体现出院庭长对疑难、复杂且在社会有重大影响案件呈“金字塔”式科层制的监管方式，但该监管具体如何在这 3 个主体中进行分配，如何具体划分各自的监督管理权限以及如何明确各监管主体所实施监管职责范围，规定均未予以明确。《指导意见》考虑各级法院情况差异比较大，没有具体细分院长、副院长等主体在重大疑难复杂敏感案件监管的职责权限。[1]。从问卷调查结果的数据来看，对于建立健全重大疑难复杂案件监管工作机制的重点问题，有 92.66% 的人认为应放在监管规则及权限上，其次才是监管程序启动的设计、监管主体（见图 7）。监管主体权责指引的模糊化往往容易出现“谁都可以管，谁都可以不管”的后果，难以实际发挥监管制度的效用。

〔1〕 刘峥等：《〈关于进一步完善“四类案件”监督管理工作机制的指导意见〉的理解与适用》，载微信公众号“最高人民法院”2021 年 11 月 5 日。

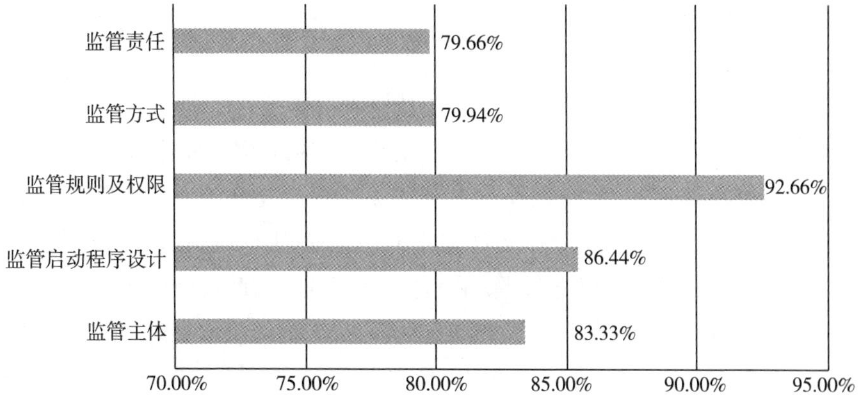

图7　监管机制设计的重点调查

（二）健全全流程监督管理机制

对于监管流程而言，首先是进入流程的问题。尽管院庭长是重大疑难复杂敏感案件的监管主体，但立案庭、纪检督察及研究室等部门可以对其发现的可能的重大疑难复杂敏感案件向院庭长提请监管，承办法官也可以主动对其审理过程中发现的需要监管的案件向院庭长报告。承办法官应当报告而未报告的，院庭长可以要求合议庭介入审查。可见，法院各职能部门都可以启动监管程序，那么对于这些职能部门已发现的属于重大疑难复杂敏感案件范围的纠纷，应如何提请院庭长监督，案件的开庭排期、审限、合议、结案等节点信息如何向院庭长推送，院庭长又如何接收监管信息等，目前均没有统一的示范做法。其次是程序流转的问题，在院长、副院长、庭长接收监管信息后，他们就各自监管程序之间如何衔接等问题，前述样本法院均无涉及。监管流转程序的不明确将导致监管措施单一、监管流于形式、监而不管等问题出现。

（三）厘清监管之困

有学者曾作一个调查，当中提到，受访院庭长和法官普遍认为，案件发现方式对合理把握有序放权与必要监管的关系尤为重要，但在具体方式上两类群体表现出不同偏好：92%的受访法官倾向于主动提交，认为法官是案件有无必要提请监督的最佳判断者，主动提请监督可避免院庭长不当干预审判，防止改革“换汤不换药”；院庭长则呈现一种矛盾心态，认为从放权的角度考虑，法官主动提交更契合改革要求，但从提高案件质量和防控廉政风险的目标考量,案件发现方式越多越能有效避免监管盲区。[1]

一方面,院庭长如何把握好监督权和支持审判权运行的尺度,以实现对重大疑难复杂敏感案件的有效监管是困扰之一。"从对样本法院的调查来看,很多院庭长都发出'当了十几年的院庭长现在却不知道如何当了感慨',充分体现院庭长对案件监管的迷茫,想监管却又没有抓手,在案件监管上往往表现出'心有余而技不达'的无奈。"[2]另一方面,承办法官如何破除将案件监管等同于行政化管理或者是对自己不信任的思维,增强自觉接受监管的意识,是困扰之二。课题组从收集到的书面调研反馈资料中得知,某地区法院于 2019 年 10 月试点"四类案件"全流程在线监管模式。截至 2020 年 3 月,纳入监管的"四类案件"中有 35% 的案件系承办法官申请监管。

(四)做好智能监管的全平台技术保障

首先,现有已开发关于重大疑难复杂敏感案件监管技术推广的覆盖面有限,仅限于所在区域法院的推广。其次,全流程覆盖即从识别至监管的智能技术开发仍在不断探索之中。再次,纸质化办理模式发挥主导作用。在案件办理中,纸质材料是不可或缺的,也是大家最为熟悉以及常用的作为案件资料载体的方式。因此,当信息化技术在推进过程中,这种以电子数据形式作为留痕载体的方式,受众群体的接受程度是较难与纸质材料形式处于同一水平线上的。那么,干警本身对技术的应用积极性不高,接受程度不高,这就产生了技术应用的障碍。最后,更多停留在制定院内关于"四类案件"监管办法阶段,引入智能技术辅助监管的并不占大多数。从上述四点,可以归结出来:对重大疑难复杂敏感案件智能监管技术开发的关注度并未提升至一定高度,缺乏对该项技术信息化建设的系统性规划。重大疑难复杂敏感案件监管技术难题的突破是一项系统性工程,各层级法院在对待该问题上有其实际的需求,亦有各自不同的侧重点。因此,各层级法院提升对重大疑难复杂敏感案件监管技术开发的紧迫感,联动协作,才能不断推进该项技术开发应用的脚步。

从课题组所做的问卷调查来看,在不同身份的人员中,员额法官与审判辅助人员认为智能监管平台"非常有效"的比例在 8% 以下,占比较低(见图 8)。

---

〔1〕 卢祖新:《院庭长监督特定类型案件的路径转型与程序优化》,载《人民司法》2021 年第 1 期。

〔2〕 董有生:《风险防范与化解背景下的"四类案件"监管》,载澎湃网 2020 年 1 月 11 日,https://m.thepaper.cn/baijiahao_5492511。

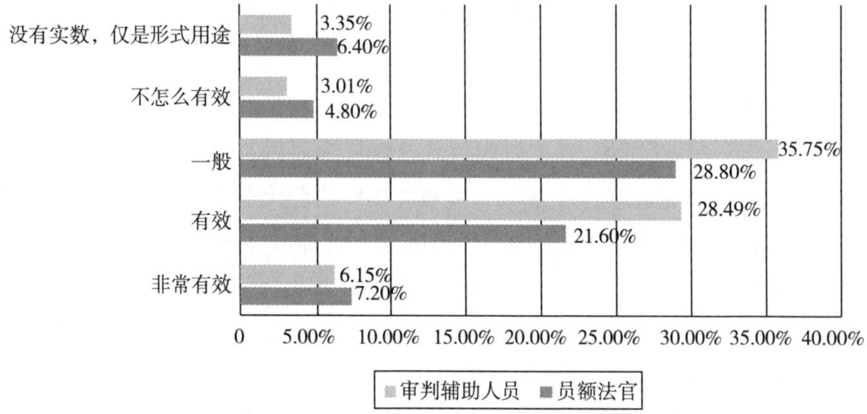

图8　智能监管平台实效性调查

注:该问题为选填题,填写该问题的员额法官有86人,审判辅助人员有141人。

四、重大疑难复杂敏感案件识别与监管机制的健全路径

(一)准确把握重大疑难复杂敏感案件的认定因素

准确把握认定重大疑难复杂敏感案件的条件是对该类案件进行识别和监管的先决问题。课题组认为,涉及国家利益、社会公共利益的案件,具有首案效应的新类型案件,可以结合案由加以把握。

一是涉及重大国家利益、社会公共利益的案件。该类案件往往涉及政策把握、相关利益权衡等多方面问题,审理难度大,如环境污染民事公益诉讼、生态破坏民事公益诉讼、生态环境损害赔偿诉讼、英雄烈士保护民事公益诉讼、特许经营合同纠纷、排污权交易纠纷、用能权交易纠纷、用水权交易纠纷、碳排放权交易纠纷、碳汇交易纠纷等。此外,涉民生案件一般会涉及社会稳定的问题,如土地经营权纠纷、居住权纠纷、房屋拆迁安置补偿合同纠纷、职工破产债权确认纠纷、违反安全保障义务责任纠纷、产品责任纠纷、医疗损害责任纠纷等。

二是具有首案效应的新类型案件。新类型案件往往会遇到落在法律计划圆满性之外的问题。具体至案由有:隐私权、个人信息保护纠纷,网络不正当竞争纠纷、网络侵害虚拟财产纠纷等。

另外,在各省范围内的法院统一设置自动识别标准外,还应有个性化的设置权限,人工识别一些该院需要作为重大疑难复杂敏感案件的特殊案件。如海事法院可以将船舶碰撞损害责任纠纷,内河及海域污染案件,海洋、通海可航水域工程建设(含水下疏浚、围海造地、电缆或者管道敷设以及码头、船坞、钻井平台、人工岛、隧道、大

桥等建设)纠纷,海难救助纠纷等设置为重大疑难复杂敏感案件,从而加强对此类案件的监督管理。

(二)重大疑难复杂敏感案件识别与监管技术应用难题的破解

近年来,云计算、大数据、人工智能技术已经成为我国高新技术发展的重要领域和方向,习近平总书记在庆祝中国共产党成立 100 周年大会上的讲话中,提到了"推进科技自立自强"和"坚持依法治国"。我国人工智能技术相较于国外虽然起步较晚,但在网络强国战略的指引下,人工智能技术稳步推进,呈现出健康的发展趋势,而且人工智能与审判活动相融合是社会发展的必然趋势。首先,我国 2021 年互联网的普及率达 70.3%,〔1〕网络已经成为生活中不可缺少的部分。其次,人工智能可以提高审判活动的效率。人工智能计算机系统具有完善的推理代码和处理大量数据的功能,我们可以通过计算机系统对数据进行统计分析,推算出最好的最便于自身的解决方案。最后,法院案件压力越来越大,随着法院在线诉讼的推行,案件数日益增长,人工智能技术能够缓解审判活动压力,实现智能与司法的交互融合。〔2〕

人工智能正在深刻地影响着司法审判领域,"人机合作"的审判模式或将成为常态。〔3〕 目前,审判活动中能够成熟运用人工智能技术主要体现在在线立案、诉讼咨询和引导、在线庭审、在线调查、在线调解和类案推送,下一步判决书自动生成应该是发展趋势。但重大疑难复杂敏感案件的识别和监管问题亦是审判管理过程中比较关键的问题,如果能够通过人工智能技术体现出该类案件的识别和监管功能,不仅能够尽早提醒法官谨慎认真处理,同时也能够让院庭长及时发现审判重大事件和做好应对社会舆情压力的准备。

为实现人工智能技术在识别和监管重大疑难复杂敏感案件中的有效运用,未来需要在以下方面进行破解。

1. 分割人工智能适用空间,优化识别系统

实现将设定案件类型和案件敏感度的条件交给法院,将智能标签归类交由计算机的二元分割。第一,由法院对案件类型设定标签,建立互动机制。我国在线诉讼系统大多是法院委托科技公司自主研发的智能系统,从事研发的科技公司通过法院的

〔1〕 数据来源国家统计局,载国家统计局国家数据网,https://data.stats.gov.cn/seanoh.htm? s = 全国互联网普及率,于 2023 年 8 月 18 日访问。

〔2〕 马治国、刘宝林:《人工智能司法应用的法理分析:价值、困境及路径》,载《青海社会科学》2018 年第 5 期。

〔3〕 陈甦、田禾主编:《中国法院信息化发展报告 No.5(2021)》,社会科学文献出版社 2020 年版。

需求提供足够的智能技术,但是在实践中,从事研发技术的人员往往因为缺乏法律知识导致系统识别重大疑难复杂敏感案件出现偏差。所以法院在识别案件上需要提供明确的标签。如某法院“四类案件”监督管理平台中,法院为“四类案件”自动识别配置了21条规则,满足该规则的系统自动标记。但是对于新类型案件却不进行识别,所以法院在识别案件上除了对拟定的案件类型规则标签化之外,对未出现过的新类型案件也要告知人工智能开发公司相关需求。第二,由计算机智能归类和识别提醒。这实际上体现了司法大数据和人工智能技术的特点,就是建立一种基于海量数据挖掘的认知范式。[1] 目前,人工智能在司法领域的应用延续了其固有技术特点,表现出对海量数据的高度依赖性,其工作原理就是在其自有的司法数据基础上进行分析,发现特定情境组合的逻辑和内在规律,为目标案件提供识别和预测。[2] 但是,由于目前各地法院都是自行委托科技公司开发,所以数据的横向互通共享很少,不同系统之间也基本处于相互隔断的状态。所以,在将前述关于重大疑难复杂敏感案件界定标准应用于智能系统的设计时,建议在各地法院自行委托科技公司开发识别系统后,可在全国统一的识别平台与数据库进行识别。在这个平台上,全国民事案件和个人身份、社会敏感因素等数据均能共享,实现最佳数据匹配。由此,人工智能适用空间的分割才能充分发挥人工智能在识别重大疑难复杂敏感案件上的价值。

2. 聚焦前沿技术,优化监督系统

首先,通过节点控制实现有效监督。依托5G智慧法院建设,强化流程节点管控,系统自动跟踪监督。有的法院设立了42个节点,[3] 重大疑难复杂敏感案件启动监管后,系统自动根据案件进程向院庭长推送案件节点信息,院庭长未在规定时间提出监管建议的,系统自动冻结监管权限,并发出消息提示。法官未在规定时间内草拟文书、提交合议庭评议、提交专业法官会议或审委会讨论,又未提交延期申请的,系统自动冻结审判流程操作权限。其次,留痕机制设计实现有效监督。院庭长对重大疑难复杂敏感案件可以查阅卷宗、旁听庭审、查看案件流程情况,并要求承办法官、合议庭在指定期限内报告案件进展情况和评议结果,提供类案裁判文书或者检索报告,对独

---

〔1〕 王禄生:《司法大数据与人工智能技术应用的风险及伦理规制》,载《法商研究》2019年第2期。

〔2〕 常鑫、张祥龙:《人工智能介入司法的实践检视与风险防范——以江浙沪冀黔五省市的司法实践为样本》,载马世忠主编:《司法体制综合配套改革中重大风险防范与化解——全国法院第31届学术讨论会获奖论文集》(上),人民法院出版社2020年版,第554页。

〔3〕 广东省广州市中级人民法院原院长王勇2020年12月3日在全国法院司法体制综合配套改革推进会上的讲话。

任法官、合议庭拟作出的裁判结果有异议的,可以决定将案件提交专业法官会议、审委会进行讨论,不得强令独任法官、合议庭接受院庭长自己的意见或者直接改变独任法官、合议庭意见。院庭长对重大疑难复杂敏感案件监督管理和建议的时间、内容和处理结果等,自动实时生成监管日志,在监督平台上全程留痕。再次,建立案件统计信息库,通过案件类别、案件来源、敏感类型等多个维度的统计,对院庭长监督数量、监督比例、承办人的反馈情况等各项数据做到一目了然。最后,智能预警机制设计实现有效监督。针对受理案件数量多的法院,可设置阈值,重大疑难复杂敏感案件超过阈值,就启动红灯预警机制,响应至院领导一级;对于法官应当报告而未报告的,院庭长要求其提交专业法官会议和审委会讨论而未提交的,审判管理系统自动预警并提醒院庭长予以监督等。

3. 遵循智能司法逻辑,不断优化司法人工智能生态

首先,应清楚认识到算法的缺陷。从上述分析来看,大量的识别数据没有进入公开渠道,识别和监督系统接触到的数据仅仅是部分的和当下的数据,而不是全部的和历史的数据。所以,如果将这些缺乏系统性、整体性、连续性的数据交给算法进行训练,其提供给我们的很可能是一个残缺的甚至虚假的司法决策图景模式。[1] 在算法方面,基本上所有的科技公司目前都声称采用了最先进的神经网络深度学习算法,但实际上能够真正掌握并成功运用到司法领域中的并不多。[2] 就实际使用效果来看,深度学习取得成果的领域大部分体现在图像、语音和文字识别等,这都是人类大脑神经感知外部世界最常见的领域。在最能体现智能水平的理解能力、推理能力和总结分析能力等方面,人工智能的表现较人类智能识别而言仍有差距。这正说明了目前的主流算法存在很大的局限性。由于算法自身的复杂性,以及代码指令与人类表达能力的脱离,算法以历史数据预测变幻的法律关系和案件情节,会陷入无法预测或预测不全面、不准确的难题。因而,对于重大疑难复杂敏感案件智能识别与监管系统的设计,首要应建立该类案件的数据信息库,为算法应用提供尽可能全面的数据支撑。在算法对数据信息进行分析时,可重点关注识别为重大疑难复杂敏感案件的理由与案件何种信息产生关联;在多种关联的前提下,各关联的排次情况又是如何;哪些关联界定为直接关联,哪些又是通过多个间接关联得到印证。

其次,应提高算法的准确度。无论人工智能采取何种算法,关键要确保判断结果

---

〔1〕 人工智能领域流行的一种理论为“无用的数据产生无用的结论”。

〔2〕 左卫民:《关于法律人工智能在中国运用前景的若干思考》,载《清华法学》2018年第2期。

的准确性，即输入了案件的证据材料和起诉内容后，算法能够给出是不是重大疑难复杂敏感案件的结果，这是对算法最重要的要求。比如，广州市中级人民法院建成“网通法链”智慧信用生态系统，实现案件信息、证据一键固定。如当事人起诉提交的证据以电子证据为主时，对该类证据的存证及对其可信度的认定，是案件后续处理的至关重要环节，而“网通法链”智慧信用生态系统则能应用于对这类电子证据的固定。该系统对于重大疑难复杂敏感案件智能识别与监管的借鉴为在案件证据上传至智能识别系统处理时，该证据得到有效固定，并能更为准确地作为识别算法里的参考。另外，应提高算法的透明度。法院在进行重大疑难复杂敏感案件识别与监管技术外包时，应当与外包公司签订协议，要求对方记录模型、算法、数据和具体决策并承担必要的技术说明义务，同时在尊重对方商业机密的前提下，向社会公开算法决策过程并接受公众监督。对于算法有可能陷入自我强化的恶性循环这一问题，从技术角度出发，应完善算法运行方式，动态调整算法运行规则，从风险防范的角度，消除因算法歧视带来的风险。

最后，构建算法审查制度，应对“算法黑洞”的法律质疑。“美国部分州的司法部门使用了一套人脸识别系统来预测罪犯再次犯罪的概率，以决定是否批准保释或假释，然而从预测结果来看，被错误标记为高风险再犯罪的黑人人数几乎是白人的两倍，而那些真正实施再犯罪的人群中，被错误标记为低风险的白人人数却是黑人人数的两倍，这些案例显示出人工智能算法在决策时有可能产生偏见和歧视。”〔1〕正如前文所述，同一案件在具有不同审判经验的法官看来，尚会产生是否属于重大疑难复杂敏感案件的不同判断，而人工智能算法本身应辅助重大疑难复杂敏感案件的识别，承担起“纠偏”的功能。但算法在决策时可能产生偏见或偏向，导致重大疑难复杂敏感案件的漏识或错识。对此，应成立由智能部门、技术专家、法律专家、社会团体等组成的算法审查专业委员会，将审查贯穿于重大疑难复杂敏感案件识别与监管算法设计、应用的全过程。让科技人员及时了解机制原理，也可以让法院知道算法设计人员的设计原理。同时，对算法运行进行随机抽查和测试，对发现的被错误识别为重大疑难复杂敏感案件的算法予以及时纠正。

（三）重大疑难复杂敏感案件识别机制的优化

重大疑难复杂敏感案件的识别，要充分利用大数据分析的优势，以自动化、智能

---

〔1〕《违规、歧视、安全问题，如何应对 AI 时代的风险?》，载搜狐网 2019 年 9 月 3 日，https://www.sohu.com/a/338475647_114986。

化识别为基础,以人工识别为辅,建立高效、联动的识别机制。

1. 案件信息数据库的引入、分类、提炼

重大疑难复杂敏感案件的自动化识别,需要建立在大量数据库的基础之上。问卷调查结果显示,在信息化、智能化条件下,科学设定识别规则的问题中,有88.42%的人倾向于建立统一的案件信息数据库,其次是依托审判流程管理系统的应用(见图9)。因此,必须将一定范围内的法院和一定时间内审理执行结案的所有案件的相关信息纳入基础数据库当中,对照前述重大疑难复杂敏感案件的条件进行界定,通过办案系统运用数据库分析测算来自动识别此类案件,从而对其进行有效的监督管理。

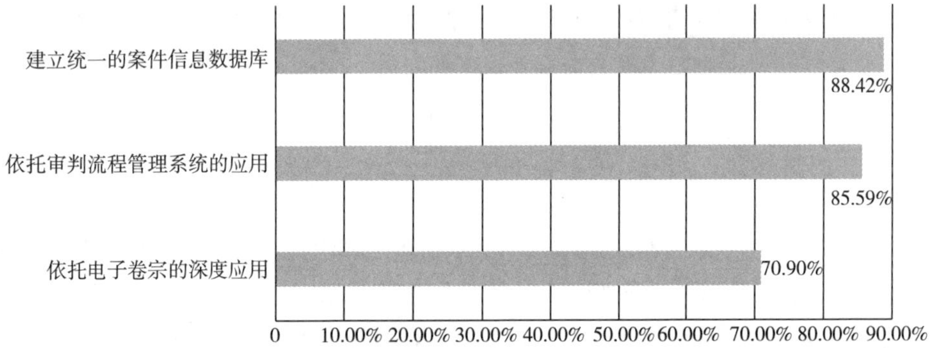

图9 在信息化、智能化条件下科学设定识别规则调查

(1)扎实依托电子卷宗随案同步生成和深度应用工作。近年来,全国各级法院逐步全面实现电子卷宗随案同步生成和深度应用。各类案件办理过程中收集和产生的诉讼文件能够随时电子化并上传到案件办理系统,经过文档化、数据化、结构化处理,实现案件办理、诉讼服务和司法管理中各类业务应用的自动化、智能化,为全业务网络办理,全流程审判执行要素公开,面向法官、诉讼参与人和政务部门提供全方位智能服务奠定坚实基础。电子卷宗随案同步生成和深度应用是打造智慧法院的基础性工程,它为审判监督管理提供了大量信息数据。同样,通过电子卷宗随案同步生成和深度应用,从电子卷宗里抓取审判工作的相关数据,为识别重大疑难复杂敏感案件提供了可能。

(2)进一步提升审判流程管理系统的信息抓取功能。流程管理是审判监督管理的重要内容,它具有节点控制、审限监督、结案确认等大量的流程信息,这些信息是审判监督管理中必不可少的。将电子卷宗随案同步生成与流程管理深度融合,最大化地提取案件的有效信息,服务于审判管理。将电子文件数据化,通过文字识别技术,将扫描图片等电子文件数据化、结构化、转化为可选择、可复制的电子数据,自动提取结构化案件信息,并提供信息导出服务。回填案件基本信息,在立案、审理过程中生成的电子文件中,提取案件基本信息,对多个文件中同一信息项进行校验核对,将确认结果回填到办案系统。

(3)在高级人民法院下辖的各级法院建立统一的案件信息数据库。利用电子卷宗随案同步生成、流程管理系统等方面获取的审判执行信息数据,使用专门软件进行全方位测算,自动获取类案信息并进行分析运用。一般应将5年以上审理的所有案件纳入信息数据库中,唯有这样,才能保证数据的稳定性和可信度。民事案件主要是获取案件类型、案由、证据份数、当事人一方人数多少、是否有保全、开庭次数、合议笔录份数、诉讼标的金额等。各类案件需要获取的共同信息包括但不限于:适用的办案程序、办案团队(主要是法官)的学历资历、办理案件时长、是否涉及未成年人等特殊群体、是否有党委关注或人大监督、是否涉外、是否涉及港澳台、是否申请延长审理期限、是否提交审委会讨论、是否向上级法院请示汇报、是否需要向专家咨询等,为识别是否为重大疑难复杂敏感案件提供关联比对及参考。

在各高级人民法院案件信息数据库成熟完善的基础上,可以建立全国统一、数据共享的案件信息库,为更加精准识别重大疑难复杂敏感案件提供保障。

(4)不断优化自动识别机制。一是提升自动识别的精准度。在界定重大疑难复杂案件识别标准的基础上,加强对重点企业、重点项目等基础数据的采集与共享,依托大数据技术优化自动识别对案件的发现功能。二是完善线上监管流程。逐步完善监管平台功能,实现自动识别、标签推送、节点控制以及办案全流程、各环节记录全覆盖、可查询、可追溯。进一步整合资源,实现监管平台与现有的审判、信访、督查、案件评查、司法技术辅助工作管理等各类应用平台的无缝对接、业务联动。三是探索智能监管模式。加强人工智能的深度运用,建立于高级人民法院下辖的各级法院建立统一的案件信息数据库基础上,由电脑自主研读分析电子卷宗及案件数据,并对以往监管积累数据加以研判,实现对诉讼标的额、诉讼主体、基本案情、争议焦点等特征要素的自动提取分析,智能识别需要进入监管的案件,提高自动识别的覆盖率,最终实现智能主导、人工确认的监管形式。

2. 建立“发现—确认”机制

信息技术是辅助审判工作的利器,但是审判工作纷繁复杂,而且在不断发展变化的动态当中,智能识别尚且无法完全代替人的脑力劳动,因此还需要辅之以人工识别。为此,课题组认为,可考虑建立“发现—确认”机制,保证全过程识别标注,以更好达到精准识别之效。

(1)发现主体

发现主体可分为内、外部人员两类。

内部发现主体包括以下人员。

①立案庭人员。立案庭作为启动案件审判程序的第一个部门,承载着立案、审核的重要职责,可以初步认定当事人状态、当事人情绪对抗激烈程度、案情难易程度。其中,课题组认为,可提高立案庭在重大疑难复杂敏感案件识别上的赋权。举个例子,立案庭人员在接收当事人递交起诉离婚的材料时,当事人已表现出对另一方当事人激烈的情绪,或者发表一些暴力言论,尽管该起离婚案件的审理会比较简单,但当事人已经出现这样的情绪,立案庭可以将其标记为重大疑难复杂敏感案件之列,为日后承办该案法官处理案件及院庭长监督管理提供预警。承办法官在接受该案后,其应报庭长提请监督管理程序,并根据卷宗反映的情况以及与当事人了解的情况,决定是否继续层报分管院领导、院长,提请监督管理程序。

②承办法官或合议庭。承办法官负责对承办案件进行全面审查,判断案件是否属于重大疑难复杂敏感案件。承办法官难以判断该案是否属于重大疑难复杂敏感案件的,交由合议庭讨论;合议庭内部存在分歧的,报庭领导决定。

③内部督察部门人员。人民法院内部督察部门在日常接受举报、信访的过程中,发现承办法官所承办案件属于重大疑难复杂敏感案件的,初步审查后,上报部门负责人,及时通知该案的承办法官及其所在庭室的庭长。

④审判管理部门人员。审判管理部门负责审判流程管理、审判态势分析等工作,发现承办法官所承办案件属于重大疑难复杂敏感案件的,初步审查后,上报部门负责人,及时通知该案的承办法官及其所在庭室的庭长。

⑤研究室、信访办等综合部门人员。研究室等综合部门在新闻宣传及舆情监督过程中,发现本院正在审理的案件属于引发舆情风险及有可能引发较大舆情的案件,应及时通知该案的承办法官及其所在庭室的庭长。课题组认为,研究室、信访办等综合部门主要负责新闻宣传及舆情监管等工作,基于充分发挥其职能作用的考虑,可设立舆情指数分析机制,梳理分析每季度的舆情情况,对舆情热点作出科学预判,形成舆情指数报告,上传至重大疑难复杂敏感案件智能识别与监管系统中,作为关联提示重大疑难复杂敏感案件的有益参考。

外部发现主体包括以下人员。

①当事人及其代理人。在案件审理过程中,当事人及其代理人认为属于重大疑难复杂敏感案件范围,需要院庭长进行监督管理的,可以向承办法官或督察部门提出

建议。

②人大代表、政协委员等。在工作中,人大代表,政协委员会等发现案件需要监管的,要求承办该起案件的法院审判管理部门启动监督管理程序。

③外部新闻部门。新闻舆情部门在检测网络舆情过程中,发现案件涉及重大舆情、具备舆情风险的,可以通知对接承办该起案件的法院审判管理部门,建议提请院庭长启动监督管理程序。

④外部监察部门。外部监察部门在受理举报案件及职务犯罪类案件中,发现案件涉及人民法院正在审理的案件,可以及时函告人民法院配合监察部门办理案件,并建议提请院庭长启动监督管理程序。

(2)确认主体

内部发现主体提出识别建议后,由院庭领导确定识别。

外部发现主体提出识别建议后,还必须通过法院审查来实现人工识别,由审判管理部门提出审查建议,然后交由分管副院长(必要时提交院长)同意后确定识别。

(四)重大疑难复杂敏感案件监管机制的优化

1.确立预警机制

对于在重大疑难复杂敏感案件监管环节中的预警机制设计,课题组认为需要厘清以下问题。

课题组在重大疑难复杂敏感案件的把握上采用了案由辅助法,对案件是否属于重大疑难复杂敏感案件进行识别。通过这种方式,我们能最大限度避免本属重大疑难复杂案件之列的案件因未被识别进而未能进入监管程序所引发的事件风险。在这个模式下,可能会存在这样的疑问:被识别为重大疑难复杂敏感案件数量的增多,进入监管程序的案件数量随之增大,其中,是否会产生司法资源的浪费?

课题组认为,答案是否定的。“既要防止监督不足产生错案风险、廉政风险,也要预防监督过度干预审判权正当行使”[1]是院庭长正确处理审判权、监督权、管理权三者之间关系应遵循的方向,这也与司法规律的运行相符合。监督不足除引起错案、廉政风险外,也有可能引发事件风险。在以案由辅助法对重大疑难复杂敏感案件进行界定的情况下,院庭长需要进行监管的案件数量增多,这并不是司法资源浪费的表现,相反,这是院庭长行使对重大疑难复杂敏感案件监管权的重要表现。对于院庭长而言,一方面,他们能更为有效地掌握本院、本庭室的案件情况;另一方面,案件本身

---

〔1〕 卢祖新:《院庭长监督特定类型案件的路径转型与程序优化》,载《人民司法》2021年第1期。

的状态并不是静止的,而是存在动态发展的情形。举个例子,在一起涉外海上货物运输合同纠纷中,标记其属于重大疑难复杂敏感案件后,该案按照程序需提请庭长监管。庭长在接到监管提示后不久,该案有可能经承办法官调解结案。但庭长知悉该案件的存在,并可以关注它的后续发展,为其行使监管权、作出相应的决策提供有效的支撑。

前述曾提及,院庭长与承办法官之间对重大疑难复杂敏感案件的监管认识仍有不到位的地方。这主要源于对审判权、监督权、管理权三者之间关系的把握不准。审判权、监督权、管理权三者并不是对立的关系。监督权、管理权本身并不能改变审判权,审判权在运行中如出现问题及潜藏其他风险,有可能造成司法不公等问题时,监督权、管理权应在其中发挥作用。《指导意见》第 10 条指出,院庭长在分管领域、职务权限范围内,按照工作程序采取的上述监督管理措施,或者对下级人民法院审理的“四类案件”依法履行监督指导职责,不属于违反规定干预过问案件。因此,在这个认识基础之上,院庭长就不会在对数量增多的重大疑难复杂敏感案件进行监管时,有无从下手的无奈之感,破除监管视同行政干预的思维桎梏;承办法官亦可明白监管并不是院庭长对自身的不信任,而是基于对审判权良好运行提供保证。

因此,课题组认为,确立预警机制主要通过以下路径予以推进。

一是在重大疑难复杂案件监管预警机制的基础之上,加入风险评估机制,将风险评估与监管预警二者进行有机结合。通过强化风险防控,科学预见案件中隐藏的风险挑战,通过提高案件风险化解能力,抓住案件风险要害,找准原因,因案施策,有效监管,从纷繁复杂的案件矛盾中把握风险规律,不断积累风险识别预警经验,不断增强风险识别和化解能力。根据前述提及的重大疑难复杂敏感案件认定因素的把握,不断健全重大疑难复杂敏感案件风险评估和发现预警机制,注重从立案环节发现普遍性、趋势性问题,对起诉至法院的案件,在立案时进行风险评估和风险预警,根据界定标准对属于重大疑难复杂敏感案件之列的案件进行监管,并标注风险等级,建立风险预防与化解机制,院庭长根据监管职责,全程关注,提前介入,在立审执各环节加大监管力度。树立立体式风险防范意识,从事前、事中、事后整体视角进行防范,防止内外风险、不同领域风险交叉感染、叠加碰头;建立健全应急处置机制和责任落实机制,形成横向到边、纵向到底的责任链条,把案件风险防范化解责任细化分解到每个法官。

二是案件从立案环节开始,被系统自动识别或人工识别为重大疑难复杂敏感案件的,立即向承办法官和庭长的移动终端推送案件基本信息,并向其内网邮箱发送预警提示，将案件从一开始就纳入预设的监督管理程序当中，并严格按照“三同步”工作机制要求，做好重大疑难复杂敏感案件舆情风险评估、预警与应对工作，避免案件矛盾激化、引起负面舆情以及处理不当等情形。对其中的特别重大疑难复杂敏感案件，将预警信息层层推送至分管院领导和院长。

2. 明确监管主体权责，建立负面清单

院庭长应遵循权责明晰、规范有序、分级负责、公开透明、监督留痕的原则，加强审判质量效率管理、审判流程管理和审判事务管理，提高审判质效，完善司法廉政风险防控体系，确保审判权依法、规范、公正、高效运行。

(1)严格监管审定环节。庭长审查后认为属于自己监管范围的，层报分管副院长、院长决定。分管副院长可以决定由自己监管、指令庭长监管或报请院长监管。院长可以直接决定由自己行使监管权，或指令分管副院长监管。

(2)明确院庭长对重大疑难复杂敏感案件监督管理方式。院庭长对重大疑难复杂敏感案件进行监督管理，可以采取按权限调整分案；查阅卷宗，旁听庭审，审核审理报告；要求合议庭成员报告案件进展和评议结果等方式进行。在问卷调查中，课题组提出“您认为院庭长规范行使对重大疑难复杂案件的监督管理权的最重要的一种方式”的问题，从数据来看，听取独任庭、合议庭报告的方式在不同身份人员选择中，均占30%以上，其次是作为合议庭成员参与案件审理(见图10)。

在案件办理中，院庭长对独任法官或合议庭的审理过程或者评议结果有异议的，不得直接改变合议庭审理意见，可以要求合议庭复议一次。合议庭不复议或复议后不改变原合议意见，院庭长仍有异议的，可以依程序将案件提交专业法官会议讨论，必要时可提请审委会讨论。

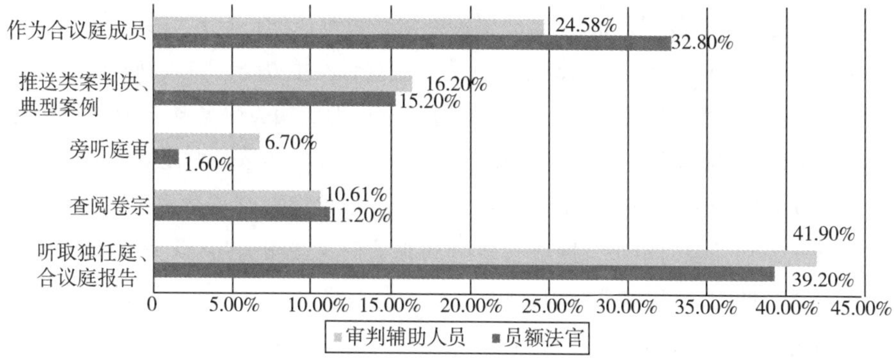

图10　院庭长规范行权的最重要方式调查

同时,院庭长应当切实履行调研、指导和监督职能,通过定期主持召开或参加审委会会议、专业法官会议,组织疑难法律问题研讨、开展发改案件情况讲评、建立类案强制检索报告制度、共享类案裁判指引和裁判要点等方式,不断完善业务监督指导常态化机制,及时研究解决裁判标准统一问题。

(3)明确院庭长案件指导职责。《指导意见》第9条规定,审理“四类案件”,应当依法组成合议庭,一般由院庭长担任审判长。因此,院庭长应当积极承办或者担任审判长审理重大疑难复杂敏感案件,通过办理具体案件履行审判指导与审判监督管理职责。独任法官、合议庭主审法官、合议庭认为案件重大疑难复杂敏感的,可以请求院长、庭长担任审判长。案件进入审理阶段后被标注为重大疑难复杂敏感案件的,院庭长可根据案件相关情况,决定由独任审理转为合议庭审理。独任法官、合议庭在办理案件过程中遇到困难,请求院庭长给予业务指导的,院庭长无正当理由不得拒绝,并应提出指导性意见。

(4)建立负面清单。院庭长履行审判监督管理职责须严格依法进行,在各自权限范围内对案件审理活动履行监督管理职责,不得越级、超越职权或者违反法律、纪律规定,干扰独任法官或者合议庭依法独立行使审判权,不得有下列行为:违反规定对审判过程中的程序性事项作出决定;违反规定变更承办法官、审判长或合议庭成员;越级或超越分管范围对案件进行监督管理;违规审核签发裁判文书;违反司法公开或用权留痕的规定行使审判监督管理职责;其他违反法律、纪律的规定,干扰独任法官、合议庭依法独立审理案件的行为。

3. 建立全流程监管运行机制

借鉴审判流程管理的成功经验,将重大疑难复杂敏感案件的监督管理贯穿从立案到结案的全过程。自收案开始,立案庭根据办案平台推送的信息和识别规则对案件进行初次甄别、标识,同步推送信息到承办法官和院庭长。承办法官自收到移送案件材料后,出现撤诉、调解情形需要撤销标记的,承办法官可形成相关情况报告,通过层报程序报院庭长决定,可撤销重大疑难复杂敏感案件标识,并在办案平台上注明原因。

对于立案阶段未发现而在审理过程中发现属于重大疑难复杂敏感案件的,承办法官应补充识别并及时申报。院庭长自收到相关信息或报告后,认为不属于重大疑难复杂敏感案件的,有权取消标识,并在办案平台上注明原因。属于重大疑难复杂敏感案件的则将案件纳入监管,并根据案件进展情况提出监管措施直到结案。在案件审理中,院庭长可以根据推送的信息随时主动提起监督。

对于被标记为重大疑难复杂敏感案件的,可考虑实行系统扎口结案。一是如果院庭长不发表指导意见或承办法官不对院庭长的指导意见予以反馈,则无法申请结案。二是如果没有落实院庭长监管意见,则无法结案。如果院庭长意见为提请专业法官会议研究,承办法官则必须添加专业法官会议记录,否则无法申请结案。

4. 完善重大疑难复杂敏感案件监管业绩评价机制

《指导意见》将院庭长对重大疑难复杂敏感案件监管情况纳入院庭长个人业绩考核。最高人民法院印发的《关于加强和完善法官考核工作的指导意见》第 13 条指出,对于担任领导职务的法官,还应当围绕其履行审核批准程序性事项、综合指导审判工作、督促统一裁判标准、全程监管审判质效、排除案外因素干扰等审判监督管理职责和本单位(部门)办案质效总体情况,设置相应指标,纳入考核范畴。为此,应将院庭长监督指导的规范性、及时性,案件处理的效率、质量、效果,以及办案法官对院庭长监督指导的满意度等纳入考评体系,由法官考评委员会进行考评。监督管理效果好的,优先评先评优、晋职晋级。

(五)完善重大疑难复杂敏感案件裁判文书质量评价标准

作为案件审理过程的最终浓缩,裁判文书本身既是体现司法公正的载体,也是对重大疑难复杂敏感案件进行有效识别进而实现监管的反映。对重大疑难复杂敏感案件裁判文书的评价标准,课题组认为除需符合制式标准,构成要素齐全,叙述事实繁简得当,论述说理充分有据,引用法条准确无误,裁判主文清晰明了,语言流畅符合逻辑,文字、数字、标点准确无误外,还应达到三阶评价理念。

1. 一阶:正确、恰当运用法律解释方法和漏洞补充方法

法律具有滞后性。对于在社会发展中出现的各种新问题、新矛盾、新情况,法官往往无法直接适用现有的法律规范作出合理的裁判。虽然学术界对“法无明文规定”是否全系法律漏洞有不同看法,[1]但无论是因立法者确实未能预见,还是立法者有意留白抑或根本无意介入,留给司法实践的难题是在审理一些新类型案件时处于“法无明文规定”的境地。此外,个别法律条文语言的模糊性、对某些法律规定的不同意见和理解等,也会给法官在审理案件时如何选择适用法律带来困扰。

【案例 1】由代孕引发监护权纠纷案[2]

基本案情:罗乙系罗某甲、谢某某之子。2007 年 4 月,罗乙与陈某登记结婚,二人

〔1〕 于晓青:《法理与学说作为法源之研究》,复旦大学出版社 2017 年版,第 259 页。

〔2〕 上海市第一中级人民法院民事判决书,(2015)沪一中少民终字第56 号;上海市闵行区人民法院民事判决书,(2015)闵少民初字第 2 号。

均系再婚。再婚前，罗乙已有子女，陈某未曾生育。婚后，罗乙与陈某委托其他女性代孕（卵子系购买，精子由罗乙提供）生育罗某丁及罗某戊（二人系双胞胎）。罗某丁及罗某戊出生后随罗乙、陈某共同生活。罗乙死后，陈某携罗某丁、罗某戊共同生活至今。后罗某甲、谢某某提起监护权之诉。

裁判结果：一审法院认为"抚养母亲"与两名儿童之间无血亲关系及拟制血亲关系，且代孕非法等，判令两名儿童由祖父母监护。二审法院认为"抚养母亲"与两名儿童之间不仅成立继父母子女关系而且存在拟制血亲关系，撤销一审判决。

评析：在案例1中，基于代孕违法，该案确定了罗乙系两名儿童生父，代孕者为生母，罗乙与代孕者不具有合法婚姻关系，故所生子女为非婚生子女。对于陈某与两名儿童的关系，二审法院在《中华人民共和国婚姻法》（以下简称《婚姻法》，现已废止）第27条基础上运用文义解释等对拟制血亲的继父母子女关系构成因素作出认定，[1]陈某与两名儿童之间成立继父母子女关系且存在拟制血亲关系。

面对法律的不确定性难题，法律解释方法成为法官审理案件时的必要选择。较为常用的法律解释方法有文义解释、体系解释、历史解释、目的解释等。于法官而言，正确、恰当运用法律解释方法，可帮助其消除法律规范的多解性，有助于限制法律理解上的任意性，从而更好确定重大疑难复杂敏感案件需何裁判规则，以维护裁判的正当性。

当法律因存在漏洞而无法为待决案件提供裁判规则时，法院不得以无法律规定为由拒绝裁判，也不可能"坐等"立法而对当事人的纠纷久拖不决，只得采用弥补法律漏洞的法律方法。依习惯法补充、类推适用、目的性限缩、目的性扩张等是漏洞补充

[1] 节选自该案二审判决书：《婚姻法》在区分直系姻亲和拟制血亲的继父母子女关系时，以是否存在抚养教育之事实作为衡量标准。根据上述规定，有抚养关系的继父母子女关系的成立应具备两个条件：一是主观意愿，即非生父母一方具有将配偶一方的未成年子女视为自己子女的主观意愿，双方以父母子女身份相待；二是事实行为，即非生父母一方对配偶一方的未成年子女有抚养教育之事实行为。上述两个条件同时具备，方可成立有抚养关系的继父母子女关系。据此，缔结婚姻之前一方的非婚生子女，因在双方结婚之前孩子已经存在，作为非生父母一方，接受孩子并与之共同生活，是其与孩子生父母一方结婚时的自愿选择，同时有抚养教育之事实的，则形成有抚养关系的继父母子女关系。该案中需要进一步探讨的是，缔结婚姻之后一方的非婚生子女与其配偶之间是否可形成拟制血亲的继父母子女关系？法院认为，缔结婚姻之后一方的非婚生子女，如果作为非生父母的夫或妻一方知晓并接受该子女为其子女，同时与该子女共同生活达相当期限，并对该子女履行了抚养教育之义务，则具备上述主观意愿和事实行为两个条件，亦可形成有抚养关系的继父母子女关系。至于子女的出生时间在缔结婚姻之前还是之后，并非《婚姻法》规定的认定形成有抚养关系的继父母子女关系的实质要件。

的主要方法。法官在进行漏洞补充时,为了防止自由裁量权的滥用,法官有义务公开说明用于填补漏洞的标准来源于何处。

2. 二阶:更突出可读性需求

裁判文书中的司法论证不仅是与案件当事人沟通的过程,也是一个与社会公众沟通的过程。法官在撰写重大疑难复杂敏感案件裁判文书时,除应严格执行最高人民法院关于裁判文书制作样式的相关规定,确保文书要素齐全、格式规范外,还应加强文书说理。2018 年 6 月,最高人民法院发布《关于加强和规范裁判文书释法说理的指导意见》,指出裁判说理包括证据审查说理、事实认定说理和法律适用说理。这就要求法官在说理时,不仅会说专业性语言,也要会说群众的语言。[1] 其所突出的就是裁判文书的可读性要求。

【案例 2】宜兴冷冻胚胎案[2]

基本案情:沈某某、刘某某二人均是独生子女,婚后因自然生育困难,于 2012 年 8 月在南京某医院以人工辅助生殖方式培育 13 枚受精胚胎,其中 4 枚符合移植标准。在胚胎在植入母体的前一天,夫妻二人因故死亡。就 4 枚冷冻胚胎的归属,沈某某、刘某某二人的父母产生争议,遂向法院提起诉讼。南京某医院经法院依法追加为第三人参与诉讼。

裁判结果:一审法院认为体外受精胚胎系特殊之物,不能像一般物一样任意转让或继承,驳回了原告的诉讼请求。二审法院在我国现行法律对胚胎的法律属性没有明确规定的情况下,结合案件实际,在严格遵循法律原则、法律精神的基础上,综合考量伦理、情感和特殊利益保护等因素,判决沈某某、刘某某二人的父母享有涉案胚胎的监管权和处置权。

评析:二审裁判文书说理充分关注和回应了当事人及一般社会公众的心理、情绪、情感因素,使用了大众能够接受的语言和表达方式,对于增加裁判结果的社会认同起到了很大的作用。该案在说理中写道,“胚胎是介于人与物之间的过渡存在,具有孕育成生命的潜质,比非生命体具有更高的道德地位,应受到特殊尊重与保护”,以简洁的言语阐明胚胎的独特地位及存在意义。“白发人送黑发人,乃人生至悲之事,更何况暮年遽丧独子、独女!……失‘独’之痛,非常人所能体味。而沈某某、刘某某

---

〔1〕 李俊晔:《裁判文书多元评价机制研究》,载《中国应用法学》2021 年第 6 期。

〔2〕 江苏省宜兴市人民法院民事判决书,(2013)宜民初字第 2729 号;江苏省无锡市中级人民法院民事判决书,(2014)锡民终字第 01235 号。

遗留下来的胚胎,则成为双方家族血脉的唯一载体,承载着哀思寄托、精神慰藉、情感抚慰等人格利益",此论述作为主体补充,亦进一步增强当事人乃至社会公众对裁判的情感认同。同样,在案例 1 中,二审判决书在说理时亦写道,"人皆有父母,父母子女之情是人类最基本的情感元素""裁判虽然是理性而坚硬的,但亲情却是温暖而柔软的,在家庭关系引发的矛盾纠纷中,更需要的是亲情的温和化解,而非裁判的冷硬切割"。法官已从案件中跳出,置身于社会治理角度去审视案件,因而升华了裁判文书的意义。

对于重大疑难复杂敏感案件的裁判文书而言,证据审查说理、事实认定说理、法律适用说理,要运用更为简洁的语言、更为清晰的逻辑脉络,让当事人乃至公众看得懂、理解得了,运用绝大多数公众所理解的法律语言构建一篇观点鲜明、措辞适当的裁判文书。

3. 三阶:社会主义核心价值观的深层融入

最高人民法院自 2016 年开始先后发布 3 批 30 例"弘扬社会主义核心价值观"典型案例。根据有关统计分析,相关案例涉及价值目标的有 9 例,核心价值观包括文明与和谐;价值取向有 2 例,核心价值观为法治;价值准则有 19 例,核心价值观包括诚信、友善、爱国。[1]

【案例 3】"暗刷流量"合同无效案

在该起案件中,其核心价值在于诚实守信、网络秩序。在该案的裁判文书中,阐述了从流量至真实的流量商业转化过程,对暗刷流量行为作出评价,认为此行为属于欺诈性点击。在此基础上,对暗刷流量的合同效力作出认定。关于"诚实守信、网络秩序"核心价值在该案裁判文书的反映,法官这样写道:双方"暗刷流量"的行为,一方面,使同业竞争者的诚实劳动价值被减损,破坏正当的市场竞争秩序,侵害了不特定市场竞争者的利益;另一方面,会欺骗、误导网络用户选择与其预期不相符的网络产品,长此以往,会造成网络市场"劣币驱逐良币"的不良后果,最终减损广大网络用户的福祉。[2]

【案例 4】村民私自上树摘果坠亡索赔案

在该起案件中,其核心价值为公序良俗、文明出行。对于该村民私自上树摘果

---

〔1〕 北大法宝司法案例研究组:《弘扬社会主义核心价值观|最高人民法院典型案例要览》,载网易网 2021 年 2 月 25 日,https://www.163.com/dy/article/G3NA7CDH0530W1MT.html。

〔2〕 北京互联网法院民事判决书,(2019)京 0491 民初 2547 号。

坠亡的情况，该案再审的裁判文书中以安全保障义务界定，是否存在法律上的因果关系，是否存在过错展开说理，案涉的村规民约是某村村民的行为准则和道德规范，形成某村的公序良俗。判决书中这样写道：虽然某村为事件的发生地，杨梅树为某村民委员会集体所有，但该村民的私自采摘行为有违村规民约，与公序良俗相悖。〔1〕

“社会主义核心价值观融入法治”在司法领域中最直接与具体的体现就是“社会主义核心价值观融入裁判文书说理”。2021 年，最高人民法院发布《关于深入推进社会主义核心价值观融入裁判文书释法说理的指导意见》(以下简称《释法说理意见》)。该意见第 4 条指出涉及新情况、新问题，需要对法律规定、司法政策等进行深入阐释，引领社会风尚、树立价值导向的案件应当强化运用社会主义核心价值观释法说理。这类案件可理解为新类型案件。新类型案件，特别是具有首案效应的新类型案件大都缺乏既有的裁判经验或明确统一的裁判规则，因此在审理该类案件过程中，社会主义核心价值观往往能够提供一定的支持。该类案件相对于一般案件更加能够凸显弘扬与引导社会主义核心价值观的作用。

需要强调的是，社会主义核心价值观融入裁判文书释法说理，绝不是以核心价值观替代或者优先于法律进行司法裁判。社会主义核心价值的司法适用具有补充性与辅助性。〔2〕《释法说理意见》第 5、6 条分别区分两种情形(有规范性法律文件作为裁判依据的、民商事案件无规范性法律文件作为裁判直接依据的)对社会主义核心价值观的融入做了指引。在有规范性法律文件作为裁判依据的情形下，法官应当结合案情，先行释明规范性法律文件的相关规定，再结合法律原意，运用社会主义核心价值观进一步明晰法律内涵、阐明立法目的、论述裁判理由。在无规范性法律文件作为裁判直接依据的，除了可以适用习惯以外，法官还应当以社会主义核心价值观为指引，以最相类似的法律规定作为裁判依据；如无最相类似的法律规定，法官应当根据立法精神、立法目的和法律原则等作出司法裁判，并在裁判文书中充分运用社会主义核心价值观阐述裁判依据和裁判理由。值得注意的是，第 6 条并没有规定刑事案件、行政案件中也可以社会主义核心价值观对法官填补法律漏洞的行为进行引导和限制，这体现了公法对公权力秉承监督制约的理念。

〔1〕 广东省广州市中级人民法院民事判决书，(2018)粤 01 民终 4942 号。

〔2〕 孙跃、陈颖颖：《社会主义核心价值观融入司法裁判的法律方法》，载《山东法官培训学院学报》2021 年第 4 期。

在重大疑难复杂敏感案件的审理中，社会主义核心价值观可作为案件审理的重要考量因素。在强化运用社会主义核心价值观释法说理，提升司法公信力和透明度的同时，更好地实现强化规则意识，弘扬社会正气，引导社会公众向上向善的目标。

扁平化司法改革下基层法院重大疑难复杂案件识别及分流问题研究

——以实现规范分案为方向

柳州市柳南区人民法院*

第一部分 现 状 梳 理

一、人民法院重大疑难复杂案件识别标准分析

明确识别标准是重大疑难复杂案件监管的第一道门槛。课题组从多层面对重大疑难复杂案件识别标准进行实证观察,发现重大疑难复杂案件识别标准本身在实践中呈现出模糊化、随意性特征,导致识别效果有限。与此同时,通过实证观察对重大疑难复杂案件实质性识别要素进行总结。

(一)重大疑难复杂案件识别标准困境观察

重大疑难复杂案件的识别标准主要体现在各类规范性文件中的描述、理论研究中的定义描述、实践中各层面对重大疑难复杂的概念理解三个方面。

---

* 课题主持人:郑伟,柳州市柳南区人民法院党组书记、院长。课题组成员:邓媛,柳州市柳南区法院执行局副局长;熊文镇,柳州市柳南区法院立案庭员额法官;黄其威,柳州市柳南区法院执行局员额法官;黄娜,柳州市柳南区人民法院立案庭法官助理。

1. 制度设计分析——指导意见中的识别标准模糊随意

表 1 各层级规范文件中重大疑难复杂案件范围

顶层设计:指引方向	
最高人民法院《关于规范上下级人民法院审判业务关系的若干意见》	基层人民法院和中级人民法院对于已经受理的下列第一审案件,必要时可以根据相关法律规定,书面报请上一级人民法院审理:(1)重大、疑难、复杂案件;(2)新类型案件;(3)具有普遍法律适用意义的案件;(4)有管辖权的人民法院不宜行使审判权的案件。 未对重大疑难复杂案件进行范围界定
最高人民法院《关于完善人民法院司法责任制的若干意见》	"四类案件"的范围如下:(1)涉及群体性纠纷,可能影响社会稳定的案件;(2)疑难、复杂且在社会上有重大影响的案件;(3)与本院或者上级法院的类案判决可能发生冲突的案件;(4)有关单位或者个人反映法官有违法审判行为的案件。 未对疑难、复杂且在社会上有重大影响的案件范围进行界定
最高人民法院《关于落实司法责任制完善审判监督管理机制的意见(试行)》	有下列情形之一的,可以指定分案:(1)重大、疑难、复杂或者新类型案件,有必要由院庭长承办的;(2)原告或者被告相同、案由相同、同一批次受理的 2 件以上的批量案件或者关联案件;(3)本院提审的案件;(4)院庭长根据个案监督工作需要,提出分案建议的;(5)其他不适宜随机分案的案件。 未对重大疑难复杂案件范围进行界定
最高人民法院《关于完善四级法院审级职能定位改革试点的实施办法》	"特殊类型案件"的范围如下:基层人民法院对所管辖的第一审民事、刑事、行政案件,认为属于下列情形之一,需要由中级人民法院审理的,可以报请上一级人民法院审理:(1)涉及重大国家利益、社会公共利益,不宜由基层人民法院审理的;(2)在辖区内属于新类型,且案情疑难复杂的;(3)具有普遍法律适用指导意义的;(4)上一级人民法院或者其辖区内各基层人民法院之间近 3 年裁判生效的同类案件存在重大法律适用分歧,截至案件审理时仍未解决的;(5)由中级人民法院一审更有利于公正审理的
最高人民法院《关于进一步完善"四类案件"监督管理工作机制的指导意见》	"四类案件"的范围如下:(1)重大、疑难、复杂、敏感的案件;(2)涉及群体性纠纷或者引发社会广泛关注,可能影响社会稳定的案件;(3)与本院或者上级人民法院的类案裁判可能发生冲突的案件;(4)有关单位或者个人反映法官有违法审判行为的案件。 将"重大、疑难、复杂、敏感"的案件归纳为:(1)涉及国家利益、社会公共利益的案件;(2)对事实认定或者法律适用存在较大争议的案件;(3)具有首案效应的新类型案件案件;(4)具有普遍法律适用指导意义的案件;(5)涉及国家安全、外交、民族、宗教等敏感案件

续表

高院文件:主要对案件外观要素进行部分罗列	
广西壮族自治区高级人民法院《关于进一步加强"四类案件"监督管理的实施细则》	重大疑难复杂敏感案件的范围为:(1)拟判处死刑案件、死刑复核案件;(2)刑事案件中严重危害国家安全、恐怖活动、网络传销、涉及黑恶势力犯罪、邪教案件;(3)高级人民法院审理的原副厅级以上、中级人民法院审理的原副处级以上、基层人民法院审理的原正科级以上领导干部的职务犯罪案件,或者上级人民法院指定管辖的职务犯罪案件;(4)拟在法定刑以下判处刑罚的报核案件,拟作免予刑事处罚、宣告无罪案件;(5)具有重大影响、社会关注度高的涉外、涉侨、涉港澳台案件,涉辖区重点建设项目案件,公益诉讼案件,行政或国家赔偿案件,重大破产重整、清算及和解案件;(6)同级及以上党委、人大或者其他领导机关批转的案件,同级及以上人大代表、政协委员和本院特约监督员以来信来函等以书面形式关注的案件;(7)长期未结超过一年或久押不决且在法院审理时间超过一年的诉讼案件;(8)公安机关、检察院、法院对案件处理存在重大意见分歧的案件;(9)上级法院发回重审或指令再审的案件;(10)涉及外交、民族、宗教等敏感案件;(11)具有首案效应的新类型案件或具有普遍法律适用指导意义的案件。 群体性纠纷案件指涉及群体性纠纷,可能影响社会稳定的案件,具体包括:(1)严重影响经济社会秩序,受害人数较多或涉案金额巨大的非法吸收公众存款、集资诈骗、组织领导传销等涉众型经济犯罪案件;(2)涉及重大民生的群体性纠纷案件或可能影响社会稳定的系列案件;(3)具有示范效应、可能引发后续批量诉讼的案件;(4)可能对特定行业产业发展、特定群体利益产生较大影响的案件
《山东省高级人民法院办公室"四类案件"监督管理暂行规定》	疑难、复杂且在社会上有重大影响的案件范围为:(1)危害国家安全犯罪案件,涉黑涉恶案件,重大职务犯罪案件,拟对被告人判处死刑的案件,拟作出无罪判决、免予刑事处罚或在法定刑以下判处刑罚的案件;(2)涉及区域重点产业、重大项目、重点企业的民事案件,公益诉讼案件,涉及党政机关、军队等特殊主体的民事案件,有重大影响的涉外、涉港澳台民事案件;(3)新类型行政案件、要求本院或者同级司法机关作为国家赔偿义务机关的案件;(4)跨辖区执行争议案件、被执行人为党政机关的执行案件;(5)上级人民法院发回重审、指令再审的案件,人民检察院提出抗诉的民事、行政案件;(6)领导机关、上级法院交办督办或者人大代表、政协委员依法监督的案件;(7)可能或者已经引起社会关注、争议和批评质疑,对司法形象和司法公信力会产生重大影响的案件;(8)审理期限超过 12 个月的案件、刑事被告人被羁押 3 年以上的久押不决案件;(9)其他疑难、复杂且在社会上有重大影响的案件

续表

中、基层院文件：照搬文件，或者标准随意	
《宜宾市中级人民法院"四类案件"监督管理办法（试行）》	疑难、复杂且在社会上有重大影响的案件范围为：(1)依法属于应当提交审判委员会讨论的案件（如拟判处死刑立即执行、拟在法定刑以下判处刑罚或者免于刑事处罚、拟宣告被告人无罪的刑事案件，被告人无罪的刑事案件）；(2)上级法院指令再审拟改判的案件；(3)抗诉案件，撤销涉外仲裁案件；(4)合议庭意见存在重大分歧的案件；(5)上级法院指定管辖、发回重审的案件；(6)当事人一方为同级人民政府或同级以上的人大代表、政协委员的案件；(7)领导机关、上级法院督办或人大代表、政协委员关注的案件；(8)当事人一方为军队单位、军人军属的涉军案件；(9)涉访入罪的案件；(10)法定审限2/3以上未结或被告人被羁押3年以上久押不决的案件；(11)新类型案件；(12)拟就法律适用问题向上级人民法院请示的案件，法律法规没有规定或者规定不明确、存在法律适用疑难问题的案件；(13)存在重大执行障碍以致长期无法执结或辖区内多起涉同一被执行人需要协调的执行案件；(14)可能引发较大舆情或引起社会普遍关注的案件
《山西省太原市中级人民法院案件监督管理办法》	建立判前五类案件三级监督、判后四类案件质量评查制度。 五类案件指：涉及群体性纠纷，可能影响社会稳定的案件；疑难、复杂且在社会上有重大影响的案件；与本院或者上级法院的类案裁判可能发生冲突的案件；有关单位或者个人反映法官有违法审判行为的案件；超审限案件及可能存在程序性事项违规的案件。 三级监督管理指：根据五类案件的案情、疑难程度、当事人情况等情形，监督管理可分为三个级别的监督。一级监督为庭长监督，二级监督为分管院领导监督，三级监督为院长监督
双桦人民法院《关于规范"四类案件"监督管理的若干规定（试行）》	疑难、复杂且在社会上有重大影响的案件指：(1)拟改判、发回重审或提审、指令再审的案件；(2)涉及民事刑事交叉、民事行政交叉的案件；(3)法律适用规则不明确，疑难复杂的新类型案件；(4)存在重大舆情风险、被新闻媒体报道、引起舆论广泛关注的案件；(5)人大代表、政协委员履行监督职责关注的案件，党政机关、行业协会商会、社会公益组织和依法承担行政职能的事业单位依照工作程序提出参考意见的案件，上级领导因履行监督管理职责重点督办的案件；(6)二年以上未结案件或超审限案件；(7)当事人一方或者双方上访激烈、长期上访、闹访，可能造成社会影响的案件；(8)其他疑难、复杂且在社会上有重大影响的案件
柳州市柳南区人民法院《关于规范"四类案件"监督管理的若干规定（试行）》	疑难、复杂且在社会上有重大影响的案件为：(1)拟改判、发回重审或提审、指令再审的案件；(2)涉及民事刑事交叉、民事行政交叉的案件；(3)法律适用规则不明确，疑难复杂的新类型案件；(4)存在重大舆情风险、被新闻媒体报道、引起舆论广泛关注的案件；(5)人大代表、政协委员履行监督职责关注的案件，党政机关、行业协会商会、社会公益组织和依法承担行政职能的事业单位依照工作程序提出参考意见的案件，上级领导因履行监督管理职责重点督办的案件；(6)二年以上未结案件或超审限案件；(7)当事人一方或者双方上访激烈、长期上访、闹访，可能造成社会影响的案件；(8)其他疑难、复杂且在社会上有重大影响的案件

续表

安义县人民法院《关于实行重大疑难案件报告的制度(试行)》	重大案件(包括群体性纠纷、可能影响社会稳定的案件)指:(1)涉及本县重大项目、重点工程、重点企业的案件;(2)涉及环境资源保护、公益诉讼、扶贫攻坚领域的案件;(3)一方或双方当事人数量较多的案件;(4)涉及相关利害关系人数量较多的案件;(5)原告或被告相同、案由相同,同一批次受理的批量案件或关联案件 疑难、复杂或可能产生较大社会影响的案件指:(1)发回重审、再审、申请再审、同级人民检察院依照审判监督程序抗诉或提出检察建议的案件;(2)拟就法律适用问题向上级人民法院请示的案件;(3)认为案情重大、疑难、复杂,需要报请移送上级法院审理的案件;(4)经风险评估存在重大不稳定因素、可能引发重大上访事件或舆论炒作的案件;(5)社会影响大、媒体重点关注的案件;(6)涉及新闻媒体、记者、律师、本县正科以上领导、外地(本县以外)副处以上领导的案件;(7)涉及县政府重要职能部门、乡、镇政府的案件;(8)涉及县人大常委会委员、政协常委及市级以上人大代表的案件;(9)上级法院以及党委政府、纪检监察、人大、政协,人大代表、政协委员等关注的案件

从表1中可以看出,一方面,重大疑难复杂案件的识别标准在顶层设计中描述模糊,仅为宏观指导方向。虽从立法技术而言不宜对一类案件的内涵外延作出过于明确的规定,因此该识别标准尚不具备实践可操作性,需由各层级根据实际情况进行细化。但实践中仅有个别部分法院结合实践将重大疑难复杂范围进行了具体化,部分法院只是将《实施意见》的规定予以机械化照搬适用,未有具体化识别标准予以参照,导致实践中仅凭借主观感受去进行识别,随意化问题十分突出。

另一方面,部分法院制定的规范识别标准亦存在较大随意性。不仅各法院之间各不相同,同一法院对各类案件范围界定也常存在冲突,且与专业法官会议、审判委员会讨论案件范围混同和交织,亦与制度设置的初衷相背。[1] 就长期未结案这一指征的识别标准,部分法院设定为超一年未结,部分法院设定为超两年未结。部分法院将“合议庭意见存在重大分歧”标准的案件也纳入监管范围。同时,文件中对重大疑难复杂案件的标准描述仅停留在部分形式要件的列举,常以“其他重大疑难复杂案件”为兜底项,导致实践中产生何为“其他重大疑难复杂案件”的疑问。

综上,当前规范文件中对“重大、疑难复杂”案件识别标准存在模糊化、随意化、缺

〔1〕 姜欣、李振凡:《院庭长监督管理“四类案件”边界清单与运行机制完善——以法院的可视化管理为视角》,载《司法体制综合配套改革中重大风险防范与化解——全国法院第31届学术讨论会获奖论文集》(上),人民法院出版社2020年版。

失化、机械化、局限化、无序化的六项困境(见图 1)。

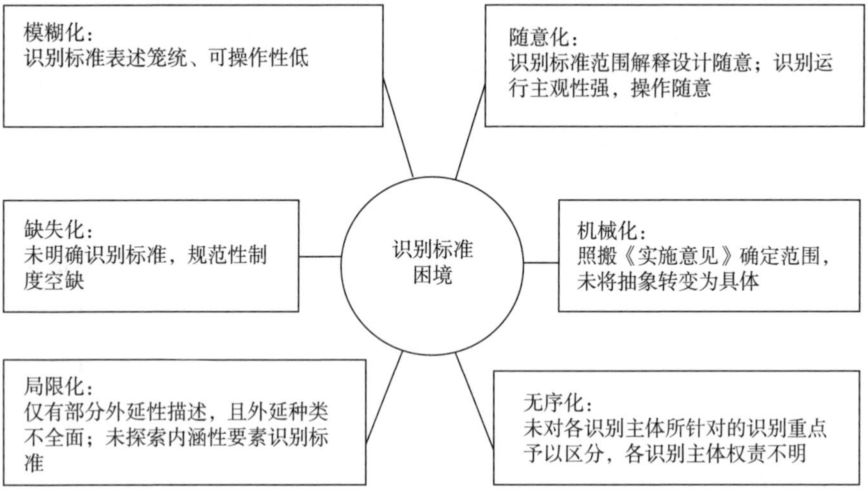

图 1　当前识别标准六项困境

2. 理论识别标准——理论研究中的识别标准零散笼统

目前理论研究中对重大疑难复杂案件识别标准的研究内容较为零散,没有系统的体系表述,且缺乏应用性统计总结,理论界缺乏公认的统一识别标准(见表 2)。

表 2　理论研究中对重大疑难复杂案件的认识

研究主体	主要内容
哈特《法律的概念》	哈特提出“法律的空白结构(opentexture)”说,认为法律是具有空白结构的。疑难案件的产生就是由于一些案件落在了法律的“空白结构”之中,现有法律体系的保守与僵化造成了法律困境
阿列克西	法律规则的疑难案件原因在于法律规则的 4 种局限,疑难案件存在于纯粹的思维所不及的领域。阿列克西认为这些局限至少有 4 个:(1)法律语言的模糊性;(2)可能发生冲突的法律规范;(3)法律规则的滞后性;(4)在特定案件中作出的裁判有可能背离规范条文原义
郑显文	疑难案件的原因在于法律的固有封闭性以及司法案件的多变性,其类型为法律疑难型、冲突疑难型(合法、合理)、事实疑难型与民意疑难型
尚召生	单纯因为案件类型新颖或者被告人身份特殊或案件内容能迎合社会民众猎奇心理而引起社会关注的案件,不能认定为有较大影响的案件。通过媒体、网络炒作对案件审理施加影响或压力情形越来越多,滥用媒体、网络炒作的案件更不能认定为较大社会影响〔1〕

〔1〕 尚召生:《媒体关注程度不能作为有较大影响重大案件的认定标准》,载《人民司法》2013 年第 14 期。

续表

研究主体	主要内容
刘星	所谓疑难案件是指“在一定时期、一定范围的法律适用（案件具体事实已经查清）过程中人们没有较为普遍一致的意见的案件”。 以主观存在分歧为判断标准并没有穷尽实践中疑难案件的原因[1]
《牛津法律理论词典》	将疑难案件关联主观标准，并认为疑难案件也有难易程度之分，并与 3 项变量息息相关：所有（经过训练的有能力）的人同意一个结果的程度、同一个评价者得出结论的速度、持有该结论的信心或确信
日本《新法律学辞典》	疑难案件主要指有罪还是无罪，难以判决的刑事案件。它将疑案的案件范围仅仅局限于刑事案件
季涛	法律规则上的疑难案件是指因法律规则存有缺陷而使案件的处理存有争议的案件；而案件事实上的疑难案件则是指案件事实扑朔迷离，真相难以查清的案件。即因“规则的缺陷”以及事实不明的案件。
德沃金	德沃金主要针对如何解决疑难案件，认为一切案件无论疑难与否，都存在一个“唯一正确的答案”。其提出了“建构性的解释”理论，建构性解释分为三个阶段——前解释阶段、解释阶段、后解释阶段，但并未对疑难案件进行界定
麦考密克	所谓的疑难案件是指一种对争讼问题的解决方案有争议的案件，对于同一个诉讼争议存在不同的解决方案。他认为在疑难案件中需要二次证明来确定诉讼争议的解决方案

从表 2 中可以看出，国内外学者或者法官对重大疑难复杂的识别标准各异，分别从不同角度进行的定义，不具有统一性。

3. 各层面对“重大”“疑难”“复杂”概念理解偏差

虽词典中“重大”“疑难”“复杂”三个词语的内涵明确，但在重大疑难复杂案件的语境下其概念存在独特的各类外延。实践中不同的司法参与主体从其自身主观角度出发，对“重大”“疑难”“复杂”在概念理解上存在较大差异，案件界定范围过于宽泛或过于保守，导致实践中识别混乱。

识别主体可划分为体制内识别主体及体制外识别主体。其中体制内识别主体又可细分为立案分流人员、各类型法官、院庭长、审判监督人员等。体制外的识别主体可细分为当事人、律师、人大等监督部门等。

课题组向基层法院立案分流人员、初任法官、资深法官、审监人员、院庭长这五类

[1] 刘星：《疑难案件中法律适用的理论与实践》，载《比较法研究》1994 年第 Z1 期。

主要的识别主体发放调查问卷，并通过走访，对现实中各类主体的主观认识偏差予以总结归纳（见图2、表3）。

（1）各层面对“重大”的理解偏差

重大，顾名思义指意义或作用等大而重要。各层级法院制度规范中重大案件是指社会关注度较高、有重大影响力的案件，如涉及食品安全、公共卫生、环境污染、重大灾害等有关国家安全、国家利益、社会公共利益的案件；社会上有重大影响或首案效应的新类型案件；存在重大舆情风险、被新闻媒体报道、引起舆论广泛关注的案件；当事人一方或者双方上访激烈、长期上访、闹访，可能造成社会影响的案件。

但在实践中，各类人员对其认识偏差较大，下面从法院内部从业人员资历深浅进行的调查，结果如下：

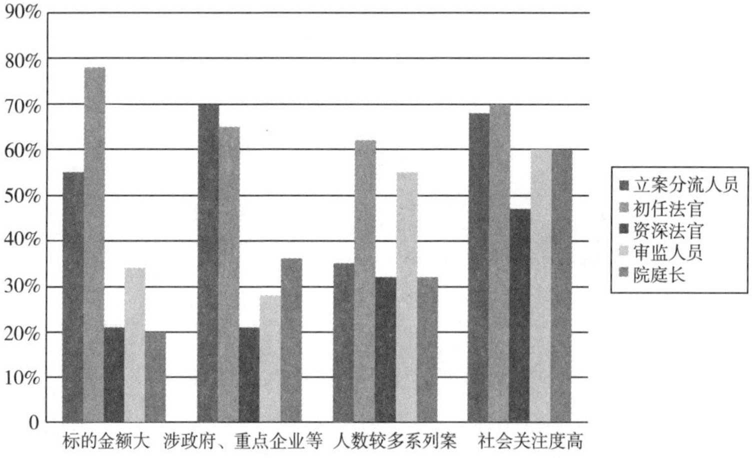

图2 问卷中关于各层面对“重大”的理解

从图2中可以发现，各类人员对于重大案件的标准存在不同的看法，但对于社会关注度高的案件是重大案件的意见比较一致，以案件标的、案件人数来区分的话，分流人员、初任法官与其他人员的认识存在较大差异。

表3 各主体对“重大”的主观理解偏差

主体	理　解
立案分流人员	普遍认为涉及群体性纠纷或影响社会稳定的案件，涉及政府以及当地大型企业等敏感主体的案件，个别老上访户、“难缠”当事人案件，诉讼标的特别巨大的、包含社会热点的案件，甚至某些常见难案案由中证据数量特别多的案件均属于重大案件

续表

主体	理　　解
资深法官	普遍认为在社会上有重大影响的、可能引起负面舆论的案件属于重大案件,其余案件均不属于重大案件
初任法官	普遍认为重大案件即为具有重大影响力案件,对该类案件缺乏直观感受
院庭长	对重大案件的认识较为全面,认为重大社会影响力、可能引发较大舆情的案件属于重大疑难复杂案件,同时认为需要审判委员会讨论的案件属于重大案件,包含宏观上的裁判规则指引作用的案件亦属于重大案件
审判监督人员	注重对涉及投诉、信访案件的认定,只要是当事人情绪上较为激动,可能引发舆情的案件都倾向认为属于重大案件;倾向对超审限、发改错案、可能与本院或上一级法院已生效裁判存在冲突的案件认定为重大案件
当事人	大部分当事人均倾向认为自己的案件为重要案件,当事人从自身利益角度出发,认为法院应对自己的案件予以足够重视。除对个别社会影响力较大的案件以及涉及国家社会层面的案件认为是重大案件存在一致性外,对于重大的认定与其自身的职业、教育程度、生活背景、所处社会环境等外界因素有直接关联,对于案件重要程度与重大程度未有明确区别认知
律师	主要的影响因素为案件标的金额以及对应的收费金额,同时对于可能引起重大社会关注的案件也属于重大范畴。当事人态度及代理风险亦是律师关注的重大案件考量要素
外部监督部门	履行监督职责依法问询信访案件,人大、政协督办的案件
民众、媒体	从案件标的、受理法院层级来判断,认为案件标的大、高级人民法院甚至最高人民法院审理的案件就属于重大案件;对重大案件理解存在误区,易将个别具有特殊因素的重大案件,视为审理中的普遍性泛化问题,无法意识到重大案件的特殊性而将对个案的偏见扩大到对整个司法体制的偏见

通过对法院之外的其他人员随机谈话可以看出,他们对重大案件的理解主要从自身角度出发,未关注案件本身是否为重大案件,主观性较强。

(2)各层面对“疑难”的理解偏差

疑难,顾名思义指有疑问而难以判断或处理。各层级法院制度规范中识别标准关于“疑难”的描述大致为:对事实认定或者法律适用存在较大争议的案件;法律法规没有规定或者规定不明确、存在法律适用疑难问题的案件;法律适用规则不明确,疑难复杂的新类型案件。由上述观察可见,部分法院仅在制度中直接以“其他疑难复杂案件”作为疑难案件的标准,未有具体描述。现有描述也仅限于法律适用困难等笼统描述。根据不同人员对“疑难”的理解,本文将其分为四类疑难案件:分别为证据多,常见疑难案由,审理周期超过 1 年,发回重审,发回重审、抗诉(见图 3)。

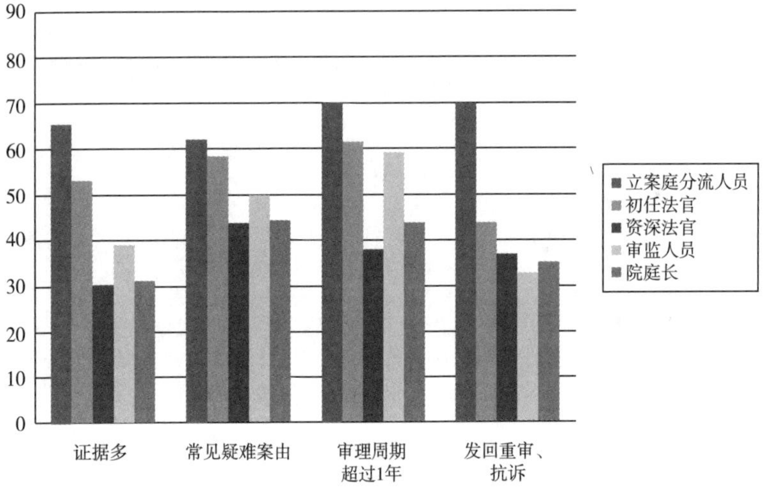

图 3　问卷中关于各层面对"疑难"的理解

从图 3 中可以看出,各类人员对疑难案件的认定标准存在不同认识。除以常见疑难案由进行判断的意见较为一致以外,其余区分类型中立案分流人员与其他人员认识存在较大差异。

表 4　各主体对"疑难"的理解偏差

主体	理　　解
立案分流人员	诉状涉及的要素多、案由特定、人数众多、证据多等案件被初步判定为疑难案件
资深法官	疑难案件需要实质推理,不同于简易案件的形式推理、演绎推理,因此不适用形式推理的案件为疑难案件,当然在疑难案件中,又可以按照不同类型、案由等进行难、较难、非常难的划分
初任法官	证据涉及面广,牵涉的关系比较复杂,法律关系出现交叉,一时难以查清事实,比如建工合同纠纷,在初任法官中属于较为难的案件
院庭长	再审、检察院抗诉、人大政协监督、审判委员会讨论案件在某种意义上为难案
审判监督人员	扣除两次及以上审限的案件

续表

主体	理　解
当事人	对于当事人而言,总能义正言辞地陈述自己“正确”的观点,案件不会存在疑难的情形,但对于结果而言,因会存在与预判不同的结果而产生质疑,法官运用不同的法律规定会得出不同的结果,这使案件因无法预测而变得疑难
律师	主要的影响因素为案件标的金额以及对应的收费金额。疑难案件需要律师不能按部就班地运用法律规定进行办理,必然需要律师通过自身对法律的理解最大限度地追求法官对疑难问题的确定性
外部监督部门	检察院民事监督抗诉、上级法院监督的案件一定意义上为难案,当检察院进行抗诉时说明原案件审理过程中可能出现了证据认定偏差,事实不清,或者适用法律错误等问题
民众、媒体	对疑难案件主观的来源主要是媒体的报道,媒体对案件的了解一般通过一定的推理,当推理无法进行或者推理结果与裁判结果不一致时,利用报道进行渲染或者解释,使民众相信案件本身存在一定的疑难程度,尚未查清很多事实。在案件结果出来之后,由于裁判文书说理回应性较低,未能打消民众关于案件事实以及法律适用的疑问,民众即认为案件为疑难案件

通过对法院之外的其他人员随机谈话可以看出,除发回重审、检察院民事监督抗诉以外,其他主体对疑难案件的认识也没有从案件本身出发,而是从自身立场出发,主观差异较大。

(3)各层面对“复杂”的理解偏差

复杂,顾名思义指事务的种类、头绪等繁多而杂,不简单。各层级法院制度规范中识别标准关于“复杂”的描述大致有三个方面:一是法律问题复杂,如法律及司法解释适用存在争议、法律及司法解释案例参考及引用存在争议、基础法律关系不明确、多种法律关系交叉;二是事实问题复杂,如涉案人数多主体多、关键事实真伪不明、需司法鉴定等;三是社会问题复杂,如涉及政府部门主体、群体性事件、信访事件存在复杂舆情风险等。但观察发现,不同的司法参与主体对此亦有不同认识,为此本文以五类主体对复杂的实践案件的理解,分析如下(见图4)。

由图4可以看出,各类人员对普遍意义上的复杂案件也会有其他主观意见,以案件事实与法律关系最为突出,立案分流人员认为是复杂案件,经过资深法官审理可能尚达不到复杂的标准,同时也很清晰地看出,对复杂的识别标准依然粗放。

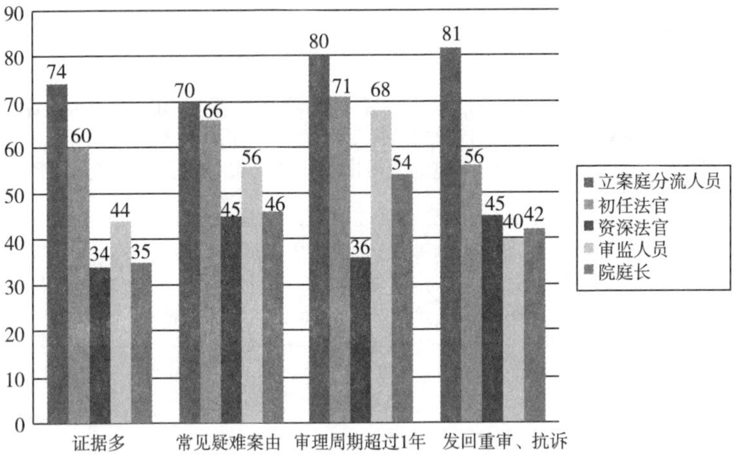

图 4　问卷中关于各层面对“复杂”的理解

通过对法院之外的其他人员的随机谈话可以看出（见表 5），当事人对复杂案件持否定态度，认为其案件法律关系明确，不存在复杂之处，然而，从案件本身来讲，可能涉及多种交叉法律关系，出现不能作出正确裁判的结果。因此，复杂案件在各层面存在不同的理解差异。

表 5　各主体对“复杂”的理解偏差

主体	理　　解
立案分流人员	当事人人数众多、诉讼请求及事实理由多、证据材料多
资深法官	法律适用问题复杂、事实问题复杂、社会问题复杂
初任法官	普遍认为重大案件即为具有重大影响力的案件，对该类案件缺乏直观感受
院庭长	民刑交叉、涉及群体性事件、舆论风险、党委政府协调案件
审判监督人员	超 12 个月长期未结案件、简易转普通程序案件、需要进行司法鉴定案件
当事人	绝大部分原告倾向认为自己的案件并非复杂案件，认为自己的诉讼请求有事实及法律依据，被告存在违约或过错，原告明显应当得到支持。从被告角度来看，大部分被告亦认为涉诉的案件并不复杂，一是部分被告认为原告的诉讼请求有事实及法律依据，在被起诉后主动与原告协商和解案件以调解或撤诉方式结案；二是部分被告只是由于资金紧张或存在其他困难而产生纠纷，对于原告的诉讼请求并无太大异议，故在败诉后并未上诉；三是即使部分被告不认可原告的诉讼请求，亦是简单认为原告的诉讼请求没有事实及法律依据

续表

主体	理　解
律师	主要的影响因素为案件的证据及事实是否清晰明了、纠纷跨度时间长短、涉及人数是否众多、是否需要进行风险代理
外部监督部门	是否涉及群体性事件、是否涉及新闻舆论报道、在辖区是否有较大影响力
民众、媒体	审理期限长短、涉及群体多少、证据材料多少、当事人争议大小

4. 小结

通过上述观察可以看出，一方面，当前各地已作出的重大疑难复杂案件的识别标准较为模糊、粗放，仍停留在外观识别标准列举式描述阶段，可操作性及准确性不足，未能对重大疑难复杂案件的实质性要素予以明确。另一方面，相当多法院对重大疑难复杂案件的识别工作尚停留在人工主观识别阶段，未结合本院实际情况拟定规范化识别标准。从上述各类主体对重大疑难复杂案件的主观认识来看，各层面主体对重大疑难复杂的概念认知存在较大差异，导致识别随意性问题突出，案件识别因标准模糊、混乱而陷入困境。

因此，由于识别标准的模糊、混乱，实践中无法对重大疑难复杂案件予以准确识别，出现较多遗漏识别或错误识别的情形，识别效果参差不齐，效果难以得到保障，直接导致相当多数量的重大疑难复杂案件未纳入监管范围，案件监管在最初阶段即遭遇滑铁卢，无法开展后续的各类监管工作，呈现出较高的司法风险。

（二）重大疑难复杂案件实质化识别标准描摹

重大疑难复杂案件识别标准界定工作难度大的重要原因之一就在于重大、疑难、复杂情形难以被界定、被描述。即使对案件的内涵及外延规定得再明确，也难免有无法精确包含和界定的客体，而部分疑难复杂案件由于并不具备常见难案的外在形式，需要运用实质要件来具体分析是否符合疑难复杂案件的标准，这使重大疑难复杂案件的识别难度更上一层。

1. 数据分析——各类型数据与重大疑难复杂案件关系分析

（1）案件发改、错案、长期未结案由分析

①发回重审、改判案件构成情况

2020 年度，柳州市两级法院被发回重审、改判民事案件共计 519 件，其中：建设工程合同纠纷（包括建设工程施工合同纠纷、建设工程分包合同纠纷、农村建房施工合同纠纷）案件共计 99 件，占 19.08%；借款合同纠纷（包括民间借贷纠纷、金融借款合同纠纷）案件共计 91 件，占 17.53%；买卖合同纠纷案件共计 32 件，占 6.17%；机动车交通事故责任纠纷案件共计 27 件，占 5.20%；劳动争议纠纷案件共计 26 件，占 5.01%。上述 5 种案由案件共计 275 件，占 52.99%；其他类型案由案件共计 244 件，占 47.01%（见图 5）。

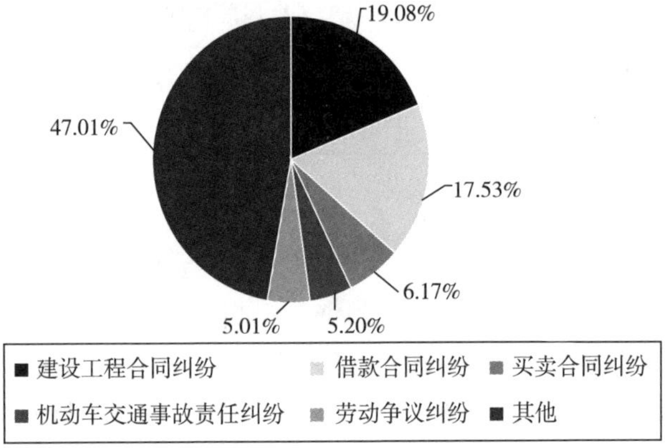

图 5　2020 年度柳州市两级法院发改民事案由构成情况

②错案案件构成情况

2019—2020 年度，柳州市两级法院被认定为错案的民事案件共计 696 件，其中：建设工程合同纠纷（包括建设工程施工合同纠纷、建设工程分包合同纠纷、农村建房施工合同纠纷）案件共计 109 件，占 15.66%；借款合同纠纷（包括民间借贷纠纷、金融借款合同纠纷）案件共计 105 件，占 15.09%；商品房销售合同纠纷案件共计 47 件，占 6.75%；劳动争议纠纷案件共计 41 件，占 5.89%；买卖合同纠纷案件共计 40 件，占 5.75%。上述 5 种案由案件共计 342 件，占 49.14%；其他类型案由案件共计 354 件，占 50.86%（见图 6）。

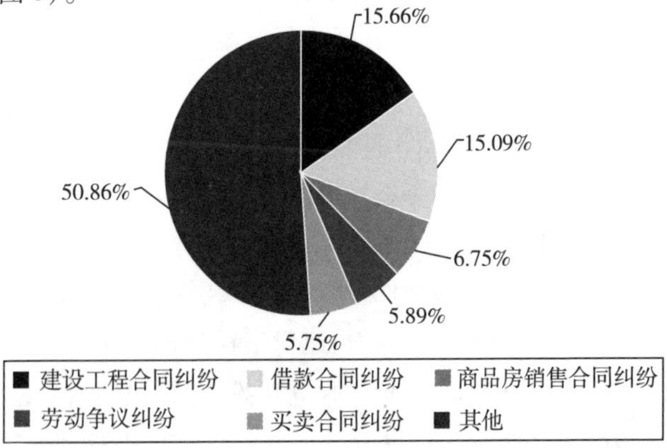

图 6　2019—2020 年度柳州市两级法院错案民事案由构成情况

③长期未结案案件构成情况

2019—2020 年度,柳州市两级法院长期未结民事案件累计 190 件,其中:建设工程合同纠纷(包括建设工程施工合同纠纷、建设工程分包合同纠纷、农村建房施工合同纠纷)案件共计 45 件,占 23.68%;借款合同纠纷(包括民间借贷纠纷、金融借款合同纠纷)案件共计 27 件,占 14.21%;继承纠纷案件共计 17 件,占 8.95%;离婚纠纷案件共计 12 件,占 6.32%;合同纠纷案件共计 8 件,占 4.21%。上述 5 种案由案件共计 109 件,占 57.37%;其他类型案由案件共计 81 件,占 42.63%(见图 7)。

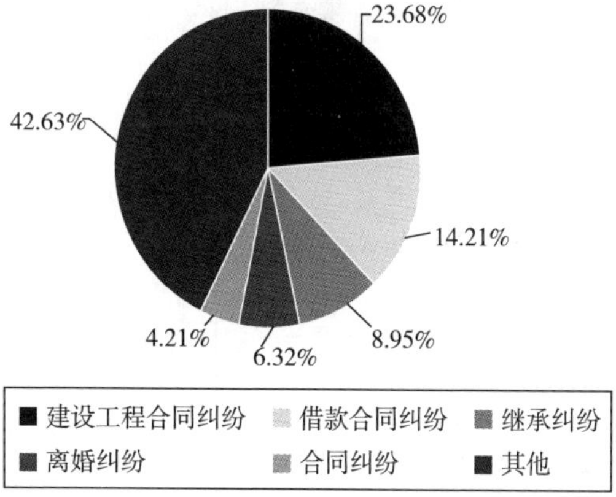

图 7　2019—2020 年度柳州市两级法院长期未结民事案由构成情况

(2)审判委员会讨论案件因素分析

审判委员会是我国特有的审判组织形式,它作为审判工作的一个集体领导机构,在讨论、决定重大、疑难、复杂案件,总结审判经验和其他有关审判工作方面发挥着重要作用。2019 年 8 月 2 日,最高人民法院发布了《关于健全和完善人民法院审判委员会工作机制的意见》,为全国法院审判委员会讨论案件范围确定最新依据,其中对于审判委员会讨论决定的案件范围作出了新的规定,即“涉及国家安全、外交、社会稳定等敏感案件;重大、疑难、复杂案件;法律规制不明的新类型案件”。因此,审判委员会讨论案件的范围与重大疑难复杂案件的范围存在高度重合性。对此,课题组对课题组所在法院 2020—2021 年审判委员会讨论案件的讨论启动原因进行梳理,拟分析得出审判委员会讨论案件中涉及重大疑难复杂案件的实质共性(见图 8、图 9)。

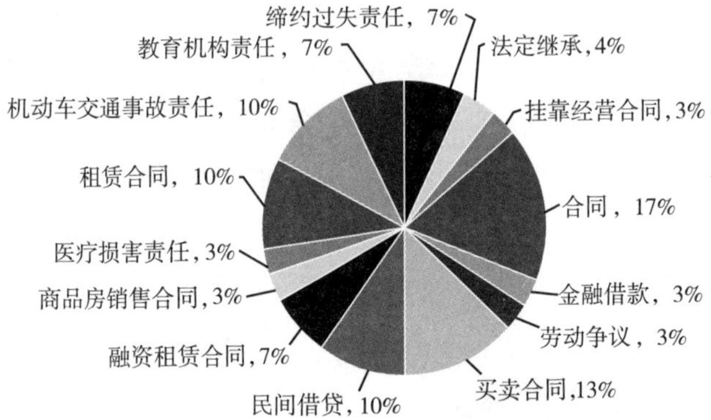

图 8　2020—2021 年 LN 法院审判委员会讨论民事案件案由统计

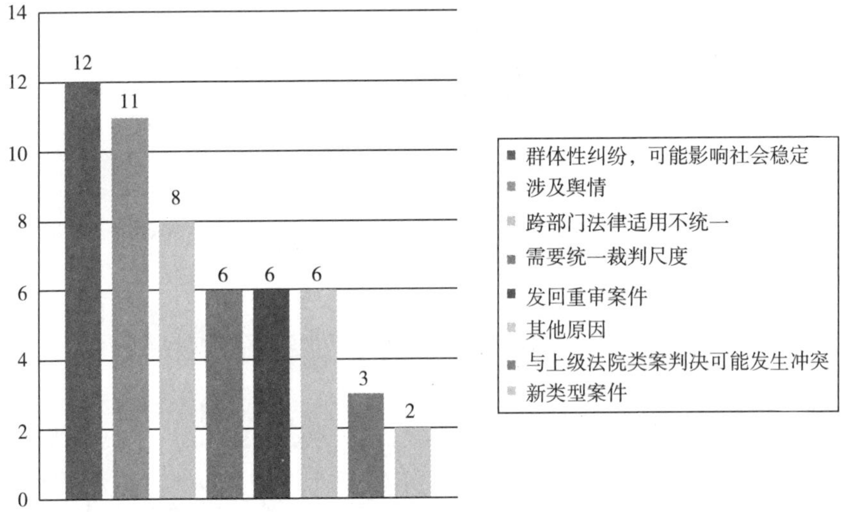

图 9　2020—2021 年 LN 法院审判委员会讨论案件启动原因

通过观察，审判委员会讨论案件存在一个共同的特性，即涉及结果裁量。基层法院基于矛盾分解、风险化解的考量，常将非法律适用问题的案件交由审判委员会讨论。普遍认为，裁判公平正义的评价标准为“实现法律效果、政治效果、社会效果的统一”，法律解释的方向常由裁量效果决定。同时，从“涉及群体性纠纷”“涉及舆情”等政治、社会因素启动原因占比较高的现状可知，司法的政治过程决定审判委员会讨论的范围超出法律适用。通过观察，当前审判委员会讨论的案件中涉及的因素可以总结划分为：政治因素、经济因素、社会因素、技术因素、环境因素、法律因素，对审判委员会讨论案件因素进行梳理可为重大疑难复杂案件识别提供参考。

政治因素具体指:国家外交、安全;本级党委、政府,上级法院督办关注。经济因素具体指:对地方经济发展具有重大影响。社会因素具体指:影响社会稳定、涉及民族宗教、利益衡量较为复杂、信访风险。技术因素具体指:对特定行业、领域及新技术、新工艺、新材料等发展具有重大影响。环境因素具体指:政策界限模糊、舆论普遍关注。法律因素具体指:法律不明确、新类型案件、法律关系复杂、法律适用疑难。

2. 类型分析——案由与重大疑难复杂案件类型分析

从上述对于发改、错案、长期未结案的数据分析可以看出,某些案由在统计数据所占比例与该类案由案件中存在重大疑难复杂案件概率呈正相关。这与上述初任法官等多识别主体的主观认识相符。但从资深法官主观经验描摹中亦可看出,资深法官对以案由区分重大疑难复杂案件不予认同,且从上述案件数据中可看出对于实践中通常认为的简单案件如借款合同纠纷中亦有不少难案。同时,普遍认为,有重大社会影响力、可能引起重大舆情的案件都能较为清晰地进行识别,不同主体在主观理解上的差异主要集中在疑难、复杂案件。因此,课题组选取上述占比较大的类型案件,并选取典型案例进行案例分析,为观察疑难复杂案件提供直观角度。

(1)借款合同纠纷。借款合同纠纷作为民事诉讼中最为常见的案由之一,各界普遍认为借款合同纠纷属于较为简单的类型。但从上述对发改案件、错案案件、长期未结案案件以及审判委员会讨论案件的实践观察来看,借款合同纠纷占比均位居前列。由于该类案件基数大,疑难复杂案件要素隐蔽性较高,识别存在较大困难,故为实践中常常遗漏识别的典型案件类型之一。课题组选取借款合同案件中的一例典型案件进行个案分析(见表6)。

表6　HH小贷公司起诉李某、彭某民间借贷纠纷

案件情况	对应要素点
2014年6月13日,HH小贷公司与李某签订《人民币借款合同》,由该公司向李某出借120万元,借款期限至2016年8月12日,后HH小贷公司将120万元支付给李某	基层法院案件中标的较大
同日,作为借款人的彭某与作为出借人的HH小贷公司签订了4份《抵押(借款)合同》,借款金额共计100万元,分别约定彭某将其名下位于南宁市江南区某小区内4套房屋作为抵押,并办理了房屋抵押登记手续	多个法律关系出现,各法律关系之间可能存在多种重叠、牵连关系
同日,HH小贷公司与彭某签订《抵押合同》,由彭某将其名下位于南宁市4处房屋为借款进行抵押担保,约定彭某应在合同签订15日内办理抵押登记,但合同中并未列明房屋具体坐落及权证信息	案件事实存在模糊区域

续表

案件情况	对应要素点
2016 年 8 月,HH 小贷公司向法院起诉,要求李某偿还借款本金 110 万元等,并以 4 份《抵押(借款)合同》抵押登记为凭,要求彭某在抵押值 100 万元范围内对被告李某的债务承担抵押担保责任	涉及其他关联案件
上述案件审理过程中,彭某对《抵押合同》中彭某的签名及指印是否本人所写、所捺印进行鉴定,鉴定意见为不是彭某所写,指印不具备鉴定条件。后 HH 小贷公司持另一份 2014 年 6 月 13 日的《抵押合同》申请司法鉴定,鉴定意见为签名字迹是彭某所写,指印是彭某右手拇指捺印形成。被告彭某对此不认可,提出多项异议。该案 HH 小贷公司以补充证据为由撤回起诉	司法鉴定出现矛盾,需对司法鉴定报告予以实证审查
2017 年 2 月,彭某根据 4 份《抵押(借款)合同》将 HH 小贷公司诉至法院,以该公司未实际发放贷款为由要求解除房屋抵押登记	涉及案外关联案件,关联案件是否对该案具有实质影响需明确
2019 年 1 月,HH 小贷公司将彭某诉至法院,要求彭某履行《抵押合同》义务,办理抵押登记,该公司认可 120 万元贷款的主合同对应的抵押担保关系并未实际办理抵押登记。故对于 2017 年 2 月彭某起诉的案件,法院以《抵押合同》与 4 份《抵押(借款)合同》系两个不同的借贷关系为由,认定 HH 小贷公司未实际发放 4 套房屋抵押对应的贷款并判决解除相应房屋抵押登记。之后,HH 小贷公司撤回 2019 年 1 月起诉的借贷纠纷案件	涉及案外关联案件,关联案件是否对该案具有实质影响需明确
2020 年 1 月,HH 小贷公司以民间借贷为由再次将李某、彭某诉至 LN 法院,要求李某返还借款 110 万元及利息,并主张彭某因未能如约履行相应的抵押登记义务而需要在 120 万元范围内对被告李某的上述债务承担连带清偿责任。 彭某主要辩称之一为:《抵押合同》中合同生效要件之一约定为办理抵押登记,故合同未生效。彭某主要辩称之二为:该案超过诉讼时效	诉讼请求中要求未履行担保责任的彭某承担连带责任,该问题未有明确相关法律依据,在司法实践中存在不同处理结果。同时,对责任范围的认定存在证据上的困难。针对彭某辩称之一,需对合同生效所附条件与合同主要义务的关系予以明确。针对彭某辩称之二,需深入理解诉讼时效制度并结合案件具体多个时间点予以确定

从该案可以看出,虽然该案表面上为一件普通的民间借贷纠纷,但其中的事实认定要素、法律适用繁多且杂乱,可谓“复杂”案件。课题组发现此案在分案时未有特殊标识,该案被随机分流至立案庭简案团队,由于承办法官经验不足,导致该案审理周

期达12个月，承办法官最终通过向其他具备丰富审判经验的资深法官请教，同时提请了专业法官会议讨论，才最终形成判决。对于此案，从原告递交的相应民事起诉状中已经能看出部分端倪。首先该案诉讼标的为120万元，诉状中亦体现出当事人在此之前产生过数次相互诉讼程序，且抵押担保责任的指向性不明。由此可见，该案在分案环节中并未引起足够重视，未对案件可能出现疑难复杂情形产生足够的预判。

（2）劳动争议纠纷。劳动争议纠纷是基层法院传统"难案"类型之一，部分法院组建专门审判团队进行审理。但对于未成立专业审判团队的法院，对劳动争议纠纷案件仍未有足够的主动识别意识，使该类案件成为常见的遗漏识别的重大疑难复杂案件类型之一。本课题选取一例典型劳动争议纠纷案件予以个案分析。

表7　原告廖某等诉被告融安JH劳务公司、广西YF水泥公司劳动争议系列案

案件情况	对应要素点
原告廖某、覃某等近80余人，主张其在2007年至2016年与融安JH劳务公司（原××人力资源服务部）以及广西YF水泥公司存在劳动关系	涉及群体性案件，且可能影响后续类似案件的裁判；原告均属于低收入群体，涉及重大民生社会问题；案件事实时间跨度长，涉及前后主体的变更、当地行政行为等因素，事实认定困难；广西YF水泥公司属于在当地较有影响力的大型企业；要求与二公司均存在劳动关系的诉请不够明确
由于广西YF水泥公司调整企业人员配置，2017年部分原告与融安JH劳务公司签订收条表示收到相关经济补偿金。原告主张非因本人意愿被中断劳动合同，致使原告无法享受失业保险待遇，二被告应向原告支付失业保险待遇损失	涉及大批量人员失业，可能影响社会稳定
融安JH劳务公司与广西YF水泥公司签订《装车劳务合同》，广西YF水泥公司主张在二被告在该案中构成的并非劳务派遣关系而是劳务承包	二被告之间的关系在证据上存在模糊性，劳务派遣与劳务承包关系问题在法律适用与司法实践中均存在不同理解与做法
系列案中部分原告存在病假、工伤等情形，各原告在失业保险待遇相关证据、经济补偿金收条具体内容上存在差别	事实认定上存在困难，系列案中的个案差别极易出现"不真正"同案不同判的舆情风险
最终法院认定各原告仅与融安JH劳务公司存在劳动关系，广西YF水泥公司无须承担各项赔偿责任	原告长期在广西YF水泥公司工作，容易对裁判结果无法理解，且融安JH劳务公司缺乏判决履行力，极易引发闹访等情况

对于上述各类问题,受理法院从系列案的外观即及时识别为重大复杂案件,直接交由承办劳动争议案件的民一庭专门进行审理。但分案时也存在标注分类不明确、疑难复杂程度认识不到位的问题,仅作为普通系列案随机分配给民一庭的年轻法官审理。由于该承办法官经验不足,对疑难复杂案件把握不到位,案件经历多次开庭审理、多次向上级部门请示汇报,最终导致系列案整体审限拉长,当事人对此产生较大情绪。之后在案件合议过程中,经过多次召开专业法官会议,方形成清晰、明确的裁判意见,避免同案不同判及错案情形的发生。

3. 重大疑难复杂案件实质识别要素总结

从上述对各识别标准的对比统计,以及对理论界、实践界中关于重大疑难复杂案件的认知,现有规范中的定义,发改率、错案率、长期未结案率较高案件和审判委员会讨论案件的共性及对具体重大疑难复杂案件个案进行多维度观察可以看到,现阶段难以识别的重大疑难复杂案件都蕴藏着法律适用难题,该法律适用难题不仅体现在法律解释及自由裁量疑难复杂案件中,而且体现在基于重大案件的社会效果考量上。

通过上述对重大疑难复杂案件不同角度识别标准以及实质要素的观察,重大疑难复杂案件实质要素包括法律模糊、标准不一、补充法律、事实解释、结果失衡、悖于常识(见表8)。

表8 重大疑难复杂案件实质要素

法律模糊	法律具有局限性和滞后性,案件涉及的法律条文规定不明确,法律规定模糊或者法律规定较原则、不具有可操作性,容易造成法律适用困难。虽然可以借鉴类似案件判决的法律适用,但仍有部分问题无法解决,此时法律适用需要借助相关法律理念和原则进行阐述,明确适用的界限
标准不一	面对案情模糊、法律适用模棱两可的疑难案件,缺乏明确法律规范的指导,在寻求其他层级法院的相关案例时,不同层级法院公示的案例或指导意见存在差别
补充法律	案件涉及的法律规定出现空白,需要法官运用智慧或法理、常识进行具有前瞻性地法律补充,又由于上级法院及基层法官对法律的理解不同,对相关理论选取不同,可能出现判决结果不一,造成某类案件发改率较高,同类案件不同判现象突出
事实解释	审判实务中的案情纷繁复杂,而最终裁判所认定的法律事实并非原生态事实,通常需要对案件相关事实进行进一步梳理、归纳及合理解释,使之符合法律构成要件。由于对案件事实解释的不同,会构成不同的法律要件,故抓住事实要点进行解释对于解决案件纠纷具有重要指导意义

续表

结果失衡	部分案件存在特殊情况，即依据案件事实本身适用法律产生的结果，有可能导致结果失衡，显失公平，或通过证据认定、举证责任分配等方式认定的法律事实，与法官内心确认的事实存在较大偏差，这一结果可能导致当事人或社会大众无法接受，这种结果失衡与法律严格的规定限制让法官不得不寻求帮助，从而探寻符合朴素公平正义理念的裁判结果
悖于常识	包括社会大众观念、社会大众接受程度在内的社会效果，亦是法官对疑难复杂案件评判标准的重要因素。对判决结果进行预判，若案件适用法律悖于常识，则裁判结果对当事人和社会的冲击程度是考量的重心

二、人民法院重大疑难复杂案件识别机制现状分析

最高人民法院《关于进一步完善“四类案件”监督管理工作机制的指导意见》中明确，各级人民法院应当结合本院实际，建立覆盖审判工作全过程的“四类案件”识别标注、及时报告、推送提醒、预警提示机制，明确各类审判组织、审判人员、职能部门的主体责任、报告义务、问责机制，并强调立案部门在立案阶段识别出“四类案件”的，应当同步在办案平台标注，提示相关院庭长。

广西壮族自治区高级人民法院《关于进一步加强“四类案件”监督管理的实施细则（征求意见稿）》中，对“四类案件”识别提出具体要求，对立案部门、独任法官及合议庭、院庭长、审判管理部门及纪检监察部门、新闻宣传部门、下级人民法院等主体提出识别的具体要求。

课题组从重大疑难复杂案件在司法实践中的识别阶段、识别方式两个角度，观察各院目前的识别机制及客观效果，重点解决重大疑难复杂案件应当在立案分案阶段予以重点识别问题。

（一）各地法院识别机制现状

1. 柳州两级法院重大疑难复杂案件识别的具体做法

表9　柳州两级法院重大疑难复杂案件识别的具体做法

法院名称	立案、分案环节识别	其他环节识别
柳州市中级人民法院	识别方式：立案分案人员人工判断识别 + 业务庭长识别 识别案件类型：重大社会影响案件、涉诉信访案件、下级法院标注疑难复杂案件等	识别方式：院庭长主动监管、承办法官审理过程中主动汇报、提请法官会议讨论、提请审判委员会讨论 识别案件类型：全部案件

续表

法院名称	立案、分案环节识别	其他环节识别
柳南法院	识别方式:立案庭分案人员人工判断识别+业务庭内勤分案人员人工判断识别 识别案件类型:重大集团案件、闹访风险案件、医疗纠纷等传统复杂案由案件,结合发回重审等程序要素等	识别方式:承办法官审理过程中主动汇报、提请法官会议讨论、提请审判委员会讨论;纪检监察室等部门收到投诉;舆情监管部门发现舆情线索 识别案件类型:全部案件
鱼峰法院	识别方式:立案庭分案人员人工识别+立案庭庭长人工识别+分管院领导识别确认 识别案件类型:行政诉讼案件、涉军案件、经高级人民法院再审检察院抗诉申诉信访案件、可能造成负面影响的首次民事诉讼案件	识别方式:承办法官审理过程中,对案件符合重大疑难复杂特征的,提请法官会议讨论或提请审判委员会讨论。纪检监察室等部门收到投诉,信访、舆情监管部门发现舆情线索 识别案件类型:全部案件
柳江法院	识别方式:立案庭工作人员人工识别+立案庭庭长人工识别+院领导人工识别确认 识别案件类型:涉诉信访案件、重大集团案件、可能造成与上级法院或同级法院裁判冲突的案件	识别方式:承办法官审理过程中,对案件符合重大疑难复杂特征的,提请法官会议讨论或提请审判委员会讨论。纪检监察室等部门收到投诉,信访、舆情监管部门发现舆情线索 识别案件类型:全部案件
柳北法院	识别方式:立案庭分案人员人工识别+立案庭庭长向分管院领导汇报识别 识别案件类型:重大社会影响案件、信访专业户案件、涉军案件	识别方式:承办法官审理过程中,对案件符合重大疑难复杂特征的,提请法官会议讨论或提请审判委员会讨论。纪检监察室等部门收到投诉,信访、检察院抗诉发现舆情线索 识别案件类型:全部案件
城中法院	识别方式:业务庭法官人工识别+主管院领导经承办人申请识别 识别案件类型:可能会造成重大社会影响案件、认为同类型案件不同法院审理造成同案不同判情形案件	识别方式:案件应诉送达过程中,从当事人后续提交的证据材料中显示案件可能会造成舆情或涉及群体性纠纷,提请法官会议讨论或提请审判委员会讨论 识别案件类型:全部案件

2. 全国 13 家法院重大疑难复杂案件识别的具体做法

课题组通过网站如中国知识资源总库、人民法院报、法制日报、广西法院内部信息网、各院官方网站官方微信公众号等,以"法院""识别""四类案件"等为关键词进行检索,从中甄选出案件识别机制具有自身特征的13家法院。本文中引用的内容均为官方网站中公开宣传、报道的内容。

表10　全国13家法院重大疑难复杂案件识别的具体做法

法院名称	识别阶段	启动程序	案件范围	识别主体
北京市高级人民法院	立案阶段	系统识别、人工识别	“四类案件”;原告或者被告相同、案由相同、同一批次受理的批量案件或关联案件;上级法院发回重审、指令再审案件,检察机关抗诉案件	立案庭
	审判阶段	人工识别		业务庭庭长
陕西省宝鸡市陈仓区人民法院	立案阶段	电脑识别	满足系统设置系数少数案件	立案庭
	审理阶段	人工识别、主动汇报	全部案件	业务庭
湖北省丹江口市人民法院	立案阶段	系统识别	满足系统设置系数少数案件	立案庭
	审理阶段	人工识别、主动汇报	全部案件	业务庭
广州市中级人民法院	审理阶段	人工识别	案件重大、疑难、复杂或者涉重大舆情等特殊情形的	承办法官
安徽省含山县人民法院	立案阶段	系统识别	满足系统设置系数少数案件	立案庭
	审理阶段	人工识别、主动汇报	全部案件	业务庭
满洲里市人民法院	立案阶段	系统识别	满足系统设置系数少数案件	立案庭
	审理阶段	系统标注	全部案件	业务庭长
三亚市城郊人民法院	立案阶段	系统识别	满足系统设置系数案件	立案庭、院领导
青海省西宁市中级人民法院	立案阶段	系统识别	重大影响、涉群纠纷、具备回避事由等7种规定情形	立案庭
	审理阶段	主动监督		业务庭庭长
江西省南昌市新建区人民法院	立案阶段	系统识别、人工识别	满足系统设置系数少数案件	立案庭
	审理阶段	主动汇报、主动监督	全部案件	业务庭、分管领导

续表

法院名称	识别阶段	启动程序	案件范围	识别主体
安徽省铜陵市义安区人民法院	立案阶段	系统识别、人工识别	满足系统设置系数少数案件	立案庭
	审理阶段	主动汇报	全部案件	业务庭
新疆维吾尔自治区岳普湖县人民法院	立案阶段	系统识别、人工识别	重大案件、疑难案件、新类型案件、影响力较大案件、破产案件、涉及未成年人犯罪案件、涉黑涉恶案件、再审审查案件	立案庭、分管院领导
山西省中阳县人民法院	审判阶段	主动汇报	重大刑事案件、影响较大的民商事、执行案件及可能跨部门案件	业务庭
陕西省子洲县人民法院	立案阶段	系统识别	满足系统设置系数少数案件	立案庭
	审理阶段	主动汇报	全部案件	业务庭、院领导

(二)各类识别机制的对比分析

从上述各院对重大疑难复杂案件的识别具体实践观察,可以总结得出当前法院针对重大疑难复杂案件识别的不同模式。

1. 以识别阶段来区分,可分为分案识别、案中识别以及全流程识别。

(1)分案识别。分案识别即审前识别,指在案件分配至具体承办人之前,在立案环节、分案环节将重大疑难复杂案件通过各种方式予以识别。

从表9、表10观察可见,被观察法院中有15家法院在立案、分案环节对重大疑难复杂案件进行初步识别,占观察法院的79%。其中通过系统自动标注方式识别的有5家,占该环节识别的33%;通过立案、分案人员人工识别主动汇报方式进行识别的有10家,占观察总数的66%。

但同时,仅有2家法院要求在分案环节必须对全部案件进行重大疑难复杂案件全面识别,仅占该环节识别法院的13%。目前分案环节予以识别的案件类型仅仅集中在群体性案件、重大涉访案件、发回重审案件等外部特征较明显的案件。立案人员、分案人员凭借其工作经验,将极少数案件通过外部表征予以识别。对之外的其他案件,在立案、分案阶段未进行重大疑难复杂案件排查识别工作,呈现出相当大的识别空白区域。目前实践中立案、分案阶段识别普遍采取的识别方式存在非常大的局限性，并非真正意义上对全部受理案件进行全面识别的审前识别机制。

对于极少数在分案环节准确识别的案件，案件从审理之初即分流至较为匹配的庭室、法官或专门合议庭进行审理，能有效地对案件质量进行把控。正向清单中如将涉及舆情的案件、涉及群体性事件的案件交由具备丰富审判及生活经验的资深法官处理；将专业化强的疑难复杂案件如部分医疗纠纷案件交由专业合议庭审理。负面清单中如将涉及婚姻、抚养且当事人情绪较为激动的案件排除未有婚姻家庭经验的年轻法官审理。

（2）案中识别。案中识别即在案件分配后、审理过程中，由法官及合议庭、院庭长、其他部门发现重大疑难复杂因素后予以识别。

从表9、表10中可见，案中识别是当前各法院对重大疑难复杂案件识别现状的主流操作模式。有89%被观察法院对重大疑难复杂案件通过不同方式进行案中识别。其中有16家法院通过人工识别、主动汇报方式进行识别，仅有1家法院通过回填系统自动进行识别。

2021年6月30日上线的广西全区法院“四类案件”监管管理平台中，设置了多个识别环节，其中除系统自动识别、立案法官识别外，其余均为办案法官、审判管理办公室、舆情、信访、办公室、纪检、监察室、庭长、分管副院长（专委）、院长启动的案中识别环节，并对识别具体流程进行了细化。同时观察到，目前案中识别主流做法仍是主动报告制度，承办法官、合议庭或院庭长、审判管理部门等主体，在案件审理过程中发现重大疑难复杂案件要素，根据一定规则主动报告，通过提请专业法官会议或审判委员会讨论等形式，对重大疑难复杂案件进行监管。

对于案中识别，课题组着重观察到以下问题。

其一，案中识别导致被迫应对。由于未在立案、分案环节对重大疑难复杂案件进行识别或有效识别，无论分案是否匹配，都导致案件在审理过程中被迫应对各种困境。第一种情况是重大疑难复杂案件分配至资深法官承办。重大疑难复杂案件分配至资深法官审理基本符合能级对应，能在一定程度上保证案件质量。但重大疑难复杂案件往往包含多个要素点，对于某些隐藏要素点，若未在立案、分案时予以标识提醒，承办法官亦可能陷入被动局面。例如，承办法官在审理某实属于集团案件的单独案件时，未获知集团案相关信息，将可能缺乏从集团案全局角度进行审理，导致同案不同判的发生，或导致其判决影响之后的集团案件审判。第二种情况是重大疑难复杂案件分配至初任、年轻法官承办。重大疑难复杂案件无论从案件本身难度抑或其他影响因素来看，均需要业务能力较强、审判经验丰富的法官方能从容应对。审判经验不足的法官办理远远超出自身能力的案件，会导致案件质量下降。从审理周期、改判发回情况、是否被认定为错案等情况来看，初任法官或年轻法官对于重大疑难复杂案件的审理效果普遍低于资深法官审理效果。具体到案件，部分初任法官对于鉴定申请、追加当事人申请、管辖异议等问题久拖不决，或因经验不足，庭审遗漏部分实体调查导致多次开庭，最终审限过长。在当前审限管理越发严格的情况下，部分法官迫于审限压力，在案件实体问题上放弃充分思考而轻易下判。

其二，案中识别启动存在随意性。由于识别的主体多为人工识别，主观性较为明显，识别人员的工作经验、能力、办案态度等有所差别，并且部分法院缺乏识别、启动等客观量化标准，导致漏报、瞒报、乱报、多报等情况发生。对于漏报、瞒报，将难案简单化处理，不利于重大疑难复杂案件质量的监管，案件质量无法保障；对于乱报、多报，其直接影响案件审理效率，浪费司法资源。

其三，案中识别后监管方式存在随意性。对于识别后是否启动案件分案流转再次分案、是否由院庭长监管、是否要求召开专业法官会议讨论等未有规范性制度要求。其中对于再次分流问题，部分法院随意启动流转机制再次分案，导致延长案件审限、降低司法效率；部分法院缺乏二次分流机制或退出机制未能落地，案中识别为重大疑难复杂的案件仍由初任法官或速裁团队审理，大大增加案件质量风险。

(3)全流程识别。全流程识别即在立案、分案、审理、合议、执行等案件全流程中均对重大疑难复杂案件进行识别。

从表 9、表 10 观察可见，有 89% 法院采取全流程识别机制，对重大疑难复杂案件实行全面识别监管。

该识别模式是现阶段各院正在积极推行的识别方式。广西壮族自治区高级人民法院对全区法院“四类案件”监督管理平台上线试运行通知中从立案法官在立案过程中、承办人在承办案件过程中，以及其他识别主体认为案件属于“四类案件”的，可直接在智慧审判系统中进行标识，也可以进入“四类案件”监督管理平台进行标识，并对此设置了多层识别机制。故全流程识别为目前重大疑难复杂案件识别的发展趋势。

但通过观察发现，全流程识别运行实际效果与制度设计理想效果存在较大差距。当前各院在全流程识别机制实践中的侧重点仍在于分案后、审理过程中等环节的识别。虽全流程识别包含立案识别这一环节，但实践中普遍未能实现全部受理案件在立案环节进行筛查识别，仍按照以往传统模式对极少数重大疑难复杂外观明显案件予以识别。当前全流程识别相当于前述观察中分案识别模式与案中识别模式的简单相加,而非真正意义上的全案范围全流程识别。

2. 以识别方式来区分,可分为电脑识别、人工识别、混合识别。

(1)电脑识别。电脑识别即通过电脑系统对重大疑难复杂案件进行识别。建设中的智慧法院为打破司法供给失衡困局提供了可能。[1] 当前,在繁简分流机制中,全国许多家法院均开始探索并付诸实践,基本确定了“智能分流为主、人工分流为辅”的趋势。其中智能分流即包含了通过智能化对案件进行识别功能。但同时,对于重大疑难复杂案件的智能识别尚处于起步阶段。如广西壮族自治区高级人民法院对全区法院“四类案件”监督管理平台于2021年6月30日开始上线试运行,启动通过系统根据规则对满足条件的案件自动标识为“四类案件”。目前,受甄别标准不明确、信息化技术水平不高等因素限制,且从智能识别工具本身来说系统开发滞后、识别要素总结梳理不够、未建立案件繁简数据库等多种因素,导致当前智能识别案件存在较大局限。这也是部分人员对智能电脑识别缺乏信心的重要原因。

(2)人工识别。该模式为目前最主流的识别方式,即通过“人”来对案件进行识别。其中在分案环节包括程序分流员、立案庭收案人员、分案庭长,其他业务庭分案庭长、内勤以及特殊案件下院领导指定分案。其他环节包括内部人员如主审法官及合议庭、纪检监察部门、信访部门,外部人员如当事人、代理人、新闻媒体、人大等其他监督机关。人工识别有一定灵活性,目前的规范性要求普遍为“主动报告”制度。但对于主观性极强的主动报告制度,未有更为周全、具体的职责清单,对于案件的识别从具体操作上、绩效考核上、案情走势上均未有明确的强制性规范,极易落入随意性、主观性的桎梏之中,使人为将重大疑难复杂案件予以识别的目的落空。

(3)混合识别。由于上述两种识别模式均具有局限性,故目前探索人工智能识别的法院均采取电脑识别与人工识别相融合的混合模式。混合模式可弥补缺陷,但目前仍在探索阶段,实际的效果还需在实践中进行检验。

(三)总结:重大疑难复杂案件应在立案、分案阶段予以识别

课题组通过对各类识别机制观察认为,在立案、分案阶段进行案件识别并分流,最有利于节约司法资源、保障当事人权利、提高司法效率和规范管理,是司法规律的内在要求,应当予以充分重视。

---

〔1〕 高一飞、高建:《智慧法院的审判管理改革》,载《法律适用》2018年第1期。

表 11 识别环节效果对比

识别阶段	主体	优势	缺点
分案环节	案件立案与分流人员智能系统	早发现、早处置；避免案件分配回转，提高司法效率，减少审判团队之间矛盾；集中识别，易于统一识别标准；“立审分离”，避免滋生司法腐败点	目前准确度不高
审理环节	承办法官及合议庭、院庭长	现场管理优势；识别精准性较高	被动应对，已产生的负面影响难以消解；引起案件分流回转，降低司法效率及司法公信力；挑战随机分案原则，留下权力寻租空间；识别启动主观性强，依赖各法官业务能力、办案经验及业务偏好
综合排查	审判管理部门、纪检监察部门、信访部门、新闻宣传部门	识别主体多样	法官容易抵触；涉及面广，日常推行存在一定困难

从表 11 对比可见，虽目前重大疑难复杂案件在分案环节进行识别存在准确度不高的缺点，但随着人工智能识别功能的精准和完善、“人工识别为辅”之下专业程序分流员等配套机制的成熟，该模式准确度不高的缺点可以很大程度上予以改善，而该环节识别的逻辑优势是其他阶段识别本身无法具备的。

1. 早发现、早处置是各类风险事件的最优处理方式。通过提前介入实现风险事件的有效监控是处置风险事件的客观规律。重大疑难复杂案件在司法裁判效果、司法审判效率上均属于高风险案件，故应遵循这一客观规律，越早进行识别越有利于对其进行监管。实践中，案中识别时常面临案情已经在舆论中发酵、部分关联案情未进行审查或合议、群体性集团案部分先行起诉案件已经作出判决出现同案不同判后果等情形。故应尽早识别及监管，避免部分案件产生负面影响后再被动应对，为联合多部门妥善处理、提前制定舆情等各类应对方案争取空间。

2. 避免案件分流回转。实践中常见简案与繁案在分配后进行相互回转的情形，这客观上增加了案件审理时长，也易造成案件管理混乱。虽当前部分法院对“繁简程序流转衔接”问题提出相应举措，但均属于弥补性措施。在分案环节最大限度地避免案件二次流转，才能从源头上解决该问题，提高司法效率，增强司法公信力。

3. 易于统一识别标准。将重大疑难复杂案件的主要识别工作交由专门分流识别人员、人工智能系统等，有利于统一识别标准，减少其他主体根据自身审判生活经验、业务能力及偏好启动识别程序的主观性、随意性。实现“人案相匹配”，最大限度地对案件进行精细化分流，保证案件质量。

4. 符合“立审分离”基本诉讼制度要求。将案件识别、分案权利回归于立案分流人员，压缩审判者在案件审理过程中获取较大挑选案件的权力寻租空间。

但从上述观察可以看到，部分法院未在立案、分案环节对重大疑难复杂案件进行识别，分案识别或全流程识别中仅对闹访、重大系列案件等极少数外观明显的案件进行识别。立案、分案环节中对重大疑难复杂案件进行全案筛查存在监管盲区。

因此，必须打破“分案时无法对重大疑难复杂案件进行识别”的思维禁锢，以发展的眼光正确认识在立案、分案阶段对重大疑难复杂案件进行识别是司法规律的内在要求，在分案阶段予以识别后将其科学分案是重大疑难复杂案件监管的重要环节。

三、近年来人民法院分案机制概况

分案是指法院受理案件之后，将案件分配到承办法官或合议庭的过程。分案是审判流程节点中的一个重要环节，是我国司法制度中的一项重要内容，也是承办法官开始为案件承担司法责任的第一步，直接影响案件当事人的诉讼行为以及相应的审判结果，同时还关系到法院对法官的管理方式以及司法廉洁和司法公信力。

分案机制的目标之一为通过把合适的案件分配给合适的法官审理，实现人力资源管理意义上的“能级对应”。对于重大疑难复杂案件而言，通过科学合理的分案机制，确保案件办理的质量。分案的过程就是寻找能级对应的承办法官的过程。从保证案件质量的角度出发，承办法官的司法能力比办理案件所需的能力高出越多，该案件得到保质保量审理的概率也就越大，反之则越小。

（一）各地法院分案机制现状

法院按照制定好的规则对案件分配的一种司法制度，即分案制度。对于分案制度的历史沿革，大致如表 12 所示。

表 12　近年来我国分案制度列举

颁布日期	规范名称	分案制度
2015 年 2 月 4 日	最高人民法院《关于全面深化人民法院改革的意见——人民法院第四个五年改革纲要(2014—2018)》	完善分案制度被列为优化人民法院内部职权配置的一项重要内容,并首次提出实行"随机分案为主、指定分案为辅"的案件分配制度
2016 年 9 月 12 日	最高人民法院《关于进一步推进案件繁简分流优化司法资源配置的若干意见》	提出各级人民法院科学制定案件分流规则,采取"随机分案为主、指定分案为辅"的分案方式
2017 年 7 月 25 日	《最高人民法院司法责任制实施意见(试行)》	各级人民法院应当健全"随机分案为主、指定分案为辅"的案件分配机制。根据审判领域类别和繁简分流安排,随机确定案件承办法官。有下列情形之一的,可以指定分案:(1)重大、疑难、复杂或者新类型案件,有必要由院庭长承办的;(2)原告或者被告相同、案由相同、同一批次受理的 2 件以上的批量案件或者关联案件;(3)本院提审的案件;(4)院庭长根据个案监督工作需要,提出分案建议的;(5)其他不适宜随机分案的案件。指定分案情况,应当在办公办案平台上全程留痕
2021 年 11 月 4 日	最高人民法院《关于进一步完善"四类案件"监督管理工作机制的指导意见》	立案阶段识别标注的"四类案件",可以指定分案。审理"四类案件",应当依法组成合议庭,一般由院庭长担任审判长,并根据案件所涉情形、复杂程度等因素,综合确定合议庭组成人员和人数。 案件进入审理阶段后被识别标注为"四类案件"的,院庭长可以根据案件所涉情形、进展情况,按权限决定作出下述调整,调整结果应当及时通知当事人,并在办案平台注明原因:(1)由独任审理转为合议庭审理;(2)调整承办法官;(3)调整合议庭组成人员或者人数;(4)决定由自己担任审判长

从上述最高人民法院分案机制的意见中关于重大疑难复杂案件的分案制度指导意见来看,其均以"可以指定分案"为整体方向,但均未明确分案主体以及具体的操作路径,未进一步细化分案规范,以致在实践中出现与普通案件共同随机分案、不规范

指定分案等大量不同方式、不同程度的具体应用,各类操作模式并行,分案机制呈无序状。同时,虽各指导意见均提出指定分案情况应当在办公办案平台上全程留痕,但从实践观察中可见,相当多法院不经过办案平台径直指定分案。

2021年11月4日发布的最高人民法院《关于进一步完善"四类案件"监督管理工作机制的指导意见》中提出,对立案阶段识别标注的"四类案件"可以指定分案,对案件进入审理阶段后被识别标注为"四类案件"的,院庭长可以进行调整。同时明确院庭长应当根据《法官法》第9条的规定按照职务权限对"四类案件"按权限调整分案。一方面,由于该指导意见为2021年11月发布,实践中,各院针对该指导意见精神作进一步细化规定的在探索;另一方面,该指导意见中的"可以指定分案""综合确定合议庭组成人员""院庭长按权限作出调整""在分管领域、职务权限范围内,按工作程序调整分案"等仍属原则性、框架性描述,未解决实践中"如何指定""如何调整"的问题,有待各地方法院根据本院实际情况做进一步完善(见图10)。

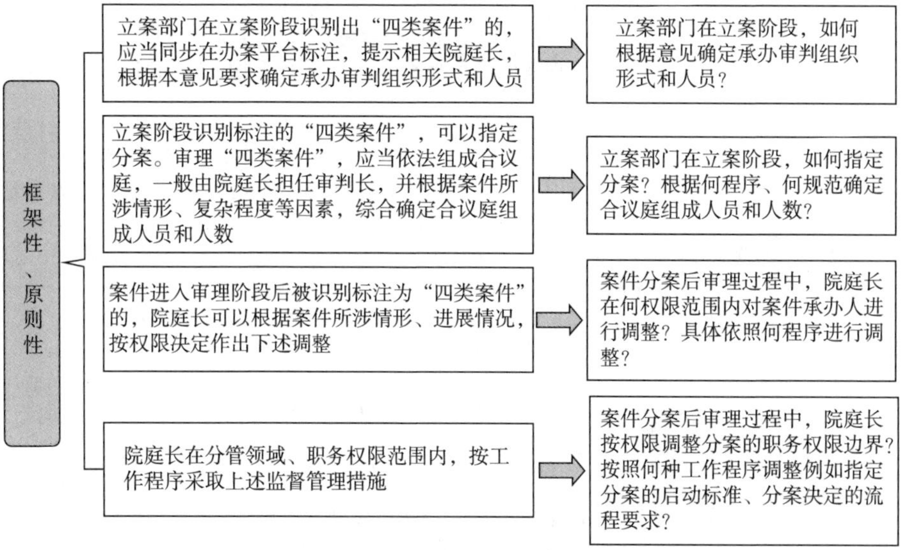

图10 最高人民法院《关于进一步完善"四类案件"监督管理工作机制的指导意见》中对指定分案提出框架性、原则性要求及实践问题

因此,为反映出重大疑难复杂案件分案机制的实然状态,本课题以柳州市6家中基层法院以及全国13家法院为观察样本,以随机分案以及指定分案两种模式为观察角度,观察在目前"随机分案为主,指定分案为辅"的分案机制框架中,对于各院重大疑难复杂案件分案制度运行实践效能进行实证分析,形成如下观察内容(见表

13、表14)。

1. 柳州两级法院案件分流的具体做法

表13 柳州两级法院分案的具体做法

法院名称	分案人员	分案的具体做法
柳州市中级人民法院	程序分流员(法官或者法官助理担任)	总体分案方式:案件立案登记后,由程序分流员根据当事人提交的材料,根据案件类型、法律关系、双方争议点以及是否需要评估鉴定等因素综合考量,初步断定案件分流;诉前调解阶段,对调解不成功案件进行标记,根据调解人员标注的信息繁简分流后,再行立案、分案。 建立民商事案件繁简转化和简案退出机制。速裁团队收到案件后,在一定处理期内,再次甄别案件情况,发现案件不属于速裁案件的,启动退出机制,由程序分流员重新分流案件至相应的业务庭审理。 建立要素式立案登记制度,通过立案时引导当事人填写要素登记表,来进行案件的繁简分流。 重大疑难复杂案件分案方式:立案繁简分流后,将不符合速裁审理案件移送业务庭,业务庭庭长根据案件情况指定分案
鱼峰法院	立案庭诉服中心立案人员、各庭室内勤	总体分案方式:立案庭诉服中心立案人员在接受案件材料进行立案登记后,决定由何部门进行审理,区分各部门后通知各部门内勤。主要根据案由、案件标的大小、对方当事人数量、原告提供证据是否充分等进行区分。 各内勤收取案件后,根据各庭室安排,各自分案。立案庭速裁团队案件由内勤根据各个法官团队收案类型分案;民一庭由庭长亲自审核查看各个案件,再分给具体承办法官;民二庭由内勤统一分案。 重大疑难复杂案件分案方式:立案时由立案人员人工识别,汇报庭长;庭长视案件情况请示院领导;院领导视案件情况指定专人审理
柳南法院	立案庭办案团队法官、各庭室内勤	总体分案方式:立案庭速裁团队轮流(法官或法官助理)在所对应的收案轮次期限内,在期限内立案案件中挑选符合速裁审理的案件,并由立案庭内勤把控在全院案件数下速裁案件的整体占比。对于不符合速裁审理案件,由立案庭内勤通知其他业务部门内勤。 业务庭各内勤收取案件后,根据各法官存案数量以及各法官轮流收案顺序按序分案。 重大疑难复杂案件分案方式:立案时由立案人员人工识别,汇报庭长;庭长视案件情况请示院领导;院领导视案件情况指定专人审理

续表

法院名称	分案人员	分案的具体做法
柳北法院	立案庭、业务庭庭长	总体分案方式:立案工作人员收案时通过自己收案经验以及相关规定,将案件进行区分,立案工作完成后将案件分至立案庭以及各业务庭。 各业务庭按照员额法官存案件数,轮流随机分案,案件一经分至法官手中不得更换承办人。 重大疑难复杂案件分案方式:立案工作人员立案时,将案件报庭长,由庭长请示分管领导指定分案
城中法院	立案庭、业务庭庭长	总体分案方式:极少部分立案工作人员认为案件办理难度系数不大的案件分给立案庭法官,其余案件经由立案庭分至各个业务庭。 业务庭庭长根据法官办理案件情况以及法官专业业务方向将案件指定分给有该方面办案经验的法官。 重大疑难复杂案件分案方式:指定分案
柳江法院	电脑随机分案	总体分案方式:分案对象为院长、庭长在内的39名员额法官。根据员额法官的审判专业、任务比例暂停分案情况等因素随机分案。 重大疑难复杂案件分案方式:指定分案

2. 全国13家法院案件分流的具体做法

课题组通过网站如中国知识资源总库、人民法院报、法制日报、广西法院内部信息网、各院官方网站官方微信公众号等,以"分案""法院""四类案件"等为关键词进行检索,从中甄选出其院分案制度中含有重大疑难复杂案件分案的13家法院。本文中引用的数据均为官方网站中公开宣传、报道的数据。

表14　全国13家法院分案的具体做法

法院名称	分案主体	具体方式
北京市高级人民法院	分案系统、审判执行庭室庭长、院长 有无规则 北京市高级人民法院《关于随机分案的规定(试行)》	总体分案方式:随机分案为主、指定分案为辅的案件分配机制。 (1)审判执行庭室庭长预先设置随机分案规则。(2)立案庭室在收案后,通过分案系统,将案件随机分配至相关审判执行庭室的法官,并对符合指定分案情形的案件进行信息标注。(3)审判执行庭室庭长在收到分配案件后,应对符合指定分案情形的案件进行信息补注或标注调整,并指定承办法官或合议庭成员。(4)指定分案应经院长审批确认,被授予权限的审判执行庭室庭长进行指定分案,应向院长报备。 重大疑难复杂案件分案方式:审判执行庭室庭长指定分案

续表

法院名称	分案主体	具体方式
陕西省宝鸡市陈仓区人民法院	大慧谷公司“量身定做”，随机分案配平台、立案庭 **有无规则** 各法官办案任务数、尚在办理案件数、所审结的案件难易程度	总体分案方式：综合考量各方面因素，系统分析法官安全权重比合理分配案件。 具体操作：通过法院系统与分案系统相连通，评估法官办理同类型案件周期、法官当月结案率以及上月结案率、该法官收案难易程度等三方面因素，综合考量再分发案件给权重最小的员额法官。 重大疑难复杂案件分案方式：系统按权重自动分配
湖北省丹江口市人民法院	摇号机、立案庭 **有无规则** 《丹江口市人民法院案件随机分配办法》	总体分案方式：(1)由立案庭将新收案件随机分号排序；(2)将对应序号放入摇号机，院领导牵头、各员额法官共同参与摇号；(3)按照摇出的数字号码现场随机领取了自己应承办的案件。 重大疑难复杂案件分案方式：立案庭一次随机分案
广州市中级人民法院	立案庭、法院信息管理系统随机分案、院领导 **有无规则** 广州市中级人民法院《关于随机自动分案工作的若干规定(试行)》	总体分案方式：(1)民商事案件通过电脑随机自动分案。根据各业务庭收案范围在当日内即时确定承办业务庭，再由电脑依据业务庭员额法官人数、各员额法官办案系数、累计收案量和存案量以及专项合议庭设置情况，将案件通过法院信息管理系统随机自动排定主审法官。(2)对随机自动分配的案件，业务庭认为不属于本部门职责范围的，根据有关规定，由立案庭组织有关审判庭协商确定，协商不成的，由立案庭按审批流程呈报院领导以确定案件的审理部门。(3)案件重大、疑难、复杂或者涉重大舆情等特殊情形的，主审法官可在分案系统中申请变更主审法官，并详细填写申请变更理由，经审批准予变更主审法官的案件，除因特殊案由直接指定主审法官的以外，应及时退回分案系统，并由立案庭在该业务庭其他员额法官内由电脑重新随机自动直接确定主审法官。业务庭不得自行直接确定主审法官。 重大疑难复杂案件分案方式：随机分案后，审判庭认为案件属于重大疑难复杂案件的，立案庭组织审判庭协商确定；协商不成的，由立案庭按审批流程呈报院领导以确定。主审法官在分案系统中申请变更主审法官，除因特殊案由直接指定以外，应及时退回分案系统，并由立案庭在该业务庭其他员额法官内由电脑重新随机自动直接确定主审法官。业务庭不得自行直接确定主审法官

续表

法院名称	分案主体	具体方式
安徽省含山县人民法院	分案系统、立案庭 有无规则 员额法官数量和专业知识结构、主要案由、平均收结案数	总体分案方式:(1)收集近3年该院收案相关案由以及当期案件平均结收案件数;(2)结合员额法官数量、专业知识结构、常办案件类型、复杂难易程度决定;(3)调整各业务庭员额法官团队分配,结合法官办案系数和权重的基础上自动随机分配案件。 重大疑难复杂案件分案方式:系统按照法院办案系数及权重自动随机分案
满洲里市人民法院	电脑统一业务应用系统内的新模式随机分案、立案庭庭长 有无规则 《满洲里市人民法院随机分案管理制度(试行)》	总体分案方式:(1)分案模式按照"循环分案为主,手工调案为辅"的原则;(2)通过系统填写新收案件大致情况,同时员额法官受案前在系统内填写个人当月报已案件结收情况、日常收案类型、同类型案件结收平均周期、有无重大疑难案件情况等,经系统评定后随机分案;(3)因回避、病假等客观原因需要调整承办人或其他合议庭成员的,由庭长根据工作需要调整,但需在办案系统中留痕。 重大疑难复杂案件分案方式:依据预填案件信息经系统评定后随机分案
三亚市城郊人民法院	智能分案系统 有无规则 扁平化分组分案、系列案分案、分案折算、指定分案等各种分案规则	总体分案方式:(1)通过智能分案系统,满足法院分案业务需求,充分利用和发挥审判系统基础数据优势,实现扁平化分组分案、系列案分案、分案折算、指定分案等各种分案规则,并全程留痕。让审判经验丰富的法官办理重大疑难案件,让普通法官办理难易均衡的案件,让矛盾纠纷多元化解机制分流部分简单案件。(2)根据法院分案业务需求,充分利用和发挥审判系统基础数据优势,结合各类型案件分案习惯,随机分案。(3)案件确需人为介入操作分案,由立案庭庭长同意后再次分案,并做到全程留痕。 重大疑难复杂案件分案方式:通过智能分案系统,让审判经验丰富的法官办理重大疑难案件;再次分案由立案庭庭长同意
青海省西宁市中级人民法院	电脑随机分案、立案庭庭长、业务庭庭长、院领导 有无规则 《随机自动分案实施办法(试行)》	总体分案方式:(1)适用于青海省西宁市中级人民法院受理的全部案件;(2)根据法官的办案指标和未结案件数,电脑系统自动计算法官的工作量,根据法官在办工作量的情况,由程序随机确定案件承办人;(3)只有重大影响、涉群纠纷、具备回避事由等7种规定情形,才能由立案庭或者业务庭负责人进行手工调整或者上报院领导,由院领导根据实际情况指定法官审理。 重大疑难复杂案件分案方式:立案庭或者业务庭负责人进行手工调整;院领导指定分案

续表

法院名称	分案主体	具体方式
江西省南昌市新建区人民法院	立案庭、院领导 有无规则 信息化助推案件管理、实行一次分案、“小定向、大随机”分案	总体分案方式：(1)员额法官加强案件流程节点的提醒、跟踪、管理，坚决杜绝长期未结案件，规范裁判规则，做到同类案件同判；(2)提高分案透明度，立案庭立案后直接分案到员额法官，去除中间各庭室内勤的流转，由“分案到庭”向“分案到人”；(3)建立随机分案为主、指定分案为辅的分案机制，结合普通法官 100%、院长 10%、入额的其他院领导 50%的办案比例要求，定向分案，庭室内部员额法官由电脑按照办案系数随机分案，同时，分管业务的院领导可以根据申请或者依照职权将重大、疑难、复杂、新型案件指定分配给庭长、副庭长等资深法官承办。 重大疑难复杂案件分案方式：立案、审判庭人员识别后主动申请分案；院领导依申请或依职权指定分案
安徽省铜陵市义安区人民法院	电脑软件分配案件 有无规则 《铜陵市义安区人民法院案件分配办法(试行)》	总体分案方式：所有案件实行随机分案为主、指定分案为辅的案件分配制度。(1)立案庭将案件录入数字法院业务应用系统后，通过电脑系统预设信息自动随机确定承办法官，除疑难复杂案件、系列案件等 4 种情形可以指定分案，其他案件全部参与系统自动分案；(2)指定案件分案类型案件，由立案庭庭长与各业务庭庭长共同商议决定分案方式，个别疑难复杂案件上报院领导，由领导指定法官负责；(3)自动分案范围为刑事、民商事、行政、执行等案件，分案对象包括院长、庭长在内的 32 名员额法官。 重大疑难复杂案件分案方式：立案庭庭长与各业务庭庭长共同商议决定分案方式，个别疑难复杂案件上报院领导，由领导指定法官负责
新疆维吾尔自治区岳普湖县人民法院	电脑、院领导 有无规则 结合该院审判执行特点和案件的不同性质，设定分案规则	总体分案方式：(1)电脑随机分案与人工指定分案相结合。根据案件类型、收案时间先后等标准，在刑事、民事、行政等审判团队内，进行随机平均分配。同时，诉讼服务中心根据收案数、结案数、存案数、结案率等指标，对结案多、存案少的审判人员，实行优先分案。(2)专业化审判与非专业化审判相结合。将重大案件、疑难案件、新类型案件、影响力较大案件、破产案件、涉及未成年人犯罪案件、涉黑涉恶案件、再审审查案件及院长认为应当指定分案的案件，确定为专业化审判案件，交由经验丰富的专业审判团队进行审理，确保审判效率和案件质量。对于其他非专业类型案件，在各审判人员间采取“发牌”式循环分案，实现各审判人员在办案数量和难度上的基本均衡。(3)对疑难繁杂案件，交由院庭长承办，或参加合议庭审理。 重大疑难复杂案件分案方式：指定分案，交由经验丰富的专业审判团队进行审理；对疑难繁杂案件，交由院庭长承办，或参加合议庭审理

续表

法院名称	分案主体	具体方式
山西省中阳县人民法院	立案庭、电脑系统 有无规则 《中阳县人民法院分案工作规则(试行)》	总体分案方式:(1)案件立案后,立案部门根据各审判执行业务部门所负责的相应案件类型及专业,将案件分配至各部门,由各部门负责人将案件顺序循环分配给本部门各承办法官。(2)对于符合规定情形的案件,可以由院庭长指定分案或重新分案。重大刑事案件,影响较大的民商事、执行案件及可能跨部门指定分案的,应经院长批准后指定,并在办公系统留痕。 重大疑难复杂案件分案方式:由院庭长指定分案或重新分案;跨部门指定分案的,应经院长批准后指定
陕西省子洲县人民法院	大慧谷公司开发的案件随机分配平台 有无规则 根据法院庭长承办案件比例的不同设定相应的系数,确保员额法官办案数量达到规定的标准	总体分案方式:(1)以随机分案为主,指定分案为辅分案机制;(2)立案庭根据案件性质将案件录入指定分案系统,并一次性分发到相应庭室,系统再根据对应庭室预留员额法官对应收案数据信息,随机将案件分案给各个员额法官;(3)系列案及特殊疑难复杂案件为可以手动微调类型,由立案庭负责人根据实际情况,分发给相应符合条件的员额法官;(4)其他确需层报请主管院领导审批的案件,也需全程网上留痕。 重大疑难复杂案件分案方式:手动调整,由立案庭负责人根据实际情况指定分案;部分案件由主管院领导指定分案

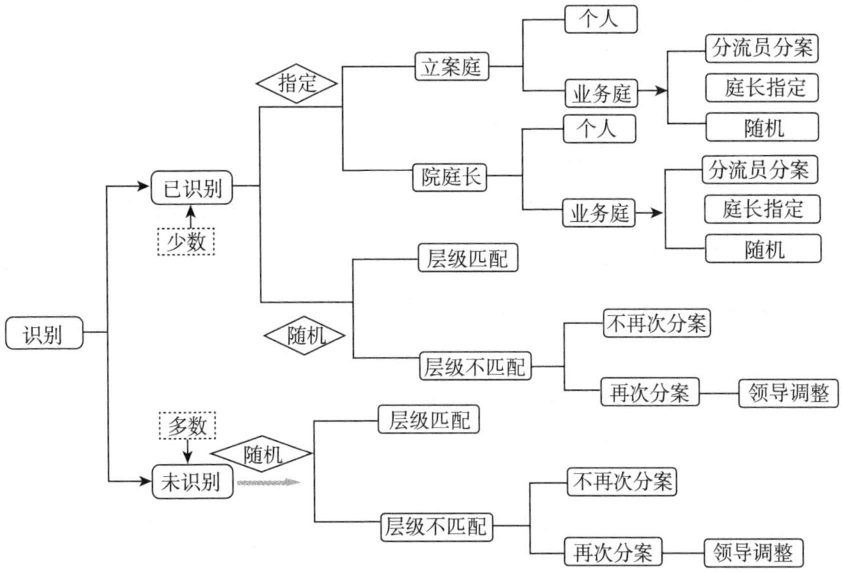

图 11　当前重大疑难复杂案件各类分案模式

（二）各类分案机制的类型分析

通过上述观察，各院在分案机制上存在一定差异，也取得一定经验。通过对比观察，课题组在"随机分案为主、指定分案为辅"的总原则下，对随机分案、指定分案的两种模式进行统计和总结分析。关于分案各院的做法基本有以下三种模式，可总结为随机分案、指定分案及混合型分案机制。在这三种模式下又存在具体不同的操作方式。

1.随机分案包括电脑系统随机分案、立案庭分案、轮流分案、摇号分案

（1）电脑系统随机分案。电脑系统随机分案是指通过电脑系统中预先设定好的分案规则，在案件受理后，分案人员将受理的案件输入法院电脑信息管理系统内，再通过电脑审判系统进行排序、编号，随机将案件分配给不同的法官该方法具有客观、操作简单的特点，对于法院提高审判质效具有十分重要的作用。

据观察，虽然被观察法院中有8家法院实行电脑系统识别分案机制，约占被观察法院总数的62%，但是仅有三亚市城郊人民法院研发的"智能分案系统"对包括重大疑难复杂案件在内的案件层次予以区分进而差别化分案，绝大部分法院未进行案件层次化区分而纯随机分案，以事后调整机制对案件质量进行把控。同时，虽然要求对全部受理案件均通过系统进行分案，但是由于受甄别标准不明确、信息化技术水平不高等因素限制，对重大疑难复杂案件的识别力度较弱，当前绝大部分电脑系统随机分案存在"人案"匹配度不够精准等问题，尚停留在单一随机功能，对重大疑难复杂案件的识别仍多依靠人工完成，电脑系统识别分案作用有限，有待案件层级化区分功能完善。同时各院自行委托企业研发系统，未形成集约统一平台。

（2）立案庭分案。立案庭分案模式适用较为广泛。这里特指立案庭专门的程序分流员分案、负责收案立案的工作人员兼任分案两种情形。实践中一种操作模式为立案庭"一次性分案"，即案件直接分到个人，负责分案的工作人员根据不同的业务庭和法官人员的具体情况，将案件直接分配给承办法官或合议庭。另一种操作模式为"二次分案"，即分流员将案件划分至各庭室，由各庭室根据庭室分案规则进行分案。

但是，无论是以上何种模式，立案庭分案实质上仍属人工识别后由分案人员自行分案，对分案人员的自身素质和自觉性是一种考验，分案模式较为模糊、主观。该模式虽然符合"立审分离"的要求，但是在缺乏明确的分案规范的情况下，极易产生分流人员不主动识别重大疑难复杂案件而随机分案的情形。

（3）轮流分案。轮流分案模式也是当前法院分案机制的常见模式之一，属于随机

分案的范畴，指法院通过案号和预先排好承办法官的顺序，将案件轮流分配给承办法官。轮流分案模式使法官的案件数量保持平衡，对法官业绩考核较为公平，但轮流分案并未考虑法官个人办案能力，亦未考虑案件难易程度，对于重大疑难复杂案件未进行区分，无法利用该分案模式对重大疑难复杂案件进行分案监管。

(4)摇号分案。摇号分案模式是个别法院的一种特殊随机分案模式。摇号分案模式本质属于随机分案模式，与轮流分案模式类似，无法对重大疑难复杂案件的识别分配予以规制。

2. 指定分案包括专人指定分案、按类型分案、挑案分案

(1)专人指定分案。这里的专人指定分案指的是立案庭分流员指定分案以及院庭长指定分案。

指定分案可以兼顾法官个人能力、案件类型以及复杂程度等因素，在一定程度上可以实现法官能力与案件审判的协调，将案件相对妥善地分配至合适的承办人，有利于强化对特殊个案的重点监管，保障案件质量，符合当前对重大疑难复杂案件“可以指定分案”的制度要求，因此成为当前重大疑难复杂案件指定分案的常见模式。

院庭长分案是“指定分案”的主流类型。此处的院庭长分案包括立案庭正副庭长在繁简分流机制中分案，庭室领导在本庭内指定法官或合议庭收案，还包含院领导对于极少数案件直接指定专人收案以及在案件审理过程中调整承办人或合议庭人员。但通过实践观察，各院对于指定分案具体规则普遍未有规范性文件要求，常仅由院庭长个人决定将案件径直分配至案件承办人。对“如何指定分案”问题未有进一步探讨，其中关于指定分案工作程序例如指定分案启动的标准、分案决定的流程、职务权限的范围等未有透明化、规范化的制度规范。在指定分案缺乏客观约束的情况下，难以保证案件分案环节的公平、公正、公开，极易出现“人情案”“关系案”，产生根据亲疏分案等司法腐败风险。同时，由院庭长掌握案件分配权，其本身的主观因素会影响案件的分配，从而间接影响案件的具体审判、人员的绩效评定，运行过程中行政化色彩浓厚。从承办法官的角度考虑，在人为指定难案的情况下容易产生抵触心理，不利于激发法官的工作积极性。

同时观察到，员额制改革后，院庭长办案职责空前强化，办案数量有硬指标，院庭长在繁重的行政管理事务以及办案职责的双重压力下，难以对指定分案分配过多的精力而将部分指定分案的权限交由特定的分流员，分流员在未有明确的指定分案规则情况下，极易出现分案不匹配等监管漏洞。

(2)按类型分案。按类型分案是目前较为常见的分案方式，指分案人员根据案件

的类型,指定某一类案由案件由专人或专门合议庭审理,常见的案由有劳动争议纠纷、建设工程施工合同纠纷等。这种分案模式是在总结以往审判经验的前提下,对于专业性强、技术难度大的案由类型集中审理,往往此类案件中包含的重大疑难复杂案件数量占比大,通过集中审理,由经验丰富的资深法官负责且在长期办理同类案件过程中继续积累相关经验,可以有效保证案件的质量,使该法官成为该类案件的专家型法官。

但同时,由于基层法院案件类型多,仅能在少数案由类型上实行按类分案,对于其他类型案件中重大疑难复杂案件未能有效科学分案。同时,未进一步对该指定类型案件中重大疑难复杂案件予以区分并科学分案监管。故现阶段的按类型分案仅能作为重大疑难复杂案件的初步分案模式,有待进一步细化。

(3)挑案分案。挑案分案包括立案庭作简单分流再由速裁法官挑出简案自行办理和直接由速裁法官挑出简案自行办理。这两种方案其实都是由速裁团队掌握收案的最终认定权,以速裁团队或法官代替立案分流。当前,由速裁团队挑选简案可以弥补程序分流员配备不到位或不专业、智能分案不成熟等方面的不足。但其缺点也不容小觑,此方式不符合“立审分离”的基本诉讼制度要求,有悖诉讼程序正当性,存在损害当事人权利的制度风险,且无法涉及重大疑难复杂案件的分案。

3. 混合型分案机制

混合型分案机制是指包含随机分案,同时也包含具有“补充”性质的指定分案的一种混合式分案机制。这一分案模式符合“随机分案为主、指定分案为辅”的案件分配机制的要求。目前该分案模式具体操作普遍模式为:在法院受理案件之后,立案庭通过预先设定的系统或随机分案的规则,将案件随机地分配给有关庭室的法官;同时将识别出的不宜随机分案的案件进行区分标记,然后院庭长指定案件承办人。通过观察,该模式针对重大疑难复杂案件的分案仍主要通过指定分案环节进行。

综上,通过观察,分案机制中重大疑难复杂案件的分案规则在“可以指定分案”这一模糊的高层设计指导下,各院对重大疑难复杂案件分案自主操作空间极大。各院的分案具体操作无论是随机分案、指定分案还是混合型分案,均并未对重大疑难复杂案件的分案规则进行细化,或仅表述为“指定分案”“由院领导指定分案”等笼统表述。重大疑难复杂案件的具体分案规则在实践中呈现空白,未有专门的分案规则对该问题予以规范。部分法院仅设置繁简分流规则,未观察到针对重大疑难复杂案件分案的具体规范操作实践。

2021 年 6 月 30 日上线的广西法院“四类案件”监管管理平台,对重大疑难复杂案件要求全面监管。但课题组观察到，该监管平台着重解决的是案件标识以及分案后审理过程中识别监管问题，关于分案仅描述为“案件分案后”，未对案件分案规则作详细要求及设置（见图12）。

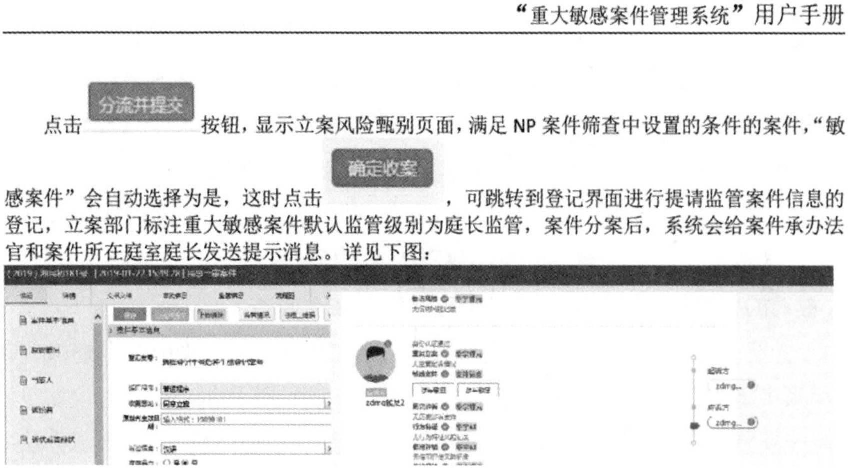
“重大敏感案件管理系统”用户手册

点击 分流并提交 按钮，显示立案风险甄别页面，满足 NP 案件筛查中设置的条件的案件，“敏感案件”会自动选择为是，这时点击 确定收案 ，可跳转到登记界面进行提请监管案件信息的登记，立案部门标注重大敏感案件默认监管级别为庭长监管，案件分案后，系统会给案件承办法官和案件所在庭室庭长发送提示消息。详见下图：

图 12　广西法院“四类案件”监管管理平台截图

（三）重大疑难复杂案件分案的三种模式

通过对上述三种分案模式的观察，三种分案模式均未明确包含重大疑难复杂案件的分案规则。对当前分案机制中重大疑难复杂案件分案实然情况予以归纳总结，主要存在以下三种分案模式。

1. 主动的分案模式——仅集中在集团案、闹访案、发回重审案等极少数案件

主动分案的案件类型仅集中在部分特征明显、传统类型的极少部分案件，如群体性纠纷集团案件、有反复闹访及投诉史的个别当事人案件、结合案卷厚度及传统难案案由等具有复合要素的案件。对于此类案件，由于实践中未能严格按照分案办公系统留痕要求进行操作，亦鲜有专门台账对此进行专门统计，本课题组未能确定在分案环节对重大疑难复杂案件进行识别的具体案件数，这亦从侧面反映出法院关于重大疑难复杂案件识别分案机制不完善。但从各院调研走访的情况反馈，分案人员或其他部门发现后主动分案的案件数占全院收案数的比例极低，几乎仅集中在上述极个别案件。

主动分案的分案主体主要集中在立案庭。另外，纪检监察部门在日常接受举报、信访的过程中，发现部分当事人存在闹访、缠访风险的，以及研究室、信访办公室等综

合部门在新闻宣传及舆情监督过程中发现本院处于正在受理环节的案件属于引发舆情风险及社会普遍关注的案件，与立案庭等分案部门沟通后，确认为重大疑难复杂案件后，及时进行针对性分配指导或提请院庭长进行分配。

主动分案的具体操作模式有电脑系统自动识别分案及指定分案两种。其中电脑自动识别分案由于部分系统设置不够完善，存在“人案”匹配度不够精准等问题。对于指定分案，缺乏明确的具体制度予以规范。对分流人员而言，识别后是否提请院庭长指定分案、是否有针对性进行直接分案、是否对庭室二次分流员予以提醒或标注等程序问题普遍未有规范性要求，随意性较大；对指定分案的院庭长而言，亦无公开制度规范可遵循，未能达到可视化管理。实践中，对少数重大疑难复杂案件特殊分案后，仍有较多重大疑难复杂案件流向速裁团队或初任法官。

2. 被动的分案模式——分案后于审理过程中被动调整

由于立案分案环节予以识别的案件数量有限，主动分案仅集中在上述极少部分案件，相当多未被识别的重大疑难复杂案件被随机分配到承办法官或合议庭。实践中，法院能够意识到能级失衡以及被迫应对所导致的一系列问题，因此当承办法官及合议庭、院庭长、审判管理部门等发现已经被分配至速裁庭或审判经验不足的初任法官审理的案件存在重大疑难复杂因素，或部分特殊案件需由院庭长亲自审理时，为保证案件质量，根据案件的具体情况及各院的分案流转机制，被动地将案件进行再次分流。

对于被动分案（二次分流）机制，课题组观察发现各院的操作模式存在两极化特征。一方面，部分法院未有二次分流机制，对于分案后识别为重大疑难复杂的案件仍由原承办人审理，或虽有相关规定允许案件二次流转，但流转机制形同虚设，实践中几乎未有具体操作，常面临庭室壁垒等现实困境，重大疑难复杂案件质量难以保证。另一方面，部分法院的二次流转机制过于宽松，流转过于频繁。由于在分案之初未对案件进行重大疑难复杂要素识别或有效识别，大量案件涌入速裁团队而随意启动二次流转机制，导致大量案件出现程序回转、审限延长等降低司法效率的情形，影响案件审理的稳定性。案件流转未有科学规范标准，未在有效监管之下，极易导致案件流转主观性过大，有悖于程序正当性，存在损害当事人权利的制度风险。同时，在未有统一明确的流转标准情况下，案件大量流转将引起速裁团队、简案团队与难案团队之间的矛盾，留下权力寻租空间，最终影响案件分流的效率和准确性。

3. 繁简分流分案模式——繁简分流对重大疑难复杂案件分案的模糊作用

最高人民法院《关于进一步推进案件繁简分流优化司法资源配置的若干意见》就

进一步推进案件繁简分流、优化司法资源配置提出要求，重点在于“该繁则繁，当简则简，繁简得当”。基于该指导意见，各院基本确定了繁简分流的基本分案原则，在案件分案时，应将繁案与简案进行区分。

该分流机制从制度逻辑上而言属于案件识别与分配机制，故实践中较常将繁简分流机制认为是重大疑难复杂案件分案机制。对此，本课题对实践中各法院繁简分流机制运行进行调查，特别针对繁简分流机制下包含重大疑难复杂案件的繁案分流情况进行观察。

(1)全国13家法院繁简分流及针对重大疑难复杂案件再次分流的具体做法如表15所示

表15　全国13家法院繁简分流工作内容

法院名称	繁简分流具体内容	是否包含重大疑难复杂案件分流
北京市高级人民法院	优化司法确认程序；完善小额诉讼程序；完善简易程序规则、扩大独任制适用范围；健全电子诉讼规则	否
陕西省宝鸡市陈仓区人民法院	加快适应简易案件数量大，做到短、平、快处理各类案件；加快设计简易案件格式化、标准化法律文书样式，提高办案质量和效率；做好诉调对接工作，积极构建多元化矛盾纠纷调解体系	否
湖北省丹江口市人民法院	快速识别案件类型，优化、精简立案程序；健全多元化纠纷解决机制和诉讼服务中心建设	否
广州市中级人民法院	贯穿司法体制综合配套改革；优化机制配置；完善案件流转机制；打造系列性或群体性民事案件的审判模式	否
安徽省含山县人民法院	扩大简易程序适用范围；开展诉调衔接工作，实行“一站式”服务	否
满洲里市人民法院	加强诉前指导引流，设置专人导诉台；完善简易案件审判流程，简化裁判文书；完善多元化纠纷解决机制	否
三亚市城郊人民法院	构建“分调裁审”网上分案平台，案件层级化识别分流；优化简易程序案件文书模块；提升速裁团队审判、诉前调解技能	是
青海省西宁市中级人民法院	完善繁简分流的原则标准；建立繁简甄别分流机制；积极适用简易程序；优化审判流程	否

续表

法院名称	繁简分流具体内容	是否包含重大疑难复杂案件分流
江西省南昌市新建区人民法院	加强组织领导;制订工作方案;配备速裁团队;调解团队	否
安徽省铜陵市义安区人民法院	规范流程选择机制;规范诉调对接机制;规范专业联动机制;规范动态管理机制	否
新疆维吾尔自治区岳普湖县人民法院	明确标准,扩大简易程序适用范围;坚持调解;专类审理,培养高素质复合型法官	否
山西省中阳县人民法院	未观察到具体操作模式	
陕西省子洲县人民法院	分调裁审流程化,推广诉前多元化解;简化裁判文书	否

(2)当前繁简分流机制与重大疑难复杂案件识别分案的关系

其一,从二者制度设计目的角度分析,最高人民法院于2020年1月15日制定《民事诉讼程序繁简分流改革试点实施办法》,明确推行繁简分流改革的目的为深化民事诉讼制度改革,推进案件繁简分流、轻重分离、快慢分道,进一步优化司法资源配置,全面促进司法公正,提升司法效能,满足人民群众多元、高效、便捷的纠纷解决需求,维护当事人合法诉讼权益。广西壮族自治区高级人民法院于2017年10月9日制定的广西壮族自治区高级人民法院《关于进一步推进民商事案件繁简分流优化司法资源配置的实施细则(试行)》中关于繁简分流的总体要求中指出,繁简分流是司法改革的机制性改革,对民商事案件进行繁简分流是为了科学调配和高效运用审判资源,依法快速审判分流的民商事案件;通过快速审判,提升审判效率,促进司法公正,实现均衡办案向专业办案转变。故当前各级法院对繁简分流机制设置目的可以总结为提高司法效能,强调为当事人提供便捷、快速的司法服务。加强重大疑难复杂案件的识别监管,根本在于对重大疑难复杂案件质量的把控,属于扁平化司法改革背景下重大风险防范范畴。从二者的制度设计目的可知,二者虽均包含案件的识别、分流,但当前的繁简分流机制难以实现对重大疑难复杂案件的识别与分流。

其二,从繁简分流运行的实践角度分析,一方面,繁简分流机制侧重案件的多元化解、一次解纷。2020年1月,全国人大常委会授权最高人民法院在全国范围内20

个城市的中级人民法院、基层人民法院和部分专门人民法院开展繁简分流改革试点，改革举措主要包含大力推进“诉源治理”与“多元调解＋速裁”机制有机衔接的工作模式，其中重点全面推进建设“一站式多元纠纷解决机制、一站式诉讼服务中心”，努力实现纠纷的源头化解。从该试点工作的重点内容可以看出，当前繁简分流的工作重心之一在于多元调解，在人员、经费、制度层面予以倾斜。另一方面，繁简分流机制侧重简案识别与分流。各层级法院关于繁简分流机制规范中均设置有适用小额诉讼、简案快审的案件具体范围要求，对该部分工作提出了总体要求及具体指标，并制定了具体的实施细则及标准，而并未对难案或重大疑难复杂案件的具体标准予以明确。广西壮族自治区高级人民法院《关于进一步推进民商事案件繁简分流优化司法资源配置的实施细则（试行）》中对于重大疑难复杂案件，仅在负面清单中予以体现，即该文第8条规定包含重大疑难复杂或具有重大社会影响的案件在内的12项案件类型不作为快速审判案件审理。在程序分流员具体的分流工作中，对于认为应当适用小额程序、简易程序等适宜快速裁判的民商事案件分流到立案庭审理，但对于不适宜快速裁判的案件，仅规定分流到相关业务部门审理，未要求对不适宜快速裁判的案件进行再次区分。大量重大疑难复杂案件隐藏在数量仍不少的繁案中，甚至数量众多的简案中，通过各类型分案模式，被随机分配至承办人。

（3）繁简分流仅针对“简”而非“繁”，繁简分流并非重大疑难复杂案件识别分案机制

无论从各层级、各地法院制度层面繁简分流的目标设置，抑或实践中繁简分流的具体运作来看，现阶段繁简分流均以“简案识别”“简案快审”为机制目的及运行重点。绝大部分法院目前繁简分流机制运行中仅针对简案快审，对于排除在简案之外的繁案，没有再次予以区分及分流。智能立案系统在案件录入时系统仅有“繁”“简”两个标识键，不提供任何提示或划分标准。因此，当前繁简分流工作并未“繁中识繁”，未能识别及分流出重大疑难复杂案件，繁简分流机制并非重大疑难复杂案件的识别分流机制。

（四）总结：当前重大疑难复杂案件分案机制实质空缺

首先，当前主动分案的重大疑难复杂案件数量有限，主要集中在指定分案模式，而实践中指定分案的案件仅为极少数，仍有相当多的案件通过随机分案进行分流。重大疑难复杂案件显然不适宜进行无差别的随机分案。其次，被动分案的效果效率欠佳，只能作为分案不恰当后的弥补性回转机制，而非日常分案机制。最后，当前繁简分流机制中并不包含重大疑难复杂案件的分流（见表16）。

表 16 重大疑难复杂案件三种分流模式

主动分案	数量少	仅集中在极少数外观明显的特定案件，相当比例重大疑难复杂案件无差别分案
被动分案	效果差	人案能级不匹配后，程序不回转导致案件质量风险加大，程序回转导致司法效率降低
繁简分流	不包含	繁简分流机制中并不包含重大疑难复杂案件的分流
结论	当前重大疑难复杂案件分案规范性机制在实践中实质缺失	

因此，在重大疑难复杂案件“可以指定分案”的框架性分案指导意见下，现阶段各院对重大疑难复杂案件的分案未制定细化规则，重大疑难复杂案件分案机制的实质缺失，导致实践操作中体现极强的随意性，分案效果不佳。故需要在“可以指定分案”的基础上，对当前重大疑难复杂案件的分案机制规范化问题作进一步研究，细化指定分案的具体分案规则。

第二部分 检 视 反 思

一、现实困境——分案环节缺乏重大疑难复杂案件规范化识别分案机制

在立案阶段进行案件难易层级分级识别从而分流，是最有利于节约司法资源、保障当事人权利、提高司法效率和规范管理的分案模式，是司法规律的客观要求，是加强对重大疑难复杂案件监管的重要环节。

但从课题第一部分观察来看，无论是立案分案环节进行案件识别，还是识别后具体的分案均效果不佳、操作随意，重大疑难复杂案件在该环节缺乏具体的制度规范，呈现出较高的监管风险。

（一）重大疑难复杂案件识别环节滞后

个别法院未在立案、分案环节对重大疑难复杂案件进行识别。大部分法院分案识别中仅限于对闹访、重大系列案件等极少数外观明显的案件进行识别。仅有极少数法院要求对案件在立案、分案环节进行全范围识别，且尚处于初步探索阶段。由此可见，从态度认知上和现有研究及实践中，立案、分案环节中对重大疑难复杂案件进行全案筛查识别均十分薄弱，既鲜有详细的识别标准，亦未有具体的制度规范。亟须搭建一套在立案、分案环节对重大疑难复杂案件进行精准识别，实现准确、高效、公正判断案件的繁简分级的识别机制。

（二）重大疑难复杂案件分案无序随意

现阶段各院对重大疑难复杂案件的分案未制定细化规则，仍停留在“可以指定分案”等宏观框架性、原则性要求上，分案机制实质缺失，导致实践操作中体现出极强的随意性。案件的分配作为案件进入审判的一个十分重要的环节，发挥着重要作用，故无论从法院审判资源有效配置、提高司法效率，还是从保障案件审理质量、降低司法风险的角度，均需构建一套科学化、规范化的重大疑难复杂案件分案机制。

二、重大疑难复杂案件识别分案困境的原因剖析

重大疑难复杂案件在识别、分案环节的困境，需从根本原因、制约因素多个维度进行深刻反思，方能为解决难题提供有益思路。

（一）根本原因：扁平化司法改革与重大疑难复杂案件防控之间的对立统一

1. 扁平化司法改革——分案随机性要求、法官个人本位要求

当前我国法院在体制、机制及人员结构等方面正经历着一场前所未有的改革。最高人民法院原院长周强指出“司法责任制，对于人民法院来说，就是建立‘让审理者裁判、由裁判者负责’的新型审判权力运行机制”。在此基础上，根据“让审理者裁判、由裁判者负责”以及“去行政化”的原则和精神，审判权完全由法官自主独立行使，法院内外任何主体都不得介入法官审判权的行使过程。法院内实行“扁平化”管理，从司法改革具体的实施来看，弱化行政化因素对审判过程的影响、扩大法官在审判过程中的权力等举措，从某种程度上呈现出对法官个人本位模式的趋从。

对于以上改革的精神，有学者认为法官独立是司法客观规律的要求，认为司法权是一种判断权，判断权的行使要求判断者具有亲历性。唯有法官与诉讼参与人在物理空间中直接接触，才能近距离观察、聆听各诉讼参与人的表达与表现，才能对案情作出正确的判断，诉讼法上的言词原则、直接原则才能得到贯彻和体现。因此必须保持法官的独立地位，由法官独立行使裁判权，而其他非亲历的人员无权干涉案件的审判。基于以上理论基础，司法改革将“去行政化”作为改革重点，对于院庭长、审判委员会在案件处理或决定过程中的“行政化”权力进行剔除等。有观点认为一切除法官本身之外的外界干涉均不应得到保留，甚至有学者认为法院改革还需要进一步“去行政化”，弱化或消除一切可能造成行政化的因素。

在该思维倾向下，部分法院或个人对重大疑难复杂案件的态度亦呈现出对法官个人本位模式的趋从。有法官认为对重大疑难复杂案件的监管就是干预法官独立行使审判权，排斥监督管理。有法院认为扁平化管理由法官对案件质量负责则无须再

对重大疑难复杂案件进行过多干涉。

因此，从课题实证观察内容可以看出，相当多法院对重大疑难复杂案件监管任凭自然、消极应对：识别标准模糊混乱，未主动明确具体识别标准；识别环节滞后被动，未提前介入主动识别；分案模式混乱无序，未保障能级匹配。以上问题均体现出当前对重大疑难复杂案件监管的忽视。

2. 重大疑难复杂案件防控要求——识别精准性要求、司法全局本位要求

司法风险是指与司法案件紧密相关或者由司法案件引起的，危害社会稳定、冲击司法秩序、损害司法形象的可能性及相关因素的总和。司法体制改革推动法院特别是基层法院审判权运行重大变革，司法风险要素产生明显分化，法院防范化解司法风险的能力有所下降。

为深入贯彻落实习近平总书记关于防范化解重大风险系列重要讲话精神，最高人民法院制定下发了《关于为防范化解重大风险提供司法服务和保障的意见》。该意见指出，各级人民法院要坚持预防为主，切实增强风险意识和忧患意识，提高对蕴含复杂风险因素案件的敏感性和鉴别力。

当前，民众对司法关注度空前提升，其中直接体现在对个别重大案件的关注。习近平总书记提出“努力让人民群众在每一个司法案件中感受到公平正义”，即强调每一个司法案件都会影响整体司法公信力，强调个案正义。现阶段蕴含复杂风险因素案件，往往集中体现在重大疑难复杂案件。近年来，重大疑难复杂案件屡次成为舆论风暴中心，要加强对重大疑难复杂案件的识别从而实现有效监管。

因此，我们必须意识到充分放权于法官的同时，法院对于个别化的审判活动和审判过程必须拥有充分的知晓度、足够的控制力以及必要的矫正手段。仍应该注重整体审判资源的综合统筹运用以及法院各主体作用的整体协调发挥，特别是审判活动必须始终处于有效监督与管理之下。如果不能妥善地处理好重大疑难案件的分案识别及监管，则直接影响改革运行的实效，并产生一系列消极的法律后果。

3. 小结：扁平化改革与重大疑难复杂案件监管缺乏统一性研究以及适应性对策

新型审判权力运行机制的建立，既需要在处理好“放权”和“监管”二者之间关系的基础上，对以往审判权力运行机制进行体系化、结构性优化，也需要转型升级适应新型审判权力运行规律的审判监督管理模式。

从上述两部分的要求可见，扁平化垂直“放权”管理模式以及在廉政风险防控下的“随机”分配案件机制，大大提高了业务素养较弱法官办理重大疑难复杂案件的概率。但是，旨在充分发挥法官在审判中的基础和主导作用的员额制、司法责任制等一

系列改革措施,无疑都是正确的;法院内部简单的下级服从上级的行政化定案机制或审判权运行方式也必须改变。二者之间的关系为对立统一,而非相互排斥。对于重大疑难复杂案件等个案监管,应该在改革中着重强调、重申:独立行使审判权的主体是人民法院而非法官个体,法官审判责任制和法院监管责任同样是司法责任制的应有之义,对特定案件进行监管具有正当性和必要性。

在权责清单不甚明确、新监管机制不够健全、新平衡尚未形成的改革转型阶段,部分参与主体对于改革精神存在认识偏差,未能深刻认识并处理好"法官个人本位"与"法院整体本位"统一性问题,贸然大幅度放权,对重大疑难复杂案件的监管放松警惕。因此,在改革转型期间,原有监督运行模式削弱、新型监管运行模式尚未建立,是重大疑难复杂案件出现监管漏洞的根本原因。

在审判权与审判管理权协调语境下,审判权与审判管理权之间的重重羁绊成为阻碍独立审判权行使的一大难题,而案件分配权位于审判权与审判管理权交叉的关键区域。[1] 因此,案件分配制度必须要考虑如何协调独立审判权与审判管理权之间的关系,既能确保扁平化司法责任制改革的深入推行,又能保障案件在可控风险范围之内。因此,应当将重大疑难复杂案件"指定分案"机制纳入规范化运行轨道,将分配案件的"权力"转化为分配案件的"规则",将其演变成为相对固定的制度,保证审判权的独立行使。

(二)制约因素:识别标准、主观认识、人员配置、质效评判与信息技术限制

1. 识别标准模糊

从课题对重大疑难复案件的定义进行梳理的情况来看,无论是学界,还是各级司法部门,对于疑难案件的定义、类型和判断标准等问题没有达成统一的标准。想要对重大疑难复杂案件进行有效监管的前提,即在于划定重大疑难复杂案件的范围,即明确判断标准。然而,相较于小额速裁案件、简易快审案件具有较为明确的识别标志,重大疑难复杂案件本身的复杂性,使其重大、疑难、复杂的因素描述总结的难度较大。长期以来,司法实践中对于重大疑难复杂案件仅凭借主观感受去进行识别,司法实践者对于重大疑难复杂案件的评价或定义常归于"难以言语"。

从上文第一部分对重大疑难复杂案件的形式要件、实质要件分析来看,部分疑难复杂案件由于并不具备常见难案的外在形式,需要运用实质要件来具体分析是否符

---

〔1〕 王智刚、黄伯青、伍天翼:《案件分配制度改革的探索与实践》,载《人民法院报》2016年3月2日,第8版。

合疑难复杂案件的标准,这使重大疑难复杂案件的识别难度加大。从实质要件判断的角度出发,其一,由于法律开放性结构的存在导致司法裁判的疑难,“能够被法律规则覆盖的案件是简单案件,反之无法被法律规则涵盖的案件都是疑难案件”[1]。其二,从法律本身具有的不确定性角度来看,无论是处于规则模糊边缘的案件,抑或规则字面含义与背后的正当化依据产生冲突,法官需在形式正义和实质正义之间作出选择的疑难案件,规则并没有给出确定的答案,法官只能借助规则背后的立法目的精确规则的含义。[2] 上述实质性要件均在识别过程中难以实现量化,如同上述疑难复杂案件本身难以运用简单的三段论推断进行裁判,该类案件的识别亦难以用一套程式化的标准直接得出。

基于以上因素,司法实践长期以来对重大疑难复杂案件识别标准议题存在畏难心理。对重大疑难复杂案件的识别标准研究重视不够,从观察中可见仅有极少数法院着手制定相关案件标准的书面性文件,且仅有的相关文件中,对重大疑难复杂案件的标准描述亦十分模糊、抽象,仅停留在部分形式要件的列举,如对案由的正面、反面排除列举的方式,并未涵盖所有案件的识别标准,其中正面列举的情形也存在难以在立案阶段把握、可操作性不强的问题。标准中常以“其他重大疑难复杂案件”为兜底项,导致实践中产生何为“其他重大疑难复杂”案件而回到最初的疑问。同时,近年来大力推进的“繁简分流”机制中,各地法院将简案快审、提升司法效率作为工作的重点,从上至下出台了大量关于简案识别的标准和相应配套举措。这与重大疑难复杂案件的识别标准研究阙如形成鲜明对比。

2. 主观认识误区

通过本次观察,课题组发现部分法官或法院除了上述根本原因分析的无须监管误区之外,对于重大疑难复杂案件在分案环节进行识别分流还存在以下三个方面的认识误区。

其一,认为无法识别。课题组在参加重大疑难复杂案件识别问题跨市多院联席座谈会时,绝大部分参会者认为重大疑难复杂案件只能在审理过程中才有可能被发现,且只能凭借分案人员的个人经验来进行识别。其普遍认为在分流环节进行识别难以开展且无法达成,甚至认为“梳理细化识别要素是把简单问题复杂化,徒劳无益”。也有学者认为尽管立案分案阶段难以确定案件难易程度,但法官在办理案件过

〔1〕 何玉凤:《疑难案件之判断标准》,载《区域治理》2019 年第 35 期。

〔2〕 何玉凤:《疑难案件之判断标准》,载《区域治理》2019 年第 35 期。

程中却能清晰地认识到案件的性质。这反映出从观念上未重视立案阶段的识别，将重大疑难复杂案件的识别完全交由审理过程中进行。

其二，认为已有识别。一种观点认为重大疑难复杂案件的分案等同于审判专业化团队受理类型案件。通过对劳动争议案件、建设工程案件等由专人或专门合议庭审理，即可实现重大疑难复杂案件的分流监管。另一种观点认为现阶段对于部分涉及舆情、群体性事件的案件指定分案，已能满足重大疑难复杂案件识别分案。

其三，认为识别无用。一种观点认为，在案多人少矛盾突出、法官年轻化趋势明显、优秀法官和审判业务专家稀缺的现实背景下，青年法官需要通过办理超出其实际审判能力的案件，来锻炼和提高自身的司法能力。故通过不予区分案件难易的随机分案方式来实现锻炼法官的目的。另一种观点认为，重大疑难复杂案件在绩效考评中未有特殊设置，识别后指定专人办理会增加绩效考核难度，不进行识别反而更加“公平”。部分法院认为既然法官不愿意办理疑难复杂案件，那么即便成功识别，如何将案件分至合适的法官，或如何调动被分配案件的法官的办案能动性也是一个难以解决的问题，且一旦方式、方法不合适会打消法官的工作积极性。因此，部分法院对重大疑难复杂案件识别问题采取回避的态度，在完成繁简分流的规定任务后，对案件不再进行二次识别。

3. 人员配置不足

专业队伍人力不足及人员考核机制不完善是重大疑难复杂案件识别分流工作推行阻力之一。

一方面，员额制改革背景下法官年轻化趋势明显，资深法官和审判业务专家稀缺。司法改革后，利益重整导致人员流动性变大，部分法院甚至出现离职高潮，流失了相当多资深法官，法院人事管理难度变大。重大疑难复杂案件的重要性和特殊性决定应由资深法官进行审理。在“案多人少”的客观环境下，没有合适的人才队伍做保障，案件识别分流成为“无米之炊”，难以推行。同时，员额制改革后，院庭长办案职责空前强化，办案数量有硬指标，在工作时间常量的情况下，为了达标，出现了业务能力较强的院庭长反而办理简案的恶性循环（见图 13）。

另一方面，个人绩效考评中未有特殊考评指标对于重大疑难复杂案件进行科学考评，是影响法官办理重大疑难复杂案件积极性的关键因素。随着新的审判权力运行机制的不断改革深化，原有的考评指标体系中有部分指标已经不能适应新时代法官业绩考评的需要。当前法院普遍仍保持着质效最基本的评价标准即案件的数量，并未考虑其他因素。虽然目前部分法院在绩效考评指标科学化方向进行了诸多尝试，认识到从案件权值角度充分考量案件的难易程度，但是目前尚处于探索阶段，人案匹配失衡现象仍较为常见。重大疑难复杂案件识别后如何调动法官的审理积极性是待解决的现实难题。

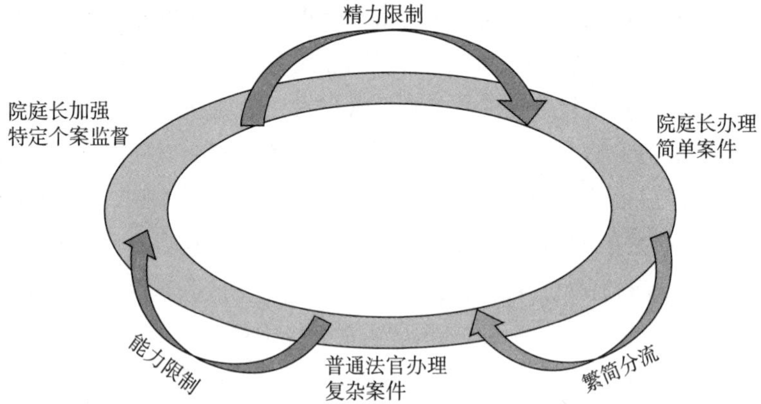

图 13 院庭长监督与办案的恶性循环

4. 质效评判缺失

质效考核是指挥棒,也是评价法院工作质效的重要参考。与分案最具紧密关联的部门应属立案庭,从对诉讼服务中心考核指标中的考核项目可看出当前法院在立案阶段所侧重的工作项目及内容。

通过对《诉讼服务指导中心信息平台质效评估指标体系 2.0 + 版》包含的 83 项具体业务模块、指标名称进行观察,可以看出考核项目集中于诉源治理、多元化解、立案服务智能平台、涉诉信访几个方面,几乎没有针对重大疑难复杂案件识别及监管的考核项目。其一,诉源治理、多元化解中,着重考核诉前调解案件数量以及诉前调解案件占比,即强调诉前调解的成功率,要求将诉前调解成功的案件纳入规范管理平台进行统计,但针对被排除在诉前调解率分子之外的案件,即未能诉前调解成功的案件如何处置没有相关考核,未要求对诉前调解不成功的原因进行汇报或反馈,未对原因进行区分而从中对可能包含的重大疑难复杂案件要素进行预警。其二,分调裁审中,对于速裁快审案件数量、占比以及审理总时间进行考核。对于要素式裁判文书案件量及特定案由的速裁快审案件量进行考核,考核通过要素式生成裁判文书的案件数量与特定案由的速裁快审案件量的比,其中案件案由有:金融借款合同纠纷、民间借贷纠纷、买卖合同纠纷、机动车交通事故责任纠纷、劳动争议、离婚纠纷、物业服务合同纠纷、信用卡纠纷。对此可以看出,对于各类案件分层、分流的考核,集中在对速裁简案、要素式裁判的案由中,除此之外,未对其他案件的分流情况进行相应考核。其三，涉诉信访中，虽包含律师代理申诉机制与社会第三方参与化解机制两项指标，以及要求通过填报系统上报法院制定的人民群众网上申诉及来信办理机制，亦考核本地办案系统与统一申诉平台对接、本地信访大数据报告、上级法院交办转办案件，但仅停留在“有或无”的初步阶段，未考核或解决对于律师代理申诉、社会第三方参与化解、人民群众网上申诉、信访大数据报告、上级法院交办转办案件这五条线路与法院办案系统对接后，从该五个方向获取的案件线索如何在平台中予以处理和反馈，是否在办案系统中予以标识，进而区分是否包含重大疑难复杂案件要素的可能。特别是针对“涉诉信访”中“重点信访案件化解率”，要求考核各级法院重点信访案件化解成功案件数量，要求化解率达到99%，但对于其中大概率可能隐含的重大疑难复杂涉诉将诉案件是否在诉讼平台中作规范标识等未有考核。

因此，重大疑难复杂案件识别、分流问题未进入质效考核，质效考核中重大疑难复杂案件权重不足，是各院未将该问题纳入工作的重点予以重视的原因之一。

5. 信息技术限制

人工智能开发及运用的局限性是当前重大疑难复杂案件识别分案陷入困境的原因之一。人工智能是企图在把握人类智能实质后，通过模拟人类智能机理做出与人类智能相似反应的类智能系统。人工智能的实现主要依赖三个要素：算法、知识、数据。实践中，这三大要素的缺失和相关条件的不足成为制约智能识别的主要因素。

一方面，人工智能通过模拟人类的思维、意识，使机器能够拥有人类的智能，其本质是对人脑思维过程的模拟。[1] 如果人类都没有科学规范的案件甄别标准，人工智能也就无法找到模拟的参照，案件智能分流便成了无源之水，难以实现。

另一方面，智能识别分流探索不足，智能系统开发滞后、识别要素总结梳理不够、未建立案件繁简要素数据库等方面均制约了人工智能在重大疑难复杂案件识别分流问题上的发挥。2017 年国务院发布《新一代人工智能发展规划》，明确将“智慧法院建设”作为我国人工智能发展规划的重点任务之一。最高人民法院印发了《关于加快建设智慧法院的意见》等一系列文件，明确指出要推进司法大数据的开发运用，提升司法智能水平。在最高人民法院的积极推进下，北京、上海、浙江、江苏、广东、贵州等地推出了名称不同的人工智能法律系统或“智慧法院”建设计划。其中针对重大疑难复杂案件的智能平台，如河北省石家庄市中级人民法院研发“四类案件”监管平台、上海法院审判监督预警分析系统、北京法院试用的“分调裁一体化平台”等。但这些智

---

〔1〕 周宝平：《人类智能与人工智能的思考》，载《品牌（理论月刊）》2010 年第 Z2 期。

能系统受制于技术水平等因素,未能完全实现智能分流。大部分法院虽有“积极探索、实现智能分流”之类的规定,但受限于技术水平、经费不足等因素,对智能系统的开发严重滞后。

同时,从客观角度分析,智能机器学习经验性法律知识的路径主要是通过建立优质且海量的法律信息库,并对智能机器反复训练以降低错误率和减少偏离值。对于重大疑难复杂案件的识别、分流等具体监管问题,是近几年才开始在局部地区进行推行,案件数据库存在历史缺失。在以人工识别分流为主的模式下,重大疑难复杂案件大数据库的重要性并未凸显,各法院尚未重视对重大疑难复杂案件的各项统计以及大数据库的建设工作。目前,我国几乎没有建立智能机器得以学习的案件分流大数据库。法院系统与公安、信访、银行等部门机构的数据对接也并不通畅,智能系统通过大数据集成分析的条件有待完善。

第三部分　路径探寻

一、构建重大疑难复杂案件识别分案体系的总体思路

我国的司法体制改革有其独特的背景,改革设计者除了要考量改革的目标方向须符合法理合理性之外,还必须考虑改革的策略和步骤,注意改革的系统性、整体性和协同性。不仅需要坚持扁平化司法改革总体方向,还需要处理好过渡期间诸如重大疑难复杂案件等重点风险防控的阶段性问题。

对重大疑难复杂案件监管纳入司法改革全局探索改革进路,处理好二者之间对立统一的关系,特别是对于重大疑难复杂案件监管应如何在“法官个人本位”与“法院整体本位”中寻求科学的平衡,是本课题的重点研究方向,需寻求准确的定位。

法院整体审判资源的综合统筹运用,以及通过合理配置审判资源以适应不同案件的不同需求,是中国特色司法审判制度的优越性所在,其中分案机制正是审判资源配置的直接体现。通过对上述实证观察以及困境成因的分析,得出当前重大疑难复杂案件分案存在不规范、随意性较大,有失程序正当等问题,现有的“可以指定分案”指导意见仍属框架性、原则性要求,实践中存在较大的细化空间,混乱的操作模式与制度设计价值预期发生偏离,不利于优化审判资源配置及监管效果的提高。因此,需对案件分流操作管理从工作标准到工作要求再到工作流程进行细化分割,建立一套运转规范、行为透明、公正高效的分案管理监督体系,创设“规范化+智能化”识别分案流程,从而形成一套具备可操作性的可复制和通用的分案监管机制。

现阶段分案机制空缺的很重要一个因素在于识别效果不佳的掣肘。故在加大案件识别力度、提高精准性的前提下，课题组认为对重大疑难复杂案件“指定分案”规则予以细化具有现实可操作性。

首先，在智能系统要素识别准确性、有效性前提下，通过搭建重大疑难复杂案件“法官库”，指定符合条件的一定数量法官审理重大疑难复杂案件，再通过人案双向选择，要求识别出的重大疑难复杂案件在“法官库”内进行人案随机匹配。如此，“指定分案”可理解为指定一类法官办理一类案件，而非直接指定个案至个人。其次，针对重大疑难复杂案件的特殊性，设置二次分案以及极少数个案直接指定个人的具体规则，并通过全程留痕可视化管理等具体措施规范该补充分案机制的运行。

规范分案机制，既能满足扁平化司法改革要求下避免现行“指定分案”规范化缺失的弊端，克服司法过程中人为的随意性，回归司法理性，又能实现对重大疑难复杂案件风险防控的有效监管，将二者有机统一。

二、重大疑难复杂案件识别分案机制的具体构建路径

（一）以“准确识别”为分案基础

重大疑难复杂案件既有质的规定性，又有其灵活性，但是它并不是不可捉摸的。对重大疑难复杂案件通过要素式识别、人工智能算法识别等全方面识别手段，再以分流员人工识别进行补充，按照“互联网 + 人工”的方式，在信息系统对不同案件、不同审级、不同要素、进行分别筛查，自动提示是否属于重大疑难复杂案件，确保得到准确、无遗漏的认定，为科学分案打下坚实基础。

1. 提取案件共性要素，制定统一评判标准，建立要素大数据库

面对数量巨大、类型多样的诉争案件，如何识别、区分其中的繁简程度，标准与方法是首先要解决的问题。[1] 案件的难易程度具有相对性，因业务能力差异，有的法官认为是难案，在别的法官看来可能就是简案；不同地区也有一定差别，比如在一些西部地区属于新型案件，但可能在东部沿海地区已经是常见的简单案件类型。要科学地甄选重大疑难复杂案件，就必须充分考量各项相关因素，确立与智能分流相融合的甄别标准。重大疑难复杂案件的具体甄别标准应当在总体框架下，授权各法院结合相关规定和当地实际情况拥有一定调整的空间。

---

〔1〕 黄祥青：《深入推进案件繁简分流制度的基本思路与方法》，载《人民法院报》2018 年 10 月 17 日，第 8 版。

首先,以反向排除方式确立排除为简案的情形,提高当前繁简分流精确性。在当前繁简分流制度下,简案识别已经日趋成熟,可通过简案识别机制对待决案件进行第一次排除,极大缩小重大疑难复杂案件的范围。具体可依据相关法律、司法解释及上级法院规定确立的小额程序适用案件范围、简案快审案件范围等简案范围,进行初步排除;进一步可根据当地法治法治水平、法院案件特点、法官办案能力等因素确立一部分法院认为需要排除为难案的情形。

其次,以正面列举概括的方式确定重大疑难复杂案件的甄别标准,实现"繁中识繁"。要综合考虑案件类型、实体因素、程序因素、社会影响和法治水平等因素。充分考量标准在立案阶段甄别的可操作性。对各考量因素进行细化,通过智能系统赋予一定分值并合计各要素的总分,结合法院实际确立重大疑难复杂案件的标准值,最终在分案环节对分值达标的案件认定为重大疑难复杂案件。

其中,对于实体因素如何评分、认定的问题,是当前大量案件在分案环节未能被识别出的现实困扰。如前文统计,重大疑难复杂案件之所以能被评价为重大疑难复杂案件,是因为案件事实描述性陈述具有一定共性,即当法官评价某两案均为重大疑难复杂案件时,该两案之间存在部分相类似的可描述特征。因此,对于甄别要素标签,可以通过对每一类案件的事实进行类型化分析,结合办案经验,依照智能识别标准总结出甄别要素,将考量要素细分为各类指标,并将指标抽象为智能系统可以识别的标签。

如"重大"案件,之所以成为"重大"案件,其核心问题是该案件中的公共因素在案件中的地位会因种种原因被无限扩大,公共因素逐步扩大到足以掩盖案件事实要素成为案件的焦点。对于案件的公共因素,可以设置为A值,其中包含的可挖掘的进一步因素,如公共权力运行问题可设置为a1值,生命安全可设置为a2值,公共秩序可设置为a3值,以此类推建立关于"重大"可能包含的要素库。此外对于"疑难"问题,可设置为B值,对于"疑难"语境所包含的关于道德话语表达可设置为b1值,需后果权衡选择可设置为b2值。当然,界定某重大疑难复杂案件的概念要素不能被穷尽,因此界定过程可以一直持续。以上涵摄模式虽然存在一定缺陷,但是相对于论述模式。因重大疑难复杂案件本身要素的隐蔽性和模糊性,仅仅依靠某一特征描述去界定,更加陷入盲人摸象的泥沼。由此通过大量已认定为重大疑难复杂案件的最终要素分析,提炼出各项可能值的描述方式、描述内容以及所占权重,对各项可能值尽量完善涵盖并科学设置分数占比,通过建立要素库,制定统一分值评判标准,为人工智能大数据奠定好坚实基础。在此基础上,与已有的电子卷宗系统、类案推送检索系统、法律法规、图书期刊等数据予以集成,建成法院内网使用的大数据库。同时与公安、工商、不动产管理、仲裁、银行等部分系统功能相对接，扩充大数据库的集成性。

同时，应认识到，随着司法实践及法律不断完善，部分法律适用问题逐步明朗和统一，某些原定为疑难复杂的要素已不再属于需要法律解释、价值选择等难题，故应根据司法实践对标准进行动态管理，及时更新、修正要素库，调整各要素的权重以更贴近最新重大疑难复杂案件的应有样貌。表17仅为参考样式，表中要素标签只是部分列举，要素标签等级与分值仅作为一种参考，各院可结合实际补充更加丰富的要素标签，划分更多要素标签等级并自行设置分值系数。

表17　案件难易程度甄别要素赋分

要素	标签	分值				得分
		1分	2分	3分	……	
案件类型	案由	简单	一般	复杂		
	……					
实体因素	诉讼请求	简单	中	复杂		
	标的额	小	中	大		
	权利义务关系	明确	一致	不明确		
	……					
程序因素	证据	充分	一般	不充分		
	事实查明难度	易	一般	难		
	审理时长	法定期限内	6～12个月	12～18个月		
	特殊诉讼主体	一般当事人	政企	重点集团		
	……					
案件性质	群体性	小	中	大		
	系列性	小	中	大		
	敏感性	小	中	大		
	……					
影响因素	适用法律分歧	小	中	大		
	新类型	一般	新	教新		
	……					
总计						

2. 搭建起诉状要素识别机制

案件当事人作为矛盾纠纷的亲历者，无疑是对案件事实最为了解的主体。智能识别分流系统的开发，特别是在分案阶段对案件进行识别，除需要前述案件要素大数据库之外，还需要建立诸如当事人诉讼规范的辅助制度。对于起诉状要素识别机制，大致可分为两步。

第一步，通过对重大疑难复杂案件个案的总结分析，结合智能分流的需要和有利于当事人诉讼原则，充分考量便民性，可制定当事人参与诉讼的行为规范，如要素式起诉状、表格式起诉状，并要求当事人或律师按照智能识别的要求提供各类诉讼材料和信息。当事人通过填写表格或在线选择的形式，对要素库对应的要素项进行确认，按照不同的案件类型，对常见案件类型中常见重大疑难复杂要素项予以勾选或填写。如“重大”要素项中，可由当事人或律师选择是否属于集团案，是否属于较大社会影响的案件或引发媒体高度关注等要素点，是否涉外、涉军。“疑难”要素项中，可根据不同案件类型，如建设工程类案件，由当事人或律师勾选工程量是否确定，是否签订建设工程施工合同，是否有结算单、对账单，是否涉及农民工群体等；劳动争议类型中，由当事人或律师勾选是否涉及劳务派遣以及相关连带责任，是否涉及工程发包承包，是否存在某些特殊主体身份，是否涉及用人单位合并分立等。“复杂”要素项中，由当事人或律师填写是否涉及鉴定、是否涉及他案等，亦可按照案件类型将各案件类型常见的负责要素进行预填写以及勾选。

对民事起诉状以及证据进行扫描后，获取诉讼请求项目数量、诉讼请求类型、案件涉及事实要素点的数量等形式要素，以及通过系统智算法能识别出要素，与上述当事人或律师自行填写内容相结合，提高起诉状、证据以及要素表识别的准确性。

第二步，将诉状的相关要素进行提取后，将各要素与重大疑难复杂案件要素库进行对比匹配分析，同时与原告的诉讼请求进行证明力等对比分析。同时分析各要素之间联系，构建出难易的层次，以便于智能系统识别案件信息，提升智能识别系统的效率和精准度。

3. 利用人工智能算法，预判案件多维度要素点，实现“五层评级”

与人脑相比，人工智能对数值和符号计算更加精确快速、稳定可靠。《人民法院第五个五年改革纲要（2019—2023）》提出“牢牢把握新一轮科技革命历史机遇，充分运用大数据、云计算、人工智能等现代化科技手段破解改革难题、提升司法效能”。对于人工智能而言,像“法律人那样思考”已经不再是一种愿景,更不是一种奢望。[1]

目前法院普遍采取的人工识别、分案的方式暴露出分流不规范、随意性大、有失程序正当等问题,可通过司法的人工智能化辅助司法理性的实现,克服司法过程中人为的随意性,实现程序的规范和理性。故为了满足正当程序的要求,实现重大疑难复杂案件精准、高效、公正的进行科学分流,建立“五层评级”智能系统,将案件分为小额、简易、普通、一般难案以及重大疑难复杂五个层级,按照一定的要素进行打分,其中识别得出的重大疑难复杂案件总量,即为重大疑难复杂案件库。

具体而言,通过对重大疑难复杂案件各要素提取、总结并形成要素库,可大致形成该院关于重大疑难复杂案件的评判标准。再结合法院受理的案件起诉状、证据要素进行收集、分析归纳,将目标案件的诉状要素与要素库进行进行智能算法匹配,同时根据智能算法分析目前证据要素与诉讼请求之间的对应及证明强度,最终得出目标案件的重大疑难复杂分值,并将分值区分为五个层次,判定目标案件属于何层次。

同时,课题组认为,鉴于人工智能技术存在“瓶颈”、智能系统建设需投入大量的人力资源和资金成本等现实问题,应当由最高人民法院统筹投入资金,集中人才,建设全国统一的案件难易智能分流系统,对重大疑难复杂案件的识别分流搭建统一平台,再由各地法院根据当地实际情况进行调整,以实现建设效益最大化,避免各地重复建设。

4. 建立符合层级、区域特征的案件数据分析系统

从重大疑难复杂案件数量占比的角度,科学设定该类案件在不同层级、差异区域中的置信区间,其中包括对法庭、中基层、高院重大疑难复杂案件中位数统计以及东西部、城乡、城镇化类型差异对中位数的影响。以期为重大疑难复杂案件描绘更细致真实的画像,并以此为该院重大疑难复杂案件识别工作总结、查找不足、改进管理方法提供针对性和参考价值。

对于不同类型的法院,其案件数据的对比没有实际意义,比如基层法院与中级法院之间就不具备可比性,但同一级同类型法院之间就存在对比分析的可能。假设在可以解决可比性的条件下,以及在实际掌握某时段各法院关于重大疑难复杂案件的认定情况下,可综合考虑重大疑难复杂案件的数量占比,甚至对案件具体识别要素进行统计对比,尝试构建一个差别化的重大疑难复杂案件数量预测评估体系,并通过该体系,得出该院重大疑难复杂案件占比的合理区间。

---

〔1〕 左卫民:《关于法律人工智能在中国运用前景的若干思考》,载《清华法学》2018 年第 2 期。

合理区间的设定主要以各地法院 3 年来指标实际值的中位数为主要参考，综合参考一定时期内指标平均值、最大值、最小值，同时 80% 以上法院的指标实际值位于满意区间内。具体步骤为：(1)计算近 3 年数据得出各项指标的中位数，即把各个数据按照大小顺序排列起来形成一个数列，处于数列中间位置的数值就称为中位数。(2)以中位数为基准，计算指标 80% 的置信区间（计算公式为 $Pr(B \leq m \leq A) = 1 - \alpha$），即用来估计参数的取值范围，展现参数的真实值有一定概率（如 80%）落在测量结果周围的程度。[1] (3)结合实际情况对部分指标的满意值进行调整。

5. 构建多元化诉前识别机制

在当前大力倡导诉源治理、多元化调解解纷的背景下，各地法院均积极探索各类诉源治理举措，并积极与各类社会解纷机构展开合作，联合各方力量建立多元纠纷化解体系。其中，对各类案件加强源头治理，加强风险排查力度，可作为重大疑难复杂案件的诉前识别措施。

以诉源治理为契机开展的法官“三进”活动、围绕优化营商环境的相关措施等，深入社区、企业等场所，对能及时发现的矛盾纠纷予以干预。同时，各院依托各类诉源治理、多元解纷机制参与主体，如人民调解组织、社区居委会相关人员等，亦能一定程度上掌握辖区内矛盾情况。在以上活动中，各方主体均能为案件要素提供线索，可探索在各类诉前活动中增设一套案件要素统计工作，制作案件跟踪台账长效机制，对未能诉前化解的矛盾纠纷中，将可能涉及重大疑难复杂案件要素的内容予以书面或电子标识，随卷移送，提高矛盾纠纷进入诉讼之时即进行识别的可能性。

从目前对该项工作的观察来看，各院注重矛盾纠纷成功化解的案例，对于大量未能在诉前进行化解的矛盾纠纷，未有进一步的跟踪及风险统计标识，故可依托当前诉源治理、多元解纷工作，拓宽识别主体范围，增设一道重大疑难复杂案件的前置识别流程。

(二)以“规范分案”为设定目标

如何更为科学、准确地将重大疑难复杂案件分配至更为合适的承办人，是本课题探索的重点议题。在通过以上各识别路径对案件全面进行筛选后，重大疑难复杂案件得以更加准确地被识别。重大疑难复杂案件的分案机制将往更深层次推进。根据最高人民法院《关于进一步完善“四类案件”监督管理工作机制的指导意见》提出的“指定分案”总体思路，结合实践情况提出以下具体的构建路径，以实现更为贴近“立

---

[1] 王晶晶：《相关系数置信区间及其在机器人主动嗅觉过程中的应用》，天津大学 2013 年硕士学位论文。

审分离”“人案相匹配”的重大疑难复杂案件规范分案目标。

1. 以“类型指定”为主——“双随机”

“随机”制度的应用相当广泛,考试中的随机抽题、统计中的抽样调查、产品质量检测中的抽样检查等,都需要建立相应的随机机制,其目的是依据概率论的基本原理,保证结果的科学性与不可预测性。[1] 有学者认为,当法庭组成越不确定时,越能促使法官审理该案,以整体法院的立场而非以个人好恶制作裁判文书。当前在“随机分案为主,指定分案为辅”的分案总原则下,随机分案的重要性已无须赘述。重大疑难复杂案件“可以指定分案”是在随机分案无法保证案件质量的价值取舍下的权衡之计。

但是,重大疑难复杂案件的准确识别为该类案件得以指定范围后随机分配创造可能。如何实现分案“随机不随意”,是首要解决的难题。为满足“指定分案”要求下人案匹配的价值目标,以及课题组尝试探索的随机性目标,课题组提出对“重大疑难复杂案件库”“重大疑难复杂法官库”按照规范进行识别指定后,通过两库之间“人案双随机”予以实现。

具体而言,“双随机”指的是案件与法官通过“双向指定”实现“双侧随机”,即系统生成“重大疑难复杂案件库”,各院指定构建“重大疑难复杂案件法官库”,保证库内人案能级匹配,通过“库内随机”保证分案不可预测性。

一方面,构建“重大疑难复杂案件库”。通过以上案件识别路径的推进,重大疑难复杂案件不再特指单独的某件个案,而是重大疑难复杂案件之总和。在泛指的案件总数范围中,实现随机进行抽取、分配个案的程序得以成为可能。在重大疑难复杂案件库中任意挑选某件个案予以分配,既可实现该案件不会被视为简易案件随意分配,又可满足案件分配的不确定性。同时,在重大疑难复杂案件库中的任何一件案件均有其分值,该分值具有客观性及合理对应可操作性,故可最大程度上满足人案匹配的分案要求。

另一方面,构建“重大疑难复杂案件法官库”。如果前述路径可描述为“指定案件随机分配法官”,那么对于如何实现法官的确定性及分案不可预测性则可以描述为“指定法官随机承办案件”。通过建立“重大疑难复杂案件法官库”,实现难案法官的

---

〔1〕 谢刚炬、蔡秀、于燕燕:《人民法院随机分案机制改革路径探究——以五家中基层法院的改革实践为视角》,载胡云腾主编:《法院改革与民商事审判问题研究:全国法院第29届学术讨论会获奖论文集》(上),人民法院出版社2018年版。

相对固定化,保证重大疑难复杂案件分配的准确性。具体而言,可通过前期对该院的员额法官进行意愿调查,填写倾向审理案件的类型、案件方向等,庭长根据本庭的实际情况,法官的审判业务能力、审判经验与年限、个人兴趣以及未来培养方向等,确定法官审理案件的类型化分层,标记法官的身份标签,形成法官信息选定库。

确定法官库人员后,通过智能分案系统根据案件难易分值、案件工作量权值、法官能级、法官工作饱和度,将“案件库”中的任一案件,随机分配至“法官库”里任一能级匹配的法官。“案件库”中的所有案件以及“法官库”中的所有法官,对于全院重大疑难复杂案件监管整体环境而言是明确的、可控的,是在监管风险安全范围之内的,而对于“案件库”与“法官库”之间局部环境而言,具体个人和个案是不可预测的。因此可实现随机意义上的双向不确定性以及人力资源管理意义上的“能级对应”,建立良性的司法生态。

同时,自动识别自动匹配能合理规范地分流大部分重大疑难复杂案件,院庭长无须再对每一件重大疑难复杂案件个案进行指定分案,为院庭长在繁重的行政办案双重压力下释放更多的时间与精力(见图 14)。

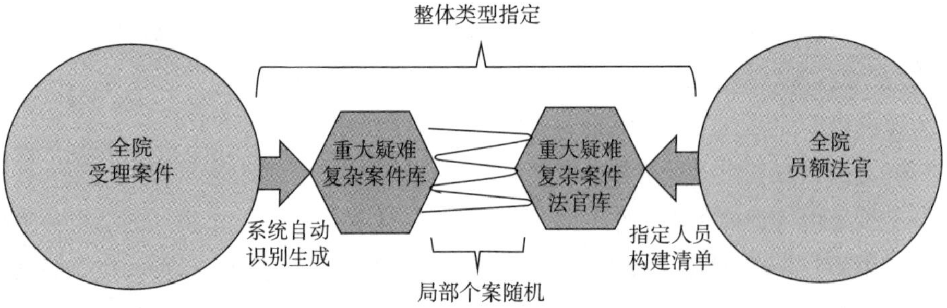

图 14　类型指定“双随机”运行模型

2. 以“个案指定”为辅——会商机制

重大疑难复杂案件本身具备的识别难度大、识别因素隐蔽等特点,使在分案环节对其进行精准识别存在较大难度,在加强识别力度提高识别精准性的情况下,出现部分重大疑难复杂案件未能识别、识别分流错误的情形客观上无法完全避免。重大疑难复杂案件应遵循的价值序列中,其质量大于效率,因此对于极个别特殊案件,应该从科学性角度认可案件指定分案或再次流转的可能性,保障案件质量。

前述观察中指定分案模式体现出随意性较大、个人因素及行政色彩过于凸显等问题,需对其予以明确的制度规则,实现规范性运行。

具体而言,可建立会商机制,对无法自动识别需指定分案的案件以及分流错误需二次分流的案件进行规范化、流程化分流管理。由立案、审判和审判管理三部门相关院庭长、负责人及资深法官等组建会商机构。一是对智能系统无法判断案件难易层级的案件进行人工分流。对于无法准确判断繁简的案件，智能系统自动标注推送给法院，由法院提交给会商机构研究处理，经会商机构研究决定如何分流。同时探究无法判断案件难易层级的原因并提出优化方案，及时完善智能分流系统的不足。二是对已分流案件的再次分流进行审批。法官在审理案件过程中发现案件出现重大疑难复杂案件要素，主动向智能分流系统予以反馈，经过智能系统分析后，结合智能系统对案件的再次评级结果向会商机构申请分流程序回转。会商机构应对法官的回转申请予以评估，根据议定的回转规则，从案件实际难易程度、案件程序进展程度、是否存在其他重大疑难复杂因素必须由专人审理等方面综合考量，最终作出是否回转的决定。通过程序化管理，保障流转通道的畅通。

同时，会商机构还需负责研究制定智能分流的相关制度，总结完善案件分层识别要素标签和分流规则，会商解决分流过程中的疑难复杂问题，保障高效准确分流（见图 15）。

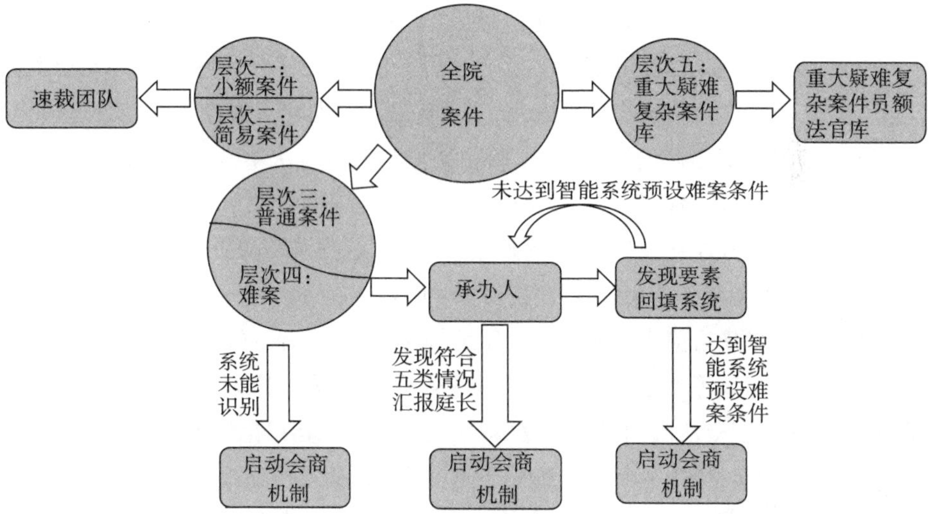

图 15　会商启动程序

3. 搭建完善智能分案平台

推进信息化建设，强化信息技术支撑，优化办案平台。借助信息化手段，实现监管责任的有形化。信息化建设和司法改革是人民法院的车之两轮、鸟之两翼，《人民法院第五个五年改革纲要（2019—2023）》要求全面推进智慧法院建设，推动智能辅助等科技创新手段的深度应用，构建中国特色社会主义现代化智慧法院应用体系。

智能系统平台通过预先设定好分案的规则，由智能系统对受理案件进行识别分级评分后，将案件分配给不同的法官。该分案模式属于非人为分案的第三方电脑系统分案，具有客观性、规范性、操作简单的特点，可实现“人案分离”的分案效果，避免人为分案的弊端，对于法院提高审判、管理质效具有十分重要的作用。

将案件分流的具体操作纳入规范化、智能化的一体化办案监督管理平台，重点要解决两个方面内容。

其一，设置具体的自动分案操作指引，提升案件分流的规范化。院庭长行政权力在具体案件中的规范化是司法改革的重中之重。院庭长监督管理权限的模糊，更容易混淆管理、监督、决策之间的关系。对重大疑难复杂案件分流而言，在上述系统识别基础上，设置“类型指定为主、个案指定为辅”的分案流程，自动将案件按照两步走的流程予以分配，第一步系统自动指定案件以及承办法官范围，在小范围内进行随机匹配；第二步在上述第一步操作受阻时再提请指定个案分流的分案规则，并对每一环节的流程予以细化，实现对案件分流的规范化管理。

其二，强调可视化以及留痕管理，提升案件分流的透明化。可视化管理是典型的信息化管理，核心是让信息实现可视化，实现管理的透明化。通过系统进行可视化、留痕分案，有利于消除司法活动中的“暗箱操作”，有效解决案件分流中的模糊性问题，改进原有的行政化管理模式“服从性”“不透明”“非确定性”弊端，实现权力范围界限化、权力行使程序化、权力决定清晰化的过程。让司法活动更加直观、清晰、全面地展现在当事人和社会公众面前，提高司法公信力。

此外，观察发现目前系统智能化平台存在多类型平台并行的情形，多平台间存在功能重复、操作繁杂等不足，各平台间未能有效对接，使人工操作工作量较大，导致操作人员使用平台积极性低，平台使用效果不理想。对此，建议把各类智能系统平台进行整合或有效对接，优化平台操作流程。如将现有的智能办案系统与案件监管系统予以整合，实现诉前、受理、识别、分案、审理、管理、考核一体化操作。

智能分享系统案件五层分流流程（见图 16）。

4. 完善绩效考核模式，科学测算工作量

法官业绩考评是贯穿司法改革“主体工程”和“综合配套”的重要环节，是人事管理和审判管理中不可或缺的核心职能，在各项机制中发挥保障性、基础性作用。重大疑难复杂案件的特殊性决定在案件分配制度改革中需要充分考虑绩效考评。对各项围案工作设置特定的业绩考评标，才能充分保障法官对重大疑难复杂案件的工作积极性，保障案件分配机制的顺利推行。

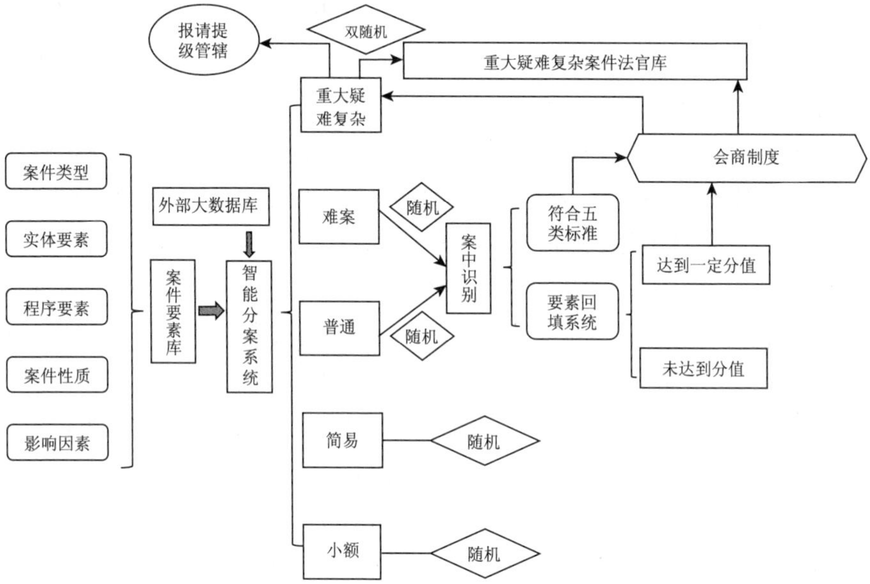

图 16　智能分案系统案件五层分流流程

具体而言，需要根据各院实际情况，对重大疑难复杂案件按照权重折抵办案数，可视案件情况按 1∶2 或 1∶3 等比例折算办案业绩，并对重大疑难复杂案件审理环节中的鉴定、追加当事人、现场勘查、提请专业法官会议、审判委员会讨论等工作单独予以加分。对于发改率、服判息诉率、调撤率以及审限管理等指标要求予以适当降低。同时，将重大疑难复杂案件业绩与法官等级晋升、审判业务专家评选、评优评先、绩效奖金档次紧密挂钩。该做法有利于正向激励包括院庭长在内的法官对重大疑难复杂案件的重视，也有利于增强法官参加合议庭、担任审判长或承办法官办理案件的积极性。

最高人民法院从《人民法院第二个五年改革纲要（2004—2008）》开始在全国法院推进审判质效机制及考核管理体系的建立和健全，连续 20 年都将审判质效评估考核作为重点改革内容，内容要求的逐步演变体现了绩效机制改革从单一性、平面型向体系化、立体化、科学化发展完善的进行。其中《人民法院第五个五年改革纲要（2019—2023）》要求强化司法履职保障机制，研究制定科学合理、简便易行的审判绩效考核办法。随着绩效机制的不断完善，针对各类案件、各类法官的绩效评判标准不断细化及科学化,绩效考核问题将不再成为重大疑难复杂案件分案的阻力。

5. 制定识别分案制度规范

任何机制的有序运行都需要科学合理、详细得当的制度予以规范。重大疑难复杂案件识别分案需要一个细化完备的制度予以支撑,以解决实践中由于缺乏标准与规则而识别分案随意性问题。在规则公开透明情况下,承办法官能够没有思想负担地、独立地办好案件的核心业务。通过制定重大疑难复杂案件识别分案机制的实施意见,明确识别分案规则,明晰各方主体权责,为重大疑难复杂案件识别分案机制的有序规范运行提供制度支撑。

通过总结以上识别、分案流程的具体路径,将操作流程模式化、制度化,明确机制规则。同时制定权责清单,对分案识别工作参与主体的权责予以明确,不仅厘定各主体的各项权利,划定权利范围,还需对各主体的责任及追责方式予以明确。根据以上总体框架,形成书面实施意见对重大疑难复杂案件识别分案工作进行全方位的规范化指引。对此,本课题组在总结课题以上研究内容基础上,参考现有的相关成果,草拟《关于进一步改革和完善重大疑难复杂案件识别分案机制的实施意见》建议稿,拟为重大疑难复杂案件识别分案工作提供制度参考,以尽绵薄之力。

同时我们意识到,一方面重大疑难复杂案件的监管是一项体系庞大的系统性工程,本课题仅聚焦其中识别分案规范化运行问题进行深度探讨;另一方面各级法院人案规模、案件类型、审级职能差异较大,对重大疑难复杂案件的范围界定、识别分案实际操作均存在客观差异。各院可根据该院的实际情况,对本课题成果中部分符合该院实际情况的内容融入该院"四类案件"监管整体规划之中。

结 语

办好重大疑难复杂案件是法院防范化解重大风险的关键之举。同时,重大疑难复杂案件所包含的传统法律适用之外的道德、政治、经济因素并互相融合,使其成为重大疑难复杂案件,其强大的张力不仅满足社会的需要,回应社会的变化,亦能推动社会的发展。

在当前扁平化司法改革放权背景下,仍需正确认识重大疑难复杂案件监管的正当性和必要性。当前,深化司法责任改革过程中出现的监管困难,集中反映了一定程度上的认识偏差、现实反差、权责落差等深层次的原因。其中对于重大疑难复杂案件在分案环节的监管更为薄弱,亟待通过综合配套改革的方式去化解。聚焦识别分案单一环节予以重点研究,有利于促使审判管理方式由粗放型向精细型转变,审判管理方式由结果导向到程序导向转变，队伍管理方式由单一静态向全面动态管理转变。

本课题以重大疑难复杂案件的重点监管环节之一即识别分案环节为切入口，对该环节实践运行模式及效果进行深入实证探析，发现该环节缺乏规范化识别分案运行机制是当前亟待解决的首要监管困境。在分析困境的根本原因及各项制约因素基础上，提出建立一套"规范化＋智能化"的识别分案机制，破解该环节的现实桎梏，降低该环节监管风险。以"类型指定为主，个案指定为辅"作为重大疑难复杂案件指定分案总体原则，通过细化并规范具体操作流程，明权定责，为重大疑难复杂案件监管在有限的司法资源、扩张的司法需求、多元的管理需求之间探索出一条新的路径，实现透明化、公开化的流程化管理，兼顾效率与公平。

至此，希冀通过对重大疑难复杂案件识别分案机制进行规范化监管，使该环节在放权和监管之间寻求最佳契合点，既能发挥法院统筹协作、法院整体本位的作用，也能最大限度地限制行政权滥用，法官在受指导和被制约中求取最大公约数，审判权运行与重大疑难复杂案件监督管理相融相成，以最小冲突获取最大效益。

新时代民法典实施与刑法的衔接协调关系研究

——以广西法院对刑民交叉问题的处理为切入点

广西法官学院*

一、刑民交叉问题的实证考察

虽然刑民交叉问题是个老生常谈的话题，也是研究刑法与《民法典》实施的衔接、协调时绕不开的问题，但从概念论的角度来讲，“刑民交叉”并不是一个严格的法律概念。对此，有学者尖锐地指出：“由于涉及‘刑民交叉’的案件可谓无边无际，因此‘刑民交叉’用语不可能进入由具有精确意义的其他概念构造成的语境，每位讨论‘刑民交叉’案件的学者与司法工作人员，都只能是自说自话。”〔1〕相对缓和的观点认为：“所谓‘刑民交叉’的说法，其含义是不太清晰的。被广泛使用的‘刑民交叉’，大致所针对的似乎是案件处于刑事和民事的临界点上，构成犯罪还是民事侵权、违约难以被决断的情形。”〔2〕也有学者尝试归纳“刑民交叉”的内涵与外延：“指案件性质既涉及刑事法律关系，又涉及民事法律关系，相互间存在交叉、牵连、影响的案件，或根据同一法律事实所涉及的法律关系，一时难以确定其为刑事法律关系还是民事法律关系的案件。”〔3〕

---

* 课题主持人：禤达宇。课题组成员：陈小青、王云勇、邹尚忠、向前、纪娜、兰丹丹、韦丹萍、侯金铭、雷蕾。

〔1〕 张明楷：《刑法学中的概念使用与创制》，载《法商研究》2021 年第 1 期。

〔2〕 周光权：《“刑民交叉”案件的判断逻辑》，载《中国刑事法杂志》2020 年第 3 期。

〔3〕 刘艳红、施建辉：《不动产贷款诈骗犯罪刑民交叉问题探讨》，载《华东政法大学学报》2015 年第 4 期。

总而言之,“刑民交叉”既不是一个立法概念,也不是一个有明确内涵的理论概念,这一概念是形成于相关司法实践经验、总结于司法解释的类型化用法。大体来讲,理论和实践中使用的“刑民交叉”包含两个维度的内容:一是案件事实存在竞合、牵连、交叉等相互影响;二是争议事实必须同时考察民法和刑法的规定才能有效解决。这两个维度略有交叉但又不完全重叠。前者一般出现于民事和刑事存在相互影响的场合,例如债务人涉嫌非法集资类犯罪,担保人的责任承担问题;后者一般是单一事实引起的在民法和刑法的规范中来回“穿梭”,例如故意使怀孕妇女流产的,要判断是否构成故意杀人罪,要考察胎儿在民法的规定中是否能够被认定为自然人。从一定程度上来讲,也正是由于“刑民交叉”这一概念两个维度的内涵,使其鲜明地体现民法与刑法的对话、回应关系,以刑民交叉问题为切入点,最能直接有效地展现《民法典》实施《刑法》衔接、协调关系。故本课题研究在设计调查问卷、检索筛查相关案例时,也是在前述两个维度上使用“刑民交叉”这一概念,进而展开实证研究的。

(一)相关数据汇总

1. 主观状况

在进行本研究时,课题组首先从广西法院司法实务人员对刑民交叉问题的主观态度着手,设计可以通过互联网信息平台发送的调查问卷,并通过内部工作群组向广西法院的实务工作人员下发,以保证调查对象的全面性和随机性。最终,问卷浏览量达到483人次,收回有效问卷203份(调查对象任职的法院层级及主要业务分布情况见表1,调查对象在处理刑民交叉问题时主观倾向情况见表2)。在203份有效问卷中,126人(占比高达62%)表示遇到过《民法典》与《刑法》适用存在交叉的问题,这也是课题组以刑民交叉问题为切入点展开本研究的合理性证成之一。

表1 调查对象任职法院层级及主要业务分布情况

法院层级＼主要业务＼人数	立案	民事审判	刑事审判	行政审判	执行	其他(综合庭、审判管理等)	合计
基层法院	27	78	19	8	27	9	168
中级法院	11	11	2	1	2	2	29
高级法院	2	2	2	0	0	0	6
合计	40	91	23	9	29	11	203

表 2　调查对象在处理刑民交叉问题时的主观倾向情况

问题 \ 作答 人数	是	否	未作答
遇到刑民交叉问题是否一律向有侦查权的部门移送	39	164	0
难以甄别法律关系的刑民交叉问题，是否优先考虑向有侦查权的部门移送	143	60	0
因法律事实具有一定的牵连关系而形成的刑民交叉问题，是否向侦查权的部门移送	143	60	0
因民事案件涉及刑民交叉，是否曾不予受理	56	136	11
因民事案件涉及刑民交叉，是否曾中止审理	122	76	5
因民事案件涉及刑民交叉，是否曾驳回起诉	96	100	7
因刑事案件涉及刑民交叉，是否曾中止审理	40	144	19
因刑事案件涉及刑民交叉，是否曾宣告无罪	67	114	22

2. 实践面貌

为了探知刑民交叉案件在广西法院中的实践面貌，课题组以“广西壮族自治区”为法院地域范围，“裁判理由”为检索范围，将“刑民交叉”“民刑交叉”作为关键词，在中国裁判文书网上交替检索（检索日期 2021 年 11 月 30 日），排除重复案例，再根据二审裁判文书拓展检索后，共检索到广西法院历年裁判文书 72 份，但检索到的案例全部为民事案件，具体裁判情况见表 3。

表 3　民事案件裁判情况

裁判类型	案件数量/件
一审不予受理的裁定书	1
一审驳回起诉的裁定书	17
一审正常审理后的判决书	25
二审维持一审驳回起诉裁定的裁定书	7
二审撤销一审驳回起诉裁定的裁定书	4
二审维持一审按民事程序审理的判决书	16
再审维持一审、二审按民事程序审理的判决书	1
继续执行的裁定书	1

本着全面掌握广西法院处理刑民交叉案件实践面貌的原则,在前述检索方法未能检索到刑事案件的情况下,课题组根据刑事案件的特点,以"广西壮族自治区"为法院地域范围,设定案由为"刑事案由",将"民事纠纷"作为关键词,以"全文"为检索范围,将"无罪""中止审理"分别作为关键词,以"判决结果"为检索范围,用三种检索方式在中国裁判文书网上交替检索(检索日期 2021 年 12 月 1 日),共检索到广西法院历年刑事裁判文书 831 份。经过仔细查阅,这些案件中,大多数只是提到"本案因民事纠纷引起""未能正确处理民事纠纷",或者是未定稿的模板中提到"无罪"字眼,或者是因新冠疫情而中止审理,不涉及刑民交叉,不符合本研究的要求。将这些裁判文书剔除之后,累计检索到广西法院涉及刑民交叉问题的刑事裁判文书 82 份,具体裁判情况见表 4。

表 4　刑事案件裁判情况

裁判类型	案件数量/件
一审不予受理的裁定书	3
一审驳回起诉的裁定书	1
一审中止审理的裁定书	1
一审正常审理后有罪判决书	45
一审正常审理后无罪判决书	11
二审维持一审驳回起诉裁定的裁定书	1
二审维持一审无罪判决的裁定书	1
二审维持一审有罪判决的裁定书	15
一审有罪,二审改判无罪的判决书	4

(二)数据统计与探析

1. 宏观方面

经过对 203 份调查问卷以及民事和刑事共计 154 份裁判文书逐一分析和统计,课题组得出了以下具有启发性的数据:(1)调查问卷中,遇到刑民交叉问题一律向有侦查权的部门移送的共 39 份,约占有效问卷总数的 19.21%;当遇到难以甄别法律关系的刑民交叉案件和有牵连关系的刑民交叉案件时,选择优先向有侦查权的部门移送的为 143 份,占比为 70.44%。(2)民事裁判文书中,因涉及刑民交叉问题而阻止案件进入民事程序或者终止已经启动的民事程序,移送公安机关或者等待公安机关处理结果的裁判文书,包括不予受理、驳回起诉、二审维持驳回起诉三种情况共计 25 份,约占民事裁判文书的 34.72%。(3)在刑事裁判文书中,因涉及刑民交叉问题而阻止案件进入刑事程序、中止或者终止已经启动的刑事程序的裁判文书,包括不予受理、驳回起诉、中止审理、二审维持驳回起诉 4 种情况共计 6 份,约占刑事裁判文书的 7.32%。(4)广西法院在处理刑民交叉问题时,主要有三种模式,分别是先刑后民,占比约为 54.5%;先民后刑,占比约为 14.3%;刑民并行,占比约为 31.2%(见图 1)。[1]

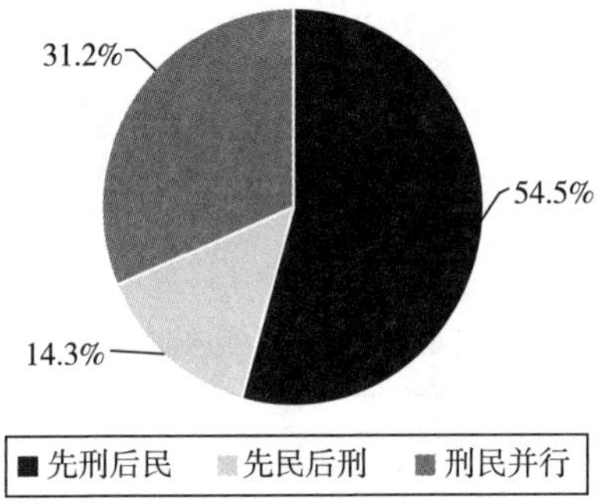

图 1　三种模式统计

从图 1 中可以看出,广西法院司法人员在处理刑民交叉问题时,适用先刑后民模式的情形最为普遍,刑民并行模式次之,先民后刑模式较少。总体而言,部分司法人员存在先刑后民的偏好。

2. 微观方面

上述主要从审理程序的选择,对刑民交叉问题的实践处理进行了宏观层面的分析。然而,探究究竟是什么因素在主导、决定审理程序的选择,则需要回到裁判文书的具体内容,进行微观层面的探讨。通过对 154 份裁判文书的详细审阅,课题组大体上将刑民交叉问题划分为如下类型,并进行统计分析。

(1)先决关系型。先决关系型主要是指一个案件必须以另一案件的审理结果为

---

〔1〕 需要说明的是,本课题先刑后民、先民后刑、刑民并行三种模式,并不单纯以诉讼程序的先后为统计依据,同时也将诉争实体问题的处理作为统计依据。例如,曾某月与曾某恭、曾某桥生命权、健康权、身体权纠纷案[(2018)桂 0221 民初 25 号]民事判决书,直接将已经生效的刑事案件认定的事实作为认定该案事实的依据,虽然民事诉讼程序连续进行,课题组仍然将其统计为“先刑后民”。另如,基于刑事案件的特殊性,只有自诉案件才可能出现不予受理、驳回起诉的情况,如果公诉案件因涉及刑民交叉问题而可能无罪时,实践中的做法通常是法院动员检察院撤回起诉或者直接宣告无罪,因此课题组将刑事案件中无罪的情况统计为“先民后刑”。

依据，包括一个案件中的特定事实对认定另一个案件基本事实具有决定性影响，或者一个诉讼对法律关系的认定直接影响另一个诉讼中争议法律关系的认定。[1] 前者如曾某月与曾某恭、曾某桥生命权、健康权一案中，法院认为“在刑民交叉案件中，刑事证据的认定标准远高于民事证据。就同一法律事实，刑事判决在先，民事判决在后，刑事判决中认定的事实应当作为民事裁判的依据，对曾某恭、曾某桥主张曾某月本身也存在过错，在刑事判决中已不被采纳，本案中，亦未能提供证据予以证实，故对其辩解主张，本院亦不予采纳”[2]。后者如丁某平与广西双合盛业水产养殖有限公司（以下简称双合公司）等委托合同纠纷案，自 2015 年 12 月 8 日至 2016 年 11 月 27 日，丁某平与赵某 1 先后 3 次签订盖有双合公司公章的《生蚝养殖合同》，且数次投入资金 83 万余元。赵某 1 确认收到投资款，但是辩称其已将所有投资款交给双合公司法定代表人赵某 2，并由赵某 2 制作相应蚝排养殖生蚝。2017 年 5 月 16 日，赵某 1 在投资微信群通知生蚝全部死亡。丁某平先于 2018 年 12 月 10 日报案称被赵某 1 诈骗，后又于 2019 年 3 月 16 日报案称被赵某 1、印某兵、赵某 2、双合公司诈骗。2019 年 4 月 22 日，防城港市公安局以涉嫌集资诈骗为由将双合公司法定代表人赵某 2 抓获，5 月 19 日将其执行逮捕。丁某平一审诉请解除《生蚝养殖合同》，赵某 1、赵某 2、双合公司等共同返还投资款。一审法院认为该案不属于经济纠纷案件而有经济犯罪嫌疑，裁定驳回起诉。二审法院审理后认为，因赵某 2 作为双合公司的法定代表人，其涉嫌集资诈骗与该案事实存在直接关系，且该案中所涉《生蚝养殖合同》的相关事实与涉嫌集资诈骗中所涉《生蚝养殖合同》的相关事实为同一事实，故该刑事案件的处理结果对该案的事实认定和处理结果具有先决关系，裁定驳回上诉，维持原判[3]。该案所体现的核心要旨是，如果签订合同只是行为人以非法占有为目的，实施集资诈骗行为的一种犯罪手段，则会直接否定双方当事人之间存在合同关系，即犯罪事实的认定会对合同关系的存在与否产生先决性、实质性的影响。

课题组检索到的涉及先决关系型刑民交叉问题的裁判文书共计 36 份。其中适用先刑后民模式的 34 份，约占该类型的 94.4%；适用先民后刑模式的 2 份，约占该类型的 5.6%；没有适用刑民并行模式的情况。这主要是因为，对于具有先决关系的刑民交叉问题，选择审理模式的程序法依据是《中华人民共和国民事诉讼法》（2021 年

---

[1] 张卫平：《民刑交叉诉讼关系处理的规则与法理》，载《法学研究》2018 年第 3 期。

[2] 广西壮族自治区柳州市柳江区人民法院民事判决书，(2018) 桂 0221 民初 25 号。

[3] 广西壮族自治区高级人民法院民事裁定书，(2020) 桂民终 131 号。

修正,以下简称《民事诉讼法》)第 153 条第 5 项的规定,即本案必须以另一案的审理结果为依据,而另一案尚未审结的,中止诉讼,等待另一案件的结果(前文已提到,实践中存在应当中止审理但驳回起诉的情况)。民事案件以刑事案件的审理结果为依据的,则中止民事案件的审理,也就是先刑后民;刑事案件以民事案件的审理结果为依据的,则中止刑事案件的审理,也就是先民后刑。显然,从调研的结果来看,实践中通常是民事案件以刑事案件的审理结果为依据,较少出现刑事案件以民事案件的审理结果为依据的情况,但也存在,例如莫某、宋某乾、吴某汉滥用职权罪一案中,就因需要确定涉案土地的权属而中止刑事案件的审理。[1]

(2)冲突关系型。冲突关系型主要是指民事法律和刑事法律对概念、违法性等要素的判断出现不完全一致的见解,或者两种规范相互间存在矛盾或者衔接漏洞等。例如卢某贪污案中,检察院指控,2009 年 1 月至 2013 年 3 月,时任田东县民政局社会事务股股长的被告人卢某利用经手办理儿童收养公告登记工作之便,按公告费人均 400 元收取 187 名收养人共计 74,800 元现金,卢某没有按照登记办法要求的一人一则公告的格式制作公告内容,而是通过压缩信息量和缩小字号的办法,在报纸、杂志广告版面内多刊登 1 ~5 名弃婴的信息。经核实,卢某通过刘某支付 85 则公告费共计 32,520 元,其截留 42,280 元予以侵吞。检察院依据《刑法》第 91 条第 2 款的规定,认为"在国家机关、国有公司、企业、集体企业和人民团体管理、使用或者运输中的私人财产,以公共财产论",卢某构成贪污罪。法院经审理后认为"本案的公告费,是由收养人按实际缴纳,理应直接交给报社,被告人卢某为了方便群众办理登记才私自收下转交给报社",卢某侵犯的财产系基于委托关系收取的私人财产,并非公共财产,其行为不符合贪污罪的犯罪构成要件,宣告无罪。该案的冲突点即为民法和刑法对私人财产和公共财产的理解不一致,而且这种不一致直接决定了刑民交叉案件中当事人犯罪与否。

对于违法性判断冲突的情况,主要包括两种情形:一种情形是民法认为合法的行为,刑法却认为是违法的,实践中非常少见;另一种情形是指不能确定究竟是民事违约、侵权等民事违法行为,还是刑事违法行为,比如实践中存在大量的超越代理权限处分财产的行为、改变借款约定用途的行为、"一物二(多)卖"的情形,不再具体

[1] 广西壮族自治区贵港市港南区人民法院刑事裁定书,(2013)南刑初字第 189 号。需要说明的是,虽然裁定原文是要等待涉案地块的行政确权程序,但行政程序要解决的实质问题是土地的权属问题,属于民事法律关系的范畴,故而课题组也将该裁定作为刑民交叉问题来研究。

列举。

至于规范矛盾和漏洞，从调研的情况来看，实践中较常出现但又容易被忽视的典型问题是"不法原因给付"的返还问题，例如请托在部队转士官、请托办理走私汽车牌照、请托办理机动车驾驶证等向他人给付财物被骗后能否返还的问题。域外民事立法关于不法原因给付有明确规定，如德国《民法典》第817条明确将给付原因违反法定禁止规定或者善良风俗的，规定为不当得利返还请求权的排除事由，这一规定在学说上被称为不法原因给付。[1] 我国民事立法领域，从《中华人民共和国民法通则》到《中华人民共和国民法总则》(以下简称《民法总则》)，再到《民法典》，都没有关于不法原因给付的明确规定。但学理上通常将《民法典》第153条"违反法律、行政法规的强制性规定的民事法律行为无效""违背公序良俗的民事法律行为无效"，作为认定不法原因给付无效的基础规范。但对于给付无效的后果，不同于《民法典》第157条规定的民事法律行为无效后，行为人因该行为取得的财产，应当予以返还，而是认为"除非不法原因仅在得利人一方，受损人均不得请求返还"[2]，以在一定程度上预防行为人为不法行为。在民事司法实务上，广西法院也有这样的案例。[3] 但课题组检索到的刑事案例中，无一例外地在追究得利方诈骗罪等刑事责任的同时，还要求得利方向受损人退赔全部"不法给付"。这样的冲突体现出了司法人员可能单纯地从刑法的立场看待不法原因给付的返还问题，不区分不法原因是否发生于受损人一方，均肯定受损人的受保护性，从而与《民法典》第153条的规定及其相应的司法实践相冲突。

关于冲突型刑民交叉问题，课题组共检索到66份裁判文书。其中适用先刑后民模式的46份，约占该类型的69.7%；适用先民后刑模式的20份，约占该类型的30.3%；没有适用刑民并行模式的情形。再具体细分，其中涉及违法判断的数量多达56份，约占冲突关系型刑民交叉问题的84.8%；涉及概念判断的6份，其中适用先刑后民模式的2份，适用先民后刑模式的4份。与先决关系型刑民交叉问题相比，冲突关系型刑民交叉问题适用先民后刑模式的比例大幅上升，尤其是涉及概念判断的冲突关系型刑民交叉问题，适用先民后刑模式的比重陡升至66.7%。这些都是意料之中的。首先，在一定程度上，民事违法与刑事违法可能只有"一步之遥"，实践中大量存在需要判断究竟是民事欺诈还是刑事诈骗，是合同违约还是合同诈骗，是普通侵权

---

[1] 刘昭辰:《不当得利》，台北，五南图书出版股份有限公司2012年版，第58~59页。

[2] 王泽鉴:《不当得利》，北京大学出版社2009年版，第92页。

[3] 广西壮族自治区崇左市中级人民法院民事判决书，(2019)桂14民终699号。

还是刑事犯罪等事例。故而涉及违法判断的刑民交叉问题在实践中大量涌现,同时也是实践中的难点重点所在。这在课题组实际座谈交流时就有所体现,当时的与谈对象提出要探寻刑民交叉问题的"黄金分割点",其所指实质就是民事违法与刑事违法的分界问题。其次,从刑、民关系来看,刑法在整体法秩序中一般处于保障法地位,"在刑法和民法发生冲突的情况下,一般应当坚持刑法的二次性评价原则,优先适用民法"[1],"也就是说,刑法具有补充性,即在市民安全问题上,只有民事的、道德的制裁等不充分时,才能够动用刑法。[2]"具体到刑民交叉问题中,就是当出现概念、违法性等冲突时,应当坚持民法是私权利保障的基本法,优先考虑民法的相关规定,并且在解释刑法规定时,尽量向符合民法理念、规定的方向去努力;对侵害私权利的行为当然以民法救济为主,能够用民法解决的问题,就不动用刑法。故而冲突关系型的刑民交叉问题适用先民后刑模式的比例会有所上升。当然这不意味着要否定刑法的独立性,差异仍然是允许而且应当存在的,对于某些事项,刑法与民法确实会有不同的结论,但这种差异应当维持在可以保持整体法秩序统一的范围内。

(3)牵连关系型。牵连关系型主要指案件事实存在关联,但不是同一法律关系,且不存在先决关系。例如刘某玲与覃某琼、吕某民间借贷纠纷一案中,刘某玲向覃某昌提供借款 10 万元。覃某琼、吕某作为担保人签字。审理中覃某琼、吕某提出借款人覃某昌可能涉嫌非法集资犯罪已被立案侦查,应中止诉讼。法院经审理后认为,"在民间借贷刑民交叉案件程序处理上,首先应当明确刑民独立、并行为主的原则。刑事纠纷与民事纠纷指向的事实虽为同一,但责任主体并不竞合,同时民事纠纷的处理并不以刑事事实为前提,民事事实的查明及责任的确定并不需要刑事判决的支持。覃某琼、吕某作为担保人为覃某昌向刘某玲借款提供担保,是基于意思自治的合同行为,单个借款担保行为并不侵犯刑事法律规范,且担保关系发生在贷款人与第三人之间,故即使单个借款行为叠加构成刑事犯罪,不应当牵连第三人为单个借款行为提供的担保,第三人与贷款人之间的担保法律关系还应当认定为独立于刑事法律关系的单纯民事法律关系"。[3]

关于牵连关系型的刑民交叉问题,课题组共检索到 52 份裁判文书。其中适用刑民并行模式的 48 份,适用先刑后民模式的 4 份,而这 4 份驳回起诉的一审裁判文书

---

〔1〕 张建、肖晚祥:《刑民交叉案件中的关系分析及处理原则》,载《法治论丛(上海政法学院学报)》2009 年第 2 期。

〔2〕 [日]平野龙一:《刑法的基础》,黎宏译,中国政法大学出版社 2016 年版,第 85 页。

〔3〕 广西壮族自治区桂林市中级人民法院民事判决书,(2016)桂 03 民终 2346 号。

经过二审审理之后均被撤销。[1] 从这些裁判文书可以看出，牵连关系型的刑民交叉问题，并不要求相应的民事案件和刑事案件谁先审理、谁后审理或者是同时审理，无论哪种审理模式都不会影响案件的裁判结果。这其中的原由从裁判说理中即可以看出端倪，即"本案"与相关刑事案件"不是同一法律关系""不是同一事实""无直接牵连"。其实质就是牵连型的刑民交叉问题，因为基于不同的事实，或者仅存在一定程度上的事实重合，刑事和民事的处理结果并不相互影响和相互依赖，处理过程也不会产生矛盾，在这种情况下，民事和刑事都可以独立进行。

从上述微观数据及其分析可以看出，实体问题对刑民交叉问题处理模式的选择具有决定性影响。首先，先刑后民模式并不是唯一选项，也不能成为一项基本原则，其只是长期司法实践中形成的处理刑民交叉案件的实践方式之一。[2] 虽然前文宏观数据表明实践中有超过五成的案件都适用先刑后民模式，但这只能说明这种模式在司法实践中比较普遍，可以帮助我们理解为什么部分司法人员会将其误认为一项基本诉讼原则，[3]绝不意味着所有的刑民交叉问题都要适用这种模式。即便是先决关系型的刑民交叉问题，也不能先验地认为一定是先刑后民，其适用还是要受到条件限制，"只有在刑事案件的处理结果对民事案件的处理结果足以产生实质性的影响的前提下，才应当优先处理刑事案件，然后再处理民事纠纷"[4]，仍然要看民事和刑事哪个实体问题能够成为另一个实体问题的先决条件。不可否认，从司法实践来看，刑事案件更容易成为民事案件的先决条件，也因此才要更加警惕，审慎甄别民事案件成

[1] 广西壮族自治区南宁市中级人民法院民事裁定书，(2017)桂01民初136号之一；广西壮族自治区高级人民法院民事裁定书，(2019)桂民终944号；广西壮族自治区南宁市中级人民法院民事裁定书，(2017)桂01民初173号；广西壮族自治区高级人民法院民事裁定书，(2020)桂民终725号；广西壮族自治区梧州市中级人民法院民事裁定书，(2021)桂04民初105号；广西壮族自治区高级人民法院民事裁定书，(2021)桂民终1125号；广西壮族自治区玉林市博白县人民法院民事裁定书，(2016)桂0923民初1142号；广西壮族自治区玉林市中级人民法院民事裁定书，(2018)桂09民终1387号。

[2] 广西壮族自治区城港市中级人民法院民事判决书，(2013)防市民一终字第244号；广西壮族自治区贺州市中级人民法院民事判决书，(2015)贺民一终字第276号；广西壮族自治区南宁市中级人民法院执行裁定书，(2015)南市执异字第70号；广西壮族自治区柳州市中级人民法院民事判决书，(2019)桂02民终3850号。

[3] 广西壮族自治区钦州市中级人民法院民事裁定书，(2020)桂07民终803号；广西壮族自治区来宾市兴宾区人民法院民事裁定书，(2019)桂1302民初187号；广西壮族自治区桂林市民事裁定书，(2018)桂0303民初1728号；广西壮族自治区桂林市临桂区人民法院民事裁定书，(2015)临民初字第1681-4号，原文均有"根据先刑后民原则"的表述。

[4] 江伟、林辛建、孙燕：《诈骗类案件中刑民交叉问题的调研报告》，载《法律适用》2009年第2期。

为刑事案件先决条件的情形。其次,刑民交叉问题中蕴含的冲突关系对先民后刑模式的适用有一定的正向促进作用,尤其是涉及概念判断的冲突关系型刑民交叉问题,表现得更加明显,这是由刑法的二次规范性质和保障法地位决定的。此外,涉及违法判断的冲突关系型刑民交叉问题占冲突关系型刑民交叉问题的八成之多,提示民事违法和刑事违法的区分与判断仍然是实务中的难点与重点。最后,在司法实践中遇到的刑民交叉问题,大约有超过三成在本质上并没有实体交叉点。对这类问题的处理,原本可以不必纠结先刑后民还是先民后刑,因为这类刑民交叉问题中的实体问题并不影响案件刑事或者民事程序的选择,二者可以并行不悖。但实践中还是会将原本的民事案件推到刑事诉讼当中去,在一定程度上弱化了民事裁判的实际效果。例如,前文提到的一审驳回起诉又被二审撤销的4起案件,最短的历时4个月,最长的历时3年才解决是否进入民事实体审理的问题。总之,对于刑民交叉问题的司法处理而言,究竟选择先刑后民还是先民后刑,抑或是刑民并行,关键还是要先找到案件诉争的实体问题,再通过对实体问题的具体分析,判断模式选择对裁判结果的影响,进而寻找到最优方案。

既然如此,为什么还会出现部分司法实务人员对先刑后民的偏好?课题组认为,这一现象的原因是多方面的。

第一,案件诉争实体问题的性质使然。在一些案件中,存在一个案件必须以另一案件的审理结果为依据的“先决关系”,而从司法实践来看,刑事案件更容易成为民事案件的先决条件,而且民事诉讼和刑事诉讼具有不同的价值追求,民事诉讼以实现民法的“矫正正义”[1]为价值追求,通常注重形式审查,倾向于保护交易关系。刑事诉讼则以实现刑法的“分配正义”为价值追求,强调实质审查,加上其拥有许多民事诉讼不具备的侦查、取证措施,使其相对而言更容易靠近案件的事实真相。例如,李某、黄某湖虚假诉讼罪一案中,李某为帮助黄某湖逃避法律义务,与黄某湖伪造2张金额分别为人民币80万元和110万元的借条,并以黄某湖到期未偿还借款为由,提起民事诉讼,人民法院组织双方进行调解后作出民事调解书,李某根据调解书向人民法院申请强制执行,后因李某不配合黄某湖领回执行款,黄某湖自动投案而案发。由此可见,“选择刑事途径在证据方面可以带来不可否认的方便条件。因为民事当事人在运用刑事途径进行诉讼时可以从法官为查找证据、查明事实真相而采取的强有力的手段中获得利益;刑事途径可以进行现场查证、勘验、搜查与扣押,甚至可以对受到追诉

〔1〕[加]欧内斯特·J.温里布:《私法的理念》,徐爱国译,北京大学出版社2007年版,第65页。

的被告人实行关押,且不谈在事实上可以更容易取得证人的证言。这样比较容易查明案情"[1]。在这种情况下,优先适用刑事程序解决实体争议无可非议。

第二,对涉及刑民交叉问题的规范性文件的误解。实践中,部分观点认为相关立法和司法解释确立了先刑后民的原则。[2] 这属于对规范性文件的误解,"虽然人们在认识上将'先刑后民'作为处理民刑交叉诉讼关系的原则,但就刑事诉讼法和民事诉讼法的规定来看,却并没有所谓'先刑后民'原则的规定"[3]。首先在立法上,《中华人民共和国刑事诉讼法》(以下简称《刑事诉讼法》)只对刑事附带民事诉讼作出规定,但这只是不同性质的案件由同一个审判机构合并主管时审理程序先后的问题,只是刑民交叉问题中的极小一部分内容,不能证成先刑后民原则的确立。实际上,关于刑民交叉问题整体性的处理规范,只有《民事诉讼法》第153条第1款第5项原则性的一般规定,"本案必须以另一案的审理结果为依据,而另一案尚未审结的",应当中止诉讼,等待另一案件的审理结果。从法教义学的角度来看,"另一案"当然包括但又不限于刑事案件,而且只有当"另一案"的审理结果是本案的依据时,才中止本案审理,显然没有确立只要"另一案"是刑事案件就中止审理的先刑后民原则。这一规定最早可以追溯至1982年《民事诉讼法(试行)》第118条第1款第4项,至2021年第四次修改时仍未有实质性变化。与立法的守正稳定相比,司法解释关于刑民交叉问题的处理规范要丰富得多。

最早的司法解释是1985年最高人民法院、最高人民检察院和公安部联合发布的《关于及时查处在经济纠纷案件中发现的经济犯罪的通知》(于2013年1月18日失效,以下简称《1985年通知》)。根据该通知的内容,由于当时"全国各级人民法院在审理经济纠纷案件中,发现有不少经济犯罪行为。为了保证及时、合法、准确地打击这些犯罪活动",特别联合通知:"各级人民法院在审理经济纠纷案件中,如发现有经济犯罪,将经济犯罪的有关材料分别移送给有管辖权的公安机关或检察机关侦查、起诉,公安机关或检察机关均应及时予以受理。"显然,从语义来讲,《1985年通知》的内容确实是模糊的,"移送"是只要有经济犯罪的线索就将经济纠纷案件全部"移送",还是部分"移送",移送后经济纠纷案件是中止审理还是驳回起诉,都不明确。不过,

---

〔1〕[法]卡斯东·斯特法尼等:《法国刑事诉讼法精义》,罗结珍译,中国政法大学出版社1999年版,第246页。

〔2〕万毅:《"先刑后民"原则的实践困境及其理论破解》,载《上海交通大学学报(哲学社会科学版)》2007年第2期。

〔3〕张卫平:《民刑交叉诉讼关系处理的规则与法理》,载《法学研究》2018年第3期。

最高人民法院于1986年8月28日作出《关于在审理经济纠纷案件中发现经济犯罪问题后移送有关部门,是否退还预收的案件受理费的批复》,要求“第一审人民法院在审理经济纠纷案件中,发现经济犯罪,移送有关部门依法处理时,对当事人所预交的案件受理费,应分别不同情况进行处理:全部移送的案件,预收的案件受理费应全部退还;部分移送,即只移送经济犯罪部分,经济纠纷仍需继续审理的案件,预收的受理费不予退还。至于实际应收取多少,待案件审结后,按核定的数额计算”。从这一批复可以看出,《1985年通知》实际上还是要根据案件的实体问题,对涉及经济犯罪的经济纠纷作出全案移送或者部分移送的不同处理。《1985年通知》下发两年后,全国各级人民法院在审理经济纠纷案件中发现经济犯罪时,移送不出去的问题仍然很突出,于是最高人民法院、最高人民检察院和公安部于1987年3月再一次联合发布《关于在审理经济纠纷案件中发现经济犯罪必须及时移送的通知》(于2013年1月18日失效),不仅重申《1985年通知》的要求,还明确“人民法院在审理经济纠纷案件中,发现经济犯罪时,一般应将经济犯罪与经济纠纷全案移送,依照刑事诉讼法第五十三条和第五十四条的规定办理。如果经济纠纷与经济犯罪必须分案审理的,或者是经济纠纷案经审结后又发现有经济犯罪的,可只移送经济犯罪部分。对于经公安、检察机关侦查,犯罪事实搞清楚后,仍需分案审理的,经济纠纷部分应退回人民法院继续审理”。这两个紧密关联的通知,说明当时实践中对刑民交叉问题的理解,局限于在经济纠纷案件中发现经济犯罪的情况,处理模式的选择上确实体现出一定程度的“先刑后民”的倾向,但也同时强调了要关注案件背后的实体问题,进而区别情况全案移送或者部分移送。

1997年,最高人民法院针对存单纠纷案件出台《关于审理存单纠纷案件的若干规定》,该规定第3条第2款规定:“人民法院在受理存单纠纷案件后,如发现犯罪线索,应将犯罪线索及时书面告知公安或检察机关。如案件当事人因伪造、变造、虚开存单或涉嫌诈骗,有关国家机关已立案侦查,存单纠纷案件确须待刑事案件结案后才能审理的,人民法院应当中止审理。对于追究有关当事人的刑事责任不影响对存单纠纷案件审理的,人民法院应对存单纠纷案件有关当事人是否承担民事责任以及承担民事责任的大小依法及时进行认定和处理。”(于2020年根据《民法典》修正时,该款内容没有变化)这一规定秉持《民事诉讼法》第153条第1款第5项规定的基本精神,明确“发现犯罪线索”,只是“应将犯罪线索书面告知”公安或检察机关,只有在“存单纠纷案件确须待刑事案件结案后才能审理的”,才应当中止审理。并且,这一规定明确否定在刑民交叉问题上无条件选择“先刑后民”,表达出要根据实体问题是否受影响来决定处理模式的思想。

关于刑民交叉问题最细致的司法解释，当属1998年最高人民法院颁布的《关于在审理经济纠纷案件中涉及经济犯罪嫌疑若干问题的规定》（以下简称《经济纠纷中涉及经济犯罪问题规定》），该规定首次明确根据是否同一“法律事实”或者同一“法律关系”来选择刑民交叉问题的处理模式。该规定第1条开宗明义，直接规定“同一公民、法人或其他经济组织因不同的法律事实，分别涉及经济纠纷和经济犯罪嫌疑的，经济纠纷案件和经济犯罪嫌疑案件应当分开审理”。第2条至第8条细致地区分单位与直接负责的主管人员、其他直接责任人员及相关人员因同一合同行为同时产生民事责任和刑事责任时，根据责任主体的不同情况可以选择先刑后民或者刑民并行。第9条规定诉讼时效因查处经济犯罪嫌疑而中断的情况。第10条明确“人民法院在审理经济纠纷案件中，发现与本案有牵连，但与本案不是同一法律关系的经济犯罪嫌疑线索、材料，应将犯罪嫌疑线索、材料移送有关公安机关或检察机关查处，经济纠纷案件继续审理”。第11条、第12条则类似兜底性地规定，人民法院对待决民事案件，“经过审查，认为确有经济犯罪嫌疑的”，驳回起诉；“确属经济纠纷案件的”，继续审理。这两条规定的语义稍显模糊，以致会产生与之前的条款有冲突的错觉。然而，结合上下条款以及这两条本身的用语，应该可以肯定，还是要根据案件的实体问题是否涉嫌犯罪来决定是否“移送”。《民法典》颁布之后，最高人民法院清理、修正司法解释时，于2020年12月23日对《经济纠纷中涉及经济犯罪问题规定》进行修正并重新公布。内容上，除前言部分将制定该司法解释的根据修改为《民法典》等有关规定，将第1条中的“公民、法人或其他经济组织”根据《民法典》修正为“自然人、法人或非法人组织”之外，1998年《经济纠纷中涉及经济犯罪问题规定》的其他内容可以说是原文延续下来，在《民法典》生效实施之后仍然有效。

新近涉及刑民交叉问题的司法解释，有2014年3月25日起施行的最高人民法院、最高人民检察院、公安部《关于办理非法集资刑事案件适用法律若干问题的意见》（现行有效）；2015年9月1日起施行的最高人民法院《关于审理民间借贷案件适用法律若干问题的规定》（2020年8月18日第一次修正，2020年12月23日第二次修正，以下简称《民间借贷司法解释》）；虽不是司法解释，但具有规范性指导意义于2019年11月8日印发的《全国法院民商事审判工作会议纪要》。这三份规范性文件均以是否“同一事实”为根据，来选择刑民交叉问题的处理模式，明确规定同一当事人因不同事实分别发生民商事纠纷和涉嫌刑事犯罪，民商事案件与刑事案件应当分别审理，例如主合同的债务人涉嫌刑事犯罪或者刑事裁判认定其构成犯罪，债权人请求担保人承担民事责任的,应予受理。即便是非法集资、非法吸收公众存款等涉众型经济犯罪与民商事案件,仍然坚持从实体问题出发,以"同一事实"为根据,区分不同情况选择不同的处理模式,不盲目"以民商事案件涉嫌刑事犯罪为由不予受理,已经受理的,裁定驳回起诉"。

通过上述梳理不难发现,关于刑民交叉问题的规范性文件,从来没有确立先刑后民的原则。相反,无论是立法还是司法解释,抑或是具有规范性指导意义的会议纪要,都会以"同一法律事实""同一法律关系""同一责任主体""同一事实"等为根据,区分不同情况选择不同的处理模式。尤其是随着对刑民交叉问题认识的深入,新近的规范性文件更是用较大的篇幅来细致地区分哪些情形下应当刑民并行。

第三,"重刑轻民"观念在审判程序上的体现。由于文化传统和社会历史条件的影响,我国长久以来存在"重刑轻民"的社会治理惯性。在我国五千多年的历史长河中,从春秋时期的《法经》,到后世的汉唐律、明清律,基本上都是诸法合体,以刑为主,民法规范附生在刑事规范之中,违反民事法律规范,会受到刑罚制裁,"重刑轻民"在我国具有深厚的历史传统。在当代,这一问题仍然凸显。"前民法典时代,我国一直是重刑轻民以刑事治理为主导的国家治理模式。"[1]体现在刑民交叉问题的处理上,就是部分司法人员对"先刑后民"的偏好,甚至将其作为一项基本诉讼原则来对待。客观上,有前述诉争实体问题性质和诉讼程序价值目标的影响。主观上,一方面,可能受到利益驱动的影响,例如调研中发现,实践中,因绩效考评对结案率等指标的考核,承办法官对应当中止审理而非驳回起诉的刑民交叉案件,往往也会选择直接驳回起诉,将民事案件推进刑事诉讼;另一方面,也存在部分司法人员确实不能准确判断哪些是属于先决关系,哪些是冲突关系或者牵连关系的情况,索性将民事案件推进刑事诉讼,待排除犯罪嫌疑后再进行民事审理,这一点,从民事案件中,二审撤销一审驳回起诉裁定的裁定书约占因一审驳回起诉而上诉案件总量的 36.3%,即可窥见一斑。

二、刑民交叉背后的实体症结,暨《民法典》实施与《刑法》衔接、协调的潜在障碍

处理刑民交叉问题的模式是根据实体问题的不同来具体选择的,实体问题既决定先刑后民、先民后刑或者刑民并行的选择,又是选择这些模式想要实现的目的。也就是说,刑民交叉问题背后所隐含的、起决定性作用的都是实实在在的实体问题。也

---

〔1〕 刘艳红:《民刑共治:国家治理体系与治理能力现代化路径》,载《法学论坛》2021 年第 5 期。

只有从实体问题出发,才能解释既然有一系列规范性文件的规定,为什么直到今天还会有部分司法人员"只要遇到刑民交叉问题,就一律向有侦查权的部门移送",追根溯源是因为不愿意或者不能准确判断刑民交叉背后的实体问题。

然而,不得不承认,刑民交叉背后的实体问题繁杂多元。从前文的分析也可以看到,几乎每宗刑民交叉案件都有不同的实体争议,在本研究中一对一地将其解决不具有现实可行性。"当抽象——一般概念及其逻辑体系不足以掌握生活现象或意义脉络的多样表现形态时,大家首先会想到的补助思考形式是类型。"[1]类型化是归纳总结实践经验的思维方式之一,是将具有某些相同特征但类而不同的事物归为同一类型。例如某事物具有a、b、c、d特征,另一事物具有a、b、e、f特征,由于他们都具有a、b特征,就可以归纳为同一类型。按照类型化的方法,课题组尝试将裁判文书及规范性文件中体现出的刑民交叉背后的实体问题进行类型化归纳。

(一)概念的解释与框定

刑法条文中大量使用来自民法的概念和术语,集中体现在破坏社会主义市场经济秩序罪、侵犯人身权利罪和侵犯财产罪中,如自然人、法人、财物、遗忘物、股票、商标、专利、占有、买卖、重婚等,故而民法对人和物的规定,特别是民法对人身权利和财产权利的具体规定,对这些犯罪的司法认定具有重要意义。这天然地形成了司法实践中刑民交叉问题诉争的实体焦点,这些实体焦点追根溯源主要是概念论的问题,即在民法和刑法的不同场域中,这些概念和术语是否具有相同的内涵与外延。从历史的维度来看,"于1986年《中华人民共和国民法通则》颁布之后至《中华人民共和国民法总则》颁布之前的30多年里,我国民事立法未能根据时代发展需要适时增加新型权利"[2];相反,我国刑事立法却紧跟时代步伐,自1997年至今以几乎每两年颁布一部修正案的速度,结合数量可观的司法解释,对人身法益和财产法益进行内涵和外延两个维度的扩张,使民法和刑法在人身权利和财产权利的保护范围和力度上形成巨大张力。甚至出现相关概念,尤其是财产概念在民法和刑法上的"二元标准"。例如,关于占有这一概念,"刑法占有只要求占有人具有一般的、概括的意思,而民法占有人要成为近似于所有人的权利主体则需要较为明确具体的占有意思;民法占有的权利性质,也决定了占有对象物不能是违禁物等非法物品,而刑法上占有则无此种要

---

〔1〕[德]卡尔·拉伦茨:《法学方法论》,陈爱娥译,商务印书馆2003年版,第337页。

〔2〕夏伟:《新型权利入民法典对刑法犯罪评价的影响》,载《法学评论》2021年第3期。

求"[1]。再如,刑法将财产性利益解释进财物的范畴,[2]从外延上扩张财产概念。民法和刑法这种概念上的冲突,给司法实践带来的困惑就是,不同法院或者法官对待处于灰色地带的财产侵害行为时,采取的是不同的做法,有的以没有财产侵害的结果、证据不足等为理由宣告无罪,有的以符合犯罪构成要件为理由入罪。

(二)违法性判断

在刑民交叉问题中,有两类现象值得特别关注。一是刑事司法介入民事纠纷。例如,翟某华、南宁华普正方泊车建设管理有限公司(以下简称华普公司)合同诈骗罪一案中,南宁市政府授权南宁市城市路桥投资管理有限公司(以下简称路桥公司)负责车位的经营管理,路桥公司将南宁市城市道路机动车泊车位发包给华普公司经营,华普公司除按约定向路桥公司上缴议定的承包金外,还要将超出承包金外的经营收入依约定的比例上缴给路桥公司,超出部分的上缴比例一年一议。实际运行中,华普公司总经理翟某华按照从路桥公司申领的发票额度上缴停车费收入,将未开具发票的停车费收入中的一部分列入华普公司"其他应付款"会计科目中记账,钱款用于购买保本理财。检察院指控华普公司合同诈骗罪,翟某华犯合同诈骗罪,一审法院认定被告单位华普公司在履行合同过程中,采取虚构事实,隐瞒真相的手段,隐瞒其历年真实收入,使路桥公司少分得分成款共计 751 万余元,构成合同诈骗罪,判处罚金 20 万元。翟某华作为华普公司主要负责人,应当承担刑事责任,犯合同诈骗罪,判处有期徒刑 11 年,并处罚金 10 万元。二审法院经审理后认为该案涉及对合同条款的理解问题,合同双方对停车收费如何进行结算事实上存在争议,对此,有待合同的双方经过协商达成合意或通过民事诉讼予以司法确认,宣告华普公司及翟某华无罪。[3]二是"刑民倒挂",即民法上合法的业务行为被评价为刑事犯罪。例如,何某豪职务侵占一案中,何某豪于 2005 年 7 月经应聘入职建业公司,2013 年 8 月 20 日被任命为建业公司广西分公司南宁项目部经理。2013 年 11 月至 2014 年 5 月,何某豪以建业公司购买柴油支出油费为由,使用 41 张中石化南宁分公司发票在建业公司广西分公司报销,并经由其本人在最终批示栏签批同意后,自公司报销得款 382,500 元。一审法院认为,被告人何某豪以虚列支出向公司报账的手段使公司的钱款 382,500 元转移为自己占有、控制,数额较大,其行为构成职务侵占罪。然而就在一审判决后,建业公

[1] 周光权、李志强:《刑法上的财产占有概念》,载《法律科学(西北政法学院学报)》2003 年第 2 期。

[2] 张明楷:《论盗窃财产性利益》,载《中外法学》2016 年第 6 期。

[3] 广西壮族自治区高级人民法院刑事判决书,(2018)桂刑终 177 号。

司还继续向何某豪父亲账户打款50余万元，备注为白石龙奖金。二审法院经审理后认为，在案证据不能充分证明何某豪的报账行为具有非法占有的目的，亦无法排除双方债务没有结清的情况下，何某豪经建业公司高层审批同意，以虚列开支报账取回代垫款的正当事由，宣告何某豪无罪。[1] 通常认为，基于刑法谦抑性和法秩序统一原理，能够用民法解决的争议，就无须动用刑法，至少也应当避免出现民法认为合法却被认定为刑事违法的“刑民倒挂”现象。以这两个案例为代表的两类异常现象，归根结底是不能准确地进行违法性判断的，这导致刑民交叉问题在司法实践中大量存在程序回流现象，浪费司法资源，损害司法权威。

（三）规范漏洞

由于社会历史条件、立法技术以及部门法理念等，成文法至少存在两种类型的规范漏洞：一是“法律漏洞”，即“从立法者的评价计划来看，在某个法律中缺少必要的规则”；二是“冲突漏洞”，即“两条规则可能涵摄同一事实，并且因此导致相反的法律效果”。[2] 从刑民交叉问题的背景来考察，前者如不法原因给付，在我国无论是民事立法还是刑事立法都没有明确给出处理规则。前文也提及，民事司法实践内部以及与刑事司法实践相互之间，都因不法原因给付制度的阙如存在裁判结果的冲突。后者《民间借贷司法解释》第6条规定：“人民法院立案后，发现与民间借贷纠纷案件虽有关联但不是同一事实的涉嫌非法集资等犯罪的线索、材料的，人民法院应当继续审理民间借贷纠纷案件，并将涉嫌非法集资等犯罪的线索、材料移送公安或者检察机关。”《经济纠纷中涉及经济犯罪问题规定》第11条规定：“人民法院作为经济纠纷受理的案件，经审理认为不属经济纠纷案件而有经济犯罪嫌疑的，应当裁定驳回起诉，将有关材料移送公安机关或检察机关。”在这两个司法解释都有效的情况下，有的法院选择适用《民间借贷司法解释》的规定，有的法院则选择适用《经济纠纷中涉及经济犯罪问题规定》。[3] 显然，这是由于司法解释用语模糊而引起的“冲突漏洞”。

将刑民交叉背后的实体问题类型化以后，再次发现，刑民交叉“作为一种法律研究对象的表述，并不是一个严谨的法律概念”[4]，无论是从处理模式之争还是其背后

---

〔1〕 广西壮族自治区南宁市中级人民法院刑事判决书，(2019)桂01刑终197号。

〔2〕 [德]伯恩·魏德士：《法理学》，丁晓春、吴越译，法律出版社2013年版，第351页。

〔3〕 广西壮族自治区高级人民法院民事裁定书，(2019)桂民终944号；广西壮族自治区南宁市中级人民法院民事裁定书，(2017)桂01民初136号之一。

〔4〕 刘高：《民刑交叉中合同效力的认定及诉讼程序的构建——以最高人民法院相关司法解释为视角》，载《法学家》2015年第2期。

诉争的实体问题，其涉及的刑民关系范畴广泛而深入，几乎可以等同于刑法和民法实施衔接、协调关系的范畴。即便是最狭义的刑民交叉概念，也要以“法秩序统一原理”为立场，从“竞合型的法律事实”出发，对“实质的刑事可罚性”展开研究，[1] 毫无疑问这也是刑民衔接、协调关系的核心内容。因此，对刑民交叉问题背后实体症结的应对，为我们从经验出发，先验地、系统地探讨新时代《民法典》实施与刑法的衔接、协调关系打开了窗口。

三、刑民交叉背后实体症结的应对，暨《民法典》实施与刑法衔接、协调的系统路径

（一）以法律解释法律为原则及目的解释为例外

如前所述，在刑法与民法中常常使用同一法律概念。从法秩序统一性的角度出发，理想的状态是，对同一法律概念无论是在刑法中，还是在民法中，都应作同一解释，这符合预测可能性，以便于理解和遵守。“刑法是民法以及其他部门法的制裁力量，具有保障法的性质”，“刑法在法律体系中的独特地位表明其是民法以及其他部门法的后置法”[2]，其“本身不创制前所未有的新法益，它的保护客体与前置法上的客体（包括权利和利益）应当具有同体性”[3]。因此，对于刑法中使用的与民法中相同的法律概念，在司法适用时应当根据前置法的规定进行解释，遵循以法律解释法律为原则。

不可否认，前“《民法典》时代”，由于民事立法的“沉默”，刑事立法的“活跃”，刑法在对有关行为进行认定时，尤其是侵犯人身权利罪和侵犯财产罪领域，呈现出抛开前置法单向度发展的趋势。在《民法典》编纂的过程中，多种新型权利主张得到《民法典》的确认而成为法定权利，这在一定程度上终结了长期以来刑法在新型权利保护上前置法依据的阙如状态，也在一定程度上平息了对部分概念的刑法单向度争论。从刑民交叉问题的背景出发，当出现相关概念的判断问题时，更应当参照《民法典》的相关规定对刑法进行解释。

1.《民法典》人身权利的规定与相关犯罪的解释适用

《刑法》分则第 4 章规定的侵犯人身权利罪，其客体包括人的生命、健康、人格、隐

---

〔1〕 王充：《刑民交叉三论》，载《华东政法大学学报》2021 年第 6 期。

〔2〕 陈兴良：《民法对刑法的影响与刑法对民法的回应》，载《法商研究》2021 年第 2 期。

〔3〕 冀洋：《法益自决权与侵犯公民个人信息罪的司法边界》，载《中国法学》2019 年第 4 期。

私等各种人身权利，这些人身权利在《民法典》中集中规定于第 1 编第 5 章和第 4 编，是《民法典》保护的民事权利中的部分内容。《民法典》对人身权利相关概念的规定，为《刑法》中侵犯人身权利罪的理解适用提供了前置法依据。

以侵犯公民个人信息罪为例，该罪最早于 2009 年《中华人民共和国刑法修正案（七）》（以下简称《刑法修正案（七）》）增设，当时分两款分别增设出售、非法提供公民个人信息罪和非法获取公民个人信息罪，后于 2015 年《中华人民共和国刑法修正案（九）》修改为侵犯公民个人信息罪。彼时，对于公民个人信息的内涵与外延，民法学界尚在争论之中，没有民事立法予以确认。这给法律适用带来的困惑就是，“关于侵犯公民个人信息罪法益的理解，出现了隐私权说、公民信息自决权说、信息专有权说、公民个人信息权说、公民信息公共属性说等诸多学说，其中最鲜明的争议在于本罪是否带有超个人法益的特征”〔1〕。在《民法典》编纂工作的“第一步”完成之后，即《民法总则》颁布之后，基于个人信息权在民法上的确立，〔2〕关于侵犯公民个人信息罪保护法益的争论因为前置法依据的出现，逐渐取得一定程度的共识，即该罪的保护法益是个人法益，而不是社会秩序、公共利益等超个人法益。〔3〕

2.《民法典》财产权利的规定与相关犯罪的解释适用

《民法典》既保护自然人的人身权利，也保护财产权利。在现行法律体系中，民法是对财产权规定最为明确和精细的部门法，可以说是财产权保护的基本法。一般情况下，其他法律中的财产或者财产权概念，都是在民法基础上予以展开的。刑法也不例外。只有深入理解《民法典》关于财产权的相关概念的内涵与外延，才能正确地解释适用《刑法》中的相关犯罪。

例如，财产的归属是《民法典》规定的财产权利中的重要内容，在刑法适用中能否正确判断财产的归属，对于罪与非罪的认定具有指导作用。如前述卢某贪污案中，涉案钱款究竟是国家机关管理下的“公共财产”，还是卢某个人基于委托关系代收的收养人的“私人财产”，对于贪污罪的成立与否具有决定性意义。基于涉案民政局并没有收取或者管理涉案钱款的权责，涉案钱款也没有进入单位财务账，而是由卢某个人

〔1〕马永强：《侵犯公民个人信息罪的法益属性确证》，载《环球法律评论》2021 年第 2 期。

〔2〕王利明、周友军：《我国〈民法总则〉的成功与不足》，载《比较法研究》2017 年第 4 期。

〔3〕刘艳红：《民法编纂背景下侵犯公民个人信息罪的保护法益：信息自决权——以刑民一体化及〈民法总则〉第 111 条为视角》，载《浙江工商大学学报》2019 年第 6 期；冀洋：《法益自决权与侵犯公民个人信息罪的司法边界》，载《中国法学》2019 年第 4 期；马永强：《侵犯公民个人信息罪的法益属性确证》，载《环球法律评论》2021 年第 2 期。

占有的事实,所有权并没有发生转移,其性质就仍然是卢某个人代收的“私人财产”,因此不能认定为贪污罪。对此类行为的评价,财物所有权占有状态和转移时点,对于案件的定性具有决定性影响。

再如,《民法典》关于占有的规定,也对犯罪的认定具有重要意义。有这样一则案例:2016年年初,肖某贵先后两次在本村后山上发现3只山羊,遂牵回家圈养。2016年2月23日,胡某发现隔壁村肖某贵家圈养了3只母羊,就是其在本村后山放养丢失后一直寻找的山羊,经索要未果,遂向公安机关报案。同日,公安机关将肖某贵抓获。经鉴定,3只母山羊的价值为3014元。一审认定肖某贵构成盗窃罪,二审改判为无罪。[1] 盗窃是以非法占有为目的,违反被害人意志,采取平和的手段,将他人占有的财物转移为自己或者第三者占有的行为。[2] 该案即涉及对占有的认定。在民法上,构成占有通常需要两个要素:一为体素,即现实持有;二为心素,即持有的意图。[3] 胡某放养在其本村后山的山羊,离群后走到肖某贵所在的村子后山上,已经脱离胡某支配力所能涉及的范围,丧失对山羊的占有,此时山羊处于无人占有的状态,即为遗失物。肖某贵拾得遗失物的行为不可能构成对胡某占有的非法排除,当然不成立盗窃罪。

3. 目的解释的例外

刑法虽然对民法表现出一定的从属性,但其在性质、目的、任务和方法上毕竟与民法有别,表现出一定程度的独立性。对刑法和民法上形式上相同的法律概念,有时会根据刑法规范的目的,为阐明刑法条文真实含义而作出不同于民法的解释,此即目的解释的例外。这是各国刑法理论与审判实践普遍接受的解释原理。[4] 对于处理刑民交叉问题,目的解释发挥着十分重要的作用。

例如,《民法典》第314条规定:“拾得遗失物,应当返还权利人。拾得人应当及时通知权利人领取,或者送交公安等有关部门。”我国《刑法》第270条第2款规定:将他人的遗忘物或者埋藏物非法占为己有,数额较大,拒不交出的,为侵占罪。《刑法》在此处使用与《民法典》相似又有一字之差的概念,有其自身立法目的的考量。“这里所说的遗忘物,是指由于财产所有人、占有人的疏忽,遗忘在某处的物品。在实践中,遗忘物与遗失物是有区别的。遗忘物一般是指被害人明确知道自己遗忘在某处的物

---

〔1〕 广西壮族自治区桂林市中级人民法院刑事判决书,(2016)桂03刑终485号。

〔2〕 张明楷:《盗窃与抢夺的界限》,载《法学家》2006年第2期。

〔3〕 [德]弗里德里希·卡尔·冯·萨维尼:《论占有》,朱虎、刘智慧译,法律出版社2007年版,第79页。

〔4〕 张明楷:《如何使解释结论符合法条目的》,载《人民法院报》2005年11月23日,第B01版。

品，而遗失物则是指失主丢失的物品。对于拾得遗失物未交还失主的不得按照侵占罪处理。"[1] 显然，《刑法》在此处采用与《民法典》略有差异的概念，目的就是限缩侵占罪的范围。

又如，《刑法》第 270 条第 1 款规定：将代为保管的他人财物非法占为己有，数额较大，拒不退还的，是侵占罪。《民法典》第 888 条第 1 款规定："保管合同是保管人保管寄存人交付的保管物，并返还该物的合同。"此处"代为保管"是否就限于"保管合同"的范围？刑法通说认为，成立侵占罪的前提是行为人合法占有他人财物，但拒不返还。"只要某种占有具有被处分的可能性，便属于侵占罪中的代为保管。"[2] 因此，侵占罪中的"代为保管"，除了包括《民法典》中基于保管合同产生的保管关系外，还包括基于委托、租赁、仓储、运输等合同产生的合法占有财物的情形，这些合同关系中同样会产生代为保管的事实。在课题组检索到的涉及刑民交叉的裁判文书中，有涉及侵占罪的两则案例，法院分别以涉案行为属于"委托代理""租赁关系"为由认定"不属于刑法规定的侵占罪中代为保管财物的情形"，为民事纠纷，进而否定侵占罪的成立。[3] 这种保持刑法的谦抑性，能够用民法解决的争议不动用刑法的理念值得肯定。但是不当限缩刑法相关概念的说理方式却不可取，这显然是对民刑关系的形式化理解，不利于发挥《刑法》对《民法典》的保障法作用，影响民刑衔接、协调。

需要特别说明的是，刑法虽然具有一定的独立性，但是这种独立性应当受到严格的限制，应当在整体的法秩序下进行概念的创设和解释问题，最低的限度是要避免"刑民倒挂"，即避免民法认为合法的情形，刑法却通过概念的解释与扩张认定为犯罪。

（二）犯罪的双重违法性判断的提倡

民事违法性与刑事违法性的关系是刑民交叉问题的最核心问题，也可以说是民刑关系的最核心问题，由此产生违法多元论、严格的违法一元论、缓和的违法一元论、违法相对论的分野。其争议的焦点可以从两个维度加以理解：(1) 民法中的合法行为，在刑法上是否也必然是合法的或者正当的；(2) 民法中的违法行为，如果具有刑法上构成要件的该当性，是否必然具备刑事违法性。违法多元论对这两个问题均持否

---

〔1〕 全国人大常委会法制工作委员会刑法室编：《中华人民共和国刑法条文说明、立法理由及相关规定》，北京大学出版社 2009 年版，第 564 页。

〔2〕 张明楷：《如何区分盗窃罪与侵占罪》，载《人民法院报》2003 年 9 月 5 日。

〔3〕 南宁市青秀区人民法院刑事裁定书，(2015) 青立刑初字第 8 号；南宁市青秀区人民法院刑事裁定书，(2016) 桂 0103 刑初 295 号。

定态度;严格的违法一元论对这两个问题均持肯定态度;缓和的违法一元论肯定第一个维度但否定第二个维度;违法相对论对这两问题均持否定态度,其与违法多元论的区别在于论证路径不同,前者在构成要件的该当性层面考虑这两个问题,后者在违法性层面论证这两个问题。课题组认为根据法秩序统一原理,民法中的合法行为,不可能在刑法中被认定为犯罪,但第二个问题则具有或然性,也就是认同缓和的违法一元论。因为用刑法处罚民法中允许的行为,这会让循法者无所适从,不仅会阻碍私法自治的实现,也不利于刑法自身发挥作用。刑法在整体法秩序中又处于保障法或者最后手段法的地位,因而具有刑事违法性的行为必然是整个法律体系中违法性最为严重的行为,行为具有民事违法性的判断不能替代刑事违法性的判断。在具体的判断进路上,由于“刑法中的犯罪都是以违反各种前置法为前提而成立的”[1],课题组进一步认为应当提倡犯罪的双重违法性判断,即以民法等前置规范作为一次违法性判断依据,进而影响乃至决定是否进行二次违法性即刑事违法性的判断。

将违反前置法作为刑事违法性判断的前提,在法定犯中容易理解,这类犯罪的罪状中通常有“非法”“违反国家有关规定”等明确的构成要件要素,来源于“自体恶”的自然犯通常没有此类规定。然而,这只是立法文本对表达方式的选择不同而已。如《刑法》第176条规定,非法吸收公众存款或者变相吸收公众存款,扰乱金融秩序的,成立非法吸收公众存款罪。此处虽然没有明文规定违反哪种前置法,但从其“扰乱金融秩序”的表述,很容易推断需要以违反国家金融管理法律法规为前提,这也是最高人民法院《关于审理非法集资刑事案件具体应用法律若干问题的解释》第1条规定“违反国家金融管理法律规定,向社会公众(包括单位和个人)吸收资金的行为……”的立法根据。可见,缺省的前置规范不等于认定犯罪不需要以违反前置规范为前提。自然犯同样违反前置法规定,而且通常是民法的规定。例如,故意杀人罪、故意伤害罪就是对民法中生命权、健康权的侵犯;即便是盗窃罪,也以侵犯民法规定的财产权为前提。如前述肖某贵盗羊案,由于原所有权人已经丧失了对财物的占有,肖某贵不可能侵犯其财产权,因而不成立盗窃罪。

在进行双重违法性判断时,应当注意区分民法中的合法和有效。民法中行为的效力并不以合法为前提。比如,在善意取得制度中,无权处分人的处分行为是有法律效力的,善意第三人可以因该处分行为取得物权,但这并不妨碍将无权处分行为评价为对原物权人的侵权行为。在符合刑事违法性和有责性的前提下,将此行为评价为

---

[1] 陈兴良:《民法对刑法的影响与刑法对民法的回应》,载《法商研究》2021年第2期。

侵占罪,也不违反双重违法性判断机制。不能准确区分民法中的合法和有效,可能引起一系列不必要的困惑。此外,对民法上的合法行为应当作实质解释,即不仅要具有民事行为的形式,还要具有民事行为的真实内容。例如,前述李某、黄某湖虚假诉讼罪一案中,其二人之间的民间借贷只有民事行为的形式,而不具有真实的借贷内容,因此不具有实质的民事合法性,不能阻挡刑事违法性的二次评价。相反,对于行为人通过股权转让的方式,实现转让土地使用权的真实目的时,因为股东转让股权是民法上允许的行为,而且双方存在真实的交易内容,"现行法律并无效力性强制性规定,禁止房地产项目公司以股权转让形式实现土地使用权或房地产项目转让的目的"〔1〕,这种具有实质合法性的行为就可以也应当阻止进行刑事违法性的二次评价。

相应地,在进行双重违法性判断时,也应当对民事违法性进行实质解释,即对民法的违反以达到足以侵犯民事权利,为转向刑法违法性评价的必要条件。例如,前引翟某华、华普公司合同诈骗案,何某豪职务侵占案,虽然均存在一定程度的民事违法行为,但均未达到足以侵犯财产权利的程度,仍然属于民事纠纷,不进入刑事违法性评价。再如,李某艳诈骗案中,2015 年 8 月,李某艳向蔡某虚构能够帮助蔡某所在的汕头市中烟包装有限公司(以下简称汕头中烟公司)取得广西中烟工业有限责任公司香烟包装盒加工项目,并指使徐某 1 冒充广西中烟集团的领导一起和汕头中烟公司的代表蔡某进行协商。李某艳以香烟包装盒加工项目需要支付定金为由,骗汕头中烟公司于 2015 年 8 月 28 日支付了 50 万元。李某艳收到 50 万元后立即转至广西皓乐城投资有限公司、广西中沃投资管理有限公司、周某英等账户。一审法院认为李某艳以非法占有为目的,通过虚构事实的方法,骗取被害单位汕头中烟公司 50 万元,数额特别巨大,其行为已构成诈骗罪。二审法院经审理认为李某艳为解决经营投资困难,指使他人假冒广西中烟公司的工作人员,获取蔡某通过汕头中烟公司支付 50 万元诚意金用于个人经营支出的行为中,确有诈欺事实及表现。但收款后李某艳与蔡某自愿写了借条并约定了还款的时间,该行为表明双方有将上述款项转为二人之间民间借贷的意思表示,没有违反法律的规定,符合民事法律行为的特征。李某艳获取上述款项没有恶意地逃避或挥霍消费,皆是投入于个人正当经营开支,其行为表现尚不足以证明其具有刑法意义上的非法占有目的。鉴于李某艳被抓获归案时,双方借条约定的还款期限未到,李某艳名下个人财产有足以偿还该债务的可能,法院宣告李

〔1〕 最高人民法院民事判决书,(2004)民一终字第 68 号;最高人民法院民事判决书,(2007)民二终字第 219 号;最高人民法院民事判决书,(2013)民一终字第 138 号。

某艳无罪。[1] 该案的核心是,李某艳通过具有民事违法性的欺诈行为获取他人财物,是否等同于具有非法占有的目的且非法占有了财产。二审法院通过对李某艳获取财物前后的客观行为的详细审查,对李某艳的欺诈行为作出实质解释,否定其具有非法占有目的,否定足以产生财产侵害,进而宣告李某艳无罪。可见,就侵犯财产罪的自然犯来讲,仍然需要具备财产侵害这一实质性的前置法规范违反行为,才能够奠定行为的刑事可罚性基础。

此外,在双重违法性判断中,民法上的免责事由同样具有限制刑事违法性评价的功能。例如,《民法典》第1176条第1款规定:"自愿参加具有一定风险的文体活动,因其他参加者的行为受到损害的,受害人不得请求其他参加者承担侵权责任;但是,其他参加者对损害的发生有故意或者重大过失的除外。"也就是在一般过失的范围内免除其他参加者的侵权责任。那么,对参加具有一定风险的文体活动时因一般过失致人重伤的,即可援引这一规定阻止适用《刑法》第235条过失致人重伤罪进行刑事违法性评价。又如,《民法典》第1177条第1款规定:"合法权益受到侵害,情况紧迫且不能及时获得国家机关保护,不立即采取措施将使其合法权益受到难以弥补的损害的,受害人可以在保护自己合法权益的必要范围内采取扣留侵权人的财物等合理措施;但是,应当立即请求有关国家机关处理。"该规定赋予在民法上争论已久的自助行为以合法性,在符合《民法典》规定的条件时,可以阻止侵犯财产罪刑事违法性的评价自不待言。需要说明的是,根据"入罪以法、出罪以理"的格言,"入罪必须有法律明文规定,出罪可以以法理为依据"[2],在我国《刑法》尚未规定自救行为免责的情况下,该条还可以作为法秩序统一原理下的法理,在一定条件下阻却侵犯人身权利罪的成立。司法实践中已经出现类似的案例,只不过并没有明确引用该条作为说理依据。[3]

(三)规范漏洞的填补

规范漏洞及其填补是法律适用活动中不可避免的现象和活动。关于规范漏洞的成因,理论界和实务界基本上有共同的认识:第一,人类认识的历时性变化使用原有

---

[1] 广西壮族自治区南宁市中级人民法院刑事判决书,(2018)桂01刑终344号。

[2] 陈兴良:《民法对刑法的影响与刑法对民法的回应》,载《法商研究》2021年第2期。

[3] 广西壮族自治区南宁市青秀区人民法院刑事判决书,(2020)桂0103刑初925号。行为人追盗窃电动车的嫌疑人时,与盗窃嫌疑人发生肢体接触后,盗窃嫌疑人因脑干损伤合并冠心病心肌梗死继发循环呼吸功能障碍死亡。法院认为行为人在制服盗窃嫌疑人时没有超过必要限度,不能预见或者判断盗窃嫌疑人具有严重冠心病的特异体质,无须对盗窃嫌疑人的死亡结果负责,故宣告行为人无罪。

规范不适用社会变迁；第二，规范本身具有抽象性、概括性和不确定性；第三，人类理性能力的局限性使立法者永远不可能制定出一部完善的成文法。[1]

对于如何进行规范漏洞的填补，从方法论维度上看主要有两种进路：一种是理性论者的思维，注重高度的事实抽象与严谨的逻辑推理，旨在寻找填补规范漏洞的一般规则，由此形成具有代表性的法教义学立场，其"本质上是以建构性活动为中心的实践科学"[2]；与之相对应的是经验论者的思维，更关注通过具有问题来形成解决方案，旨在为规范漏洞的填补提供个案经验，其反对体系建构的有效性，认为"'已有、曾有、将有'均非'应有'，不能从'实然'中归纳出'应然'"，"法是不以实际为转移的'应然'，是与'存在'对立的"[3]。两者有着相对优先适用的场域，具有互补性。如对于法律概念内涵的确定，法教义学的作用无疑是突出的；而建构一般规则时，难免会疏忽个案中的特殊情况，需要从事实本身中寻找答案，如我国的指导案例制度就是典型的从个案经验寻找解决方案的实践。因此，理性主义和经验主义对填补刑民交叉领域或者说民刑衔接、协调视角下的规范漏洞都具有方法论的意义。

从具体方法的维度来讲，无论是理性论者的思维还是经验论者的思维，都属于解释论的立场，在具体解释方法的运用上并没有实质性的区别。立足于刑民交叉或者民刑衔接、协调的背景，较常运用的解释方法有限缩解释、体系解释、扩大解释等。第一，限缩解释。例如，以《民法典》中虚拟财产的概念为基础，对刑法中关于虚拟财产的理解进行限缩。在《民法典》之前，民事立法中并没有虚拟财产这一规定，刑事司法实践中对虚拟财产的保护经历了从非财物到财物再到数据的演变过程。[4] 目前刑事司法的普遍做法，是按照《刑法修正案（七）》增设的第 285 条第 2 款非法获取计算机信息系统数据罪，结合最高人民法院研究室出台的《关于利用计算机窃取他人游戏币非法销售获利如何定性问题的研究意见》，将虚拟财产作为电磁数据进行保护。虚拟财产属于数据的范畴，数据包含虚拟财产，这一点毋庸置疑。但是《民法典》的出台，将虚拟财产和数据进行了明确的区分，其第 127 条规定："法律对数据、网络虚拟

---

〔1〕 杨解君：《法律漏洞略论》，载《法律科学（西北政法学院学报）》1997 年第 3 期；杨开湘、姚丽雅：《论司法过程对法律漏洞的填补》，载《中南大学学报（社会科学版）》2003 年第 6 期；李青、翁焱：《论法律漏洞及其补充》，载《安徽工业大学学报（社会科学版）》2006 年第 1 期；林国华：《法律漏洞与自由裁量》，载《青海师范大学学报（哲学社会科学版）》2006 年第 2 期。

〔2〕 雷磊：《法教义学的基本立场》，载《中外法学》2015 年第 1 期。

〔3〕 朱力宇、刘建伟：《新康德主义法学三论》，载《法学家》2007 年第 5 期。

〔4〕 陈兴良：《虚拟财产的刑法属性及其保护路径》，载《中国法学》2017 年第 2 期。

财产的保护有规定的,依照其规定。”显然,《民法典》将数据和虚拟财产并列,并不是表明两者是相斥关系,而是为了突出虚拟财产的“财产”属性。非法获取计算机信息系统数据罪所保护的是“冷冰冰”的数据,属于公共法益的范畴,不能周延地实现对具有财产属性的虚拟财产之个人法益的保护。刑法对虚拟财产的理解,应当从数据这一大范畴中进行限缩,将其按照财物适用侵犯财产罪的相关规定予以刑事保护。[1] 第二,体系解释。比如,对不法原因给付的退赔不应当忽视刑民体系解释。从罗马法伊始,便有“不道德原因不生诉权”及“双方不道德时,占有人占优势”的说法。[2] 在民法领域,通说认为“不法原因给付不得请求返还,除非不法原因仅存在于受领人一方”[3]。其制度价值是通过剥夺给付人的返还请求权来表达法秩序的谴责。对于刑事司法来讲,应当参照民法的通说对《刑法》第64条进行解释。《刑法》第64条规定:犯罪分子违法所得的一切财物,应当予以追缴或者责令退赔;对被害人的合法财产,应当及时返还。给付人明知“不法”仍然“给付”的财产已经跳脱法秩序的保护之外,不再属于被害人的合法财产,不得要求作为受领方的犯罪分子退赔。第三,扩大解释。如将侵占罪中的“代为保管的他人财物”扩大至所有脱离占有之物。[4] 当然,并非所有的规范漏洞都能够通过解释的方式进行填补,因为解释只能在法律规定或者文义的限度内进行,超过此限度的规范漏洞则更适宜通过修改规范性文件的方式进行填补。

结　语

《民法典》实施带来对民刑关系深度融合的体系性思考。实践中,就如何处理刑法与其他部门法尤其是民法之间的关系,一直有一个非常具有代表性的观点,即刑法的谦抑性。在《民法典》编纂的过程中,我国民法学者王利明教授也提出“民法要扩张,刑法要谦抑”的命题。然而,通过对刑民交叉问题的实证考察,发现司法实践中仍然存在“重刑轻民”的影响。在刑法对《民法典》实施的衔接、协调关系上,相对于强调刑法的谦抑性,更应当充分发挥民法在概念解释、违法性判断、规范漏洞填补等方面作为前置规范的限制作用,发挥民法的权利法治理功能,回归刑法的保障法地位,

---

〔1〕 陈兴良:《网络犯罪的类型及其司法认定》,载《法治研究》2021年第3期;陈兴良:《虚拟财产的刑法属性及其保护路径》,载《中国法学》2017年第2期。

〔2〕 郑玉波:《民商法问题研究》(一),台北,三民书局1991年版,第108页。

〔3〕 转引自谭启平:《不法原因给付及其制度构建》,载《现代法学》2004年第3期。

〔4〕 张明楷:《如何区分盗窃罪与侵占罪》,载《人民法院报》2003年9月5日。

实现民刑共治，提升国家治理体系和治理能力的现代化水平。能力所限，本研究只是通过刑民交叉问题打开的“小窗口”，对《民法典》实施与刑法的衔接、协调关系进行了粗浅探索。对这一领域的深耕细作是本研究今后继续努力的方向。

广西法院商品房买卖合同纠纷案件审理问题研究

自治区高级人民法院民一庭课题组*

一、广西法院审理商品房买卖合同纠纷案件情况

(一)各年度案件受理情况

2016 年 1 月 1 日至 2020 年 12 月 31 日,[1]广西法院共受理民事一审案件 1,676,097 件,其中商品房买卖合同纠纷一审案件 105,752 件,占比 6.30%;民事二审案件 215,711 件,其中商品房买卖合同纠纷二审案件 35,641 件,占比 16.52%;民事申请再审审查案件 38,556 件,其中商品房买卖合同纠纷当事人申请再审案件 6281 件,占比 16.29%(见图 1、图 2)。近 5 年来,商品房买卖合同纠纷案件受理数量基本呈逐年增长趋势,且在二审及当事人申请再审案件中所占比重提升明显,2019 年、2020 年,商品房买卖合同纠纷案件几乎占民事二审及当事人申请再审案件的 1/5。

---

* 课题负责单位:广西壮族自治区高级人民法院民一庭。课题主持人:何艳斌,广西壮族自治区高级人民法院审委会专职委员、一级高级法官。课题组成员:谭庆华,广西壮族自治区高级人民法院民一庭庭长、三级高级法官;何厚伟,广西壮族自治区高级人民法院执行局综合处处长、三级高级法官;谢素恒,广西壮族自治区高级人民法院民一庭副庭长、三级高级法官;张芳,广西壮族自治区高级人民法院民一庭三级高级法官;邓国雄,广西壮族自治区高级人民法院民一庭二级高级法官助理;张尧,广西壮族自治区高级人民法院民一庭四级高级法官;蒙丽华,广西壮族自治区高级人民法院民一庭四级高级法官。

〔1〕 数据采集时间为 2021 年 7 月 20 日。

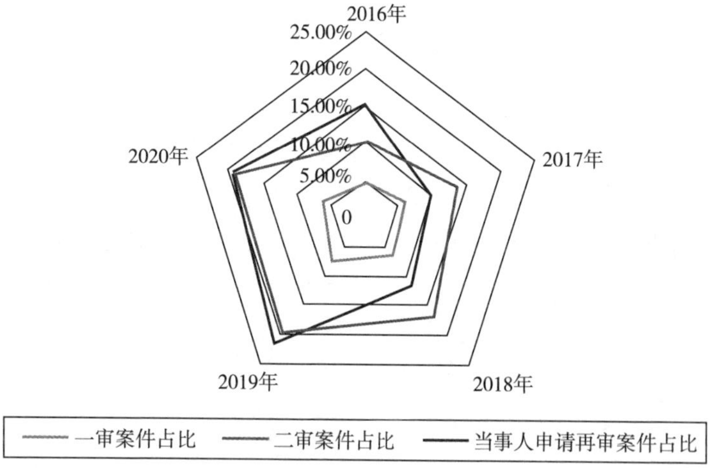

图 1　2016 年至 2020 年广西法院受理的商品房买卖合同纠纷案件情况

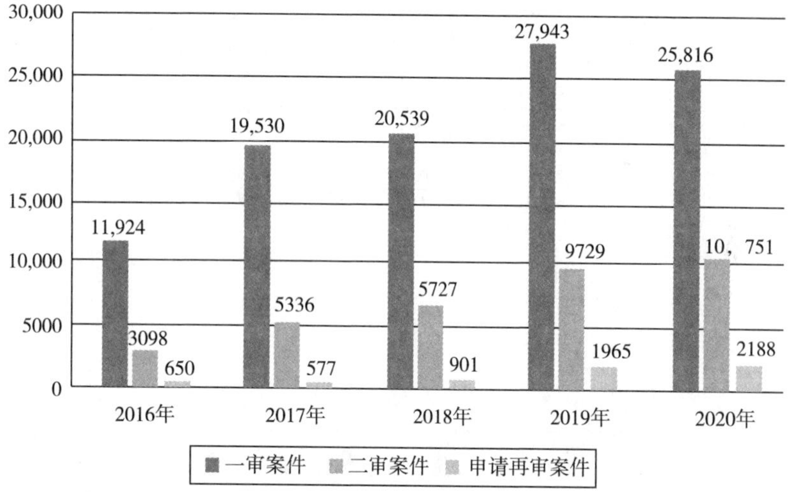

图 2　商品房买卖合同纠纷案件在民事审判各阶段中占比情况

(二)各地市案件情况

广西作为沿边、沿海的边疆少数民族自治区,各地市之间在各方面都呈现出较大的地区性差异(见图 3、图 4)。从 2016—2020 年全区法院受理商品房买卖合同纠纷案件统计数据来看,南宁作为广西的首府、北部湾经济区中心城市,常住人口数位居广西第一,南宁市中级人民法院及辖区基层人民法院受理商品房买卖合同纠纷一审案件 33,393 件,占全区法院的 31.58%;南宁市中级人民法院受理商品房买卖合同纠纷二审案件 14,387 件,占全区法院的 40.37%,受理案件数量位居全区法院第一。柳州作为广西最大的工业城市、北海作为沿海旅游城市、防城港作为沿海沿边城市,外来人口多,商品房交易亦较为活跃。南宁、柳州、防城港、北海 4 市法院受理的商品房买卖合同纠纷一审案件 62,679 件,占全区法院的 59.17%;受理商品房买卖合同纠纷二审案件 22,757 件,占全区法院的 63.85%。可见,商品房交易以及由此引发的商品房买卖合同纠纷与当地的经济发展水平、外来人口等因素关联较为紧密。

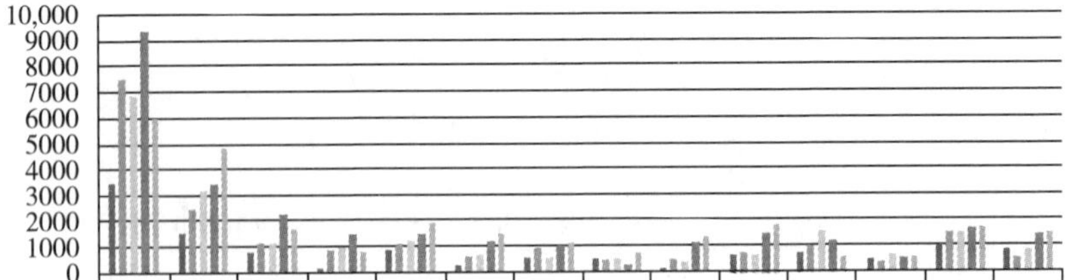

	南宁	柳州	桂林	梧州	北海	崇左	来宾	贺州	玉林	百色	河池	钦州	防城港	贵港
2016年	3482	1462	870	168	885	284	510	525	169	609	712	397	1032	818
2017年	7571	2464	1126	782	1111	623	909	441	442	755	995	363	1499	449
2018年	6882	3248	1080	961	1247	605	512	491	380	612	1544	607	1503	867
2019年	9412	3390	2245	1467	1464	1203	998	224	1091	1528	1245	578	1699	1399
2020年	6046	4804	1695	820	1834	1534	1147	727	1276	1741	516	578	1644	1464

图 3　14 个地市法院受理商品房买卖合同纠纷一审案件情况

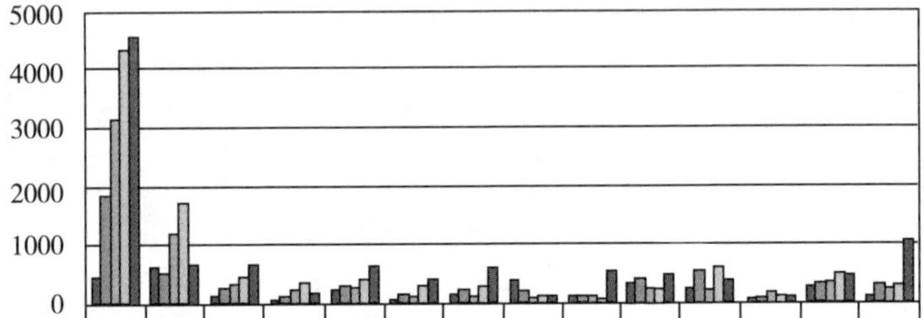

	南宁	柳州	桂林	梧州	北海	崇左	来宾	贺州	玉林	百色	河池	钦州	防城港	贵港
2016年	445	628	123	26	219	66	154	375	114	301	226	70	252	92
2017年	1848	540	250	123	270	154	216	211	113	411	526	62	301	293
2018年	3157	1184	324	227	263	127	77	87	104	231	205	159	327	214
2019年	4357	1733	438	353	397	286	274	123	64	227	600	102	495	272
2020年	4580	665	643	166	631	384	591	102	537	449	372	94	465	1049

图 4　14 个地市法院受理商品房买卖合同纠纷二审案件情况

（三）一审案件管辖情况

2016 年 1 月 1 日至 2020 年 12 月 31 日受理的 105,752 件一审案件中，由基层人民法院管辖的有 105,064 件，占比 99.349%；由中级人民法院管辖的有 687 件，占比 0.650%；由高级人民法院管辖的仅 1 件，占比 0.001%（见图 5）。可见商品房买卖合同纠纷中，绝大部分是标的额较小的普通一审案件。

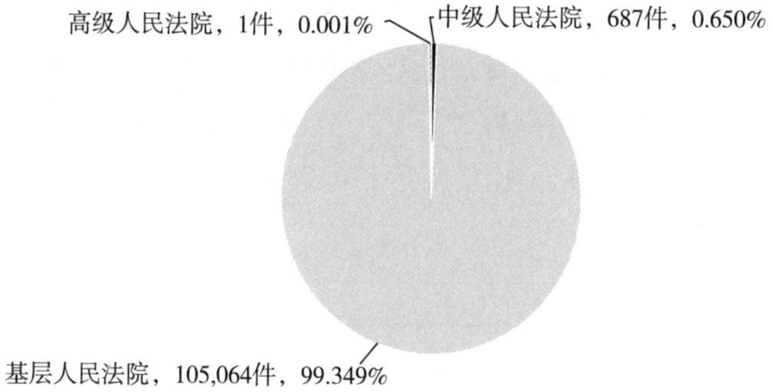

图 5　一审案件管辖法院情况

（四）由基层法院管辖的一审案件适用程序

2016 年 1 月 1 日至 2020 年 12 月 31 日由基层人民法院受理商品房买卖合同纠纷案件 105,064 件，其中适用小额诉讼程序审理的有 10,380 件，占比 9.82%；适用简易程序审理的有 55,027 件，占比 52.03%；适用普通程序审理的有 40,345 件，占比 38.15%（见图 6）。可见商品房买卖合同纠纷一审案件中，大部分属于事实清楚、权利义务关系明确的简单民事案件。

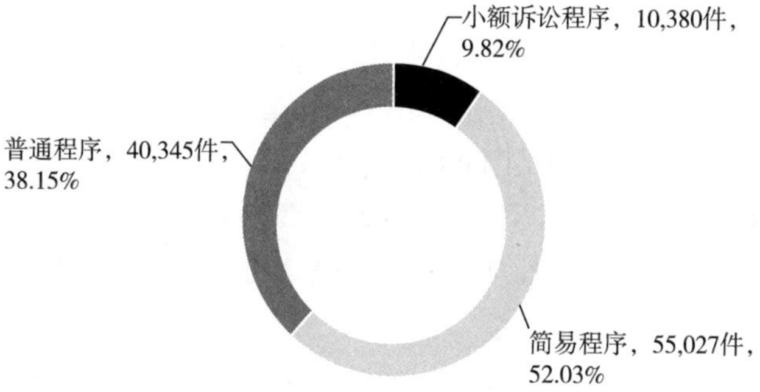

图 6　2016—2020 年基层法院审理的一审案件适用程序

（五）小额诉讼程序适用情况

2016 年适用小额诉讼程序审理的商品房买卖合同纠纷一审案件数为 0 件，2017

年也仅有 12 件,2018 年为 785 件,2019 年为 1234 件。虽然适用小额诉讼程序审理的商品房买卖合同纠纷一审案件数量逐年上升,但与符合法定适用小额诉讼程序标的额的案件量相比,小额诉讼程序适用率明显偏低。为进一步公正高效处理小额案件,广西高级人民法院于 2019 年 12 月 16 日印发了《自治区高级人民法院关于严格依法适用小额诉讼程序的通知》(桂高法〔2019〕160 号),对广西法院依法适用小额诉讼程序作出了明确规定,并将适用小额诉讼程序情况纳入年度绩效考评。2020 年,广西法院共受理商品房买卖合同纠纷一审案件 25,816 件,其中适用小额诉讼程序审理的案件 8349 件,小额诉讼程序适用率为 32.34%。与 2019 年同期相比,适用小额诉讼程序案件数量大幅增加 7115 件,同比增幅达 576.58%,小额诉讼程序适用率大幅上升(见图 7)。

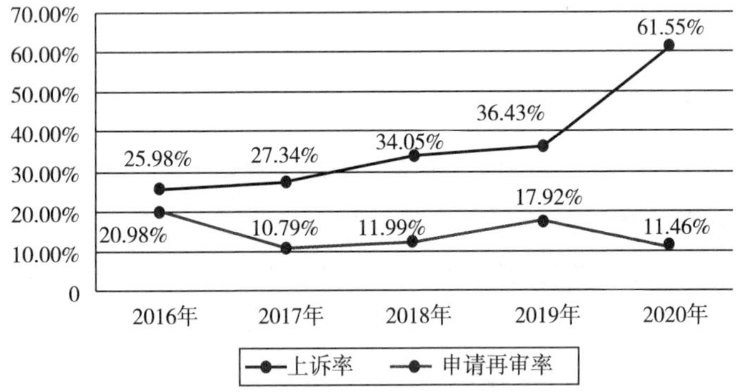

图 7 商品房买卖合同纠纷案件小额诉讼程序适用情况

(六)当事人上诉及申请再审情况

2016 年 1 月 1 日至 2020 年 12 月 31 日,广西法院受理适用简易程序和普通程序审理的商品房买卖合同纠纷一审案件 95,372 件,适用小额诉讼程序审理的一审案件 10,380 件,二审案件 35,641 件,上诉率 37.37%,一审案件上诉率逐年上升;受理当事人申请再审案件 6281 件,申请再审率 13.65%,案件申请再审率波动起伏。[1] 可见虽然商品房买卖合同纠纷案件事实简单,但当事人之间矛盾尖锐,纠纷化解难度大。

(七)一、二审案件结案方式

2016—2020 年全区法院受理商品房买卖合同纠纷一审案件 105,752 件,判决结

---

〔1〕 上诉率 = 二审案件数/可上诉的一审案件数(包括适用简易程序和普通程序审理的一审案件);申请再审率 = 申请再审案件数/可申请再审的案件数(包括二审案件和适用小额诉讼程序审理的一审案件)。

案77,192件,占比73%;调解结案19,682件,占比18.61%;当事人申请撤诉8878件,占比8.39%。二审案件35,641件,判决结案31,068件,占比87.17%;调解结案1966件,占比5.52%;当事人申请撤诉2607件,占比7.31%。此类纠纷一、二审调撤率相对较低(见图8)。

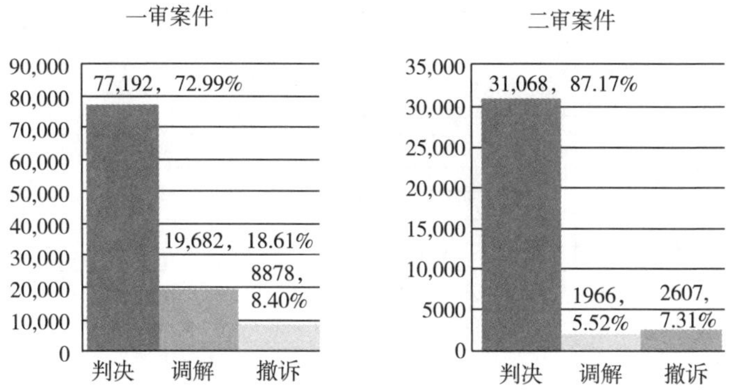

图8　一、二审案件结案方式

(八)2016—2020年广西高级人民法院审查商品房买卖合同纠纷当事人申请再审案件数据分析

1. 案由分布情况

2016—2020年,广西高级人民法院共审查商品房买卖合同纠纷当事人申请再审案件5513件,其中商品房预约合同纠纷案件3358件,商品房预售合同纠纷案件2049件,商品房销售合同纠纷案件106件。

2. 系列案数量比例

2016—2020年审查的5513件商品房买卖合同纠纷申请再审案件中,系列案共计208批(按同一开发商开发的同一楼盘被诉2起案件以上计系列案统计),合计5214件,占商品房买卖合同纠纷案件总数的94.58%。其中超过100个购房者同时起诉开发商的系列案有9批。

3. 一审诉讼请求

从当事人一审诉讼请求类型来看,在5513件申请再审案件中,请求继续履行合同的案件共2913件,占52.83%;请求解除合同的案件相对较少,共327件,占5.93%;其他的诉讼请求类型还包括支付违约金、确认合同效力、返还款项、赔偿损失等。其中,涉及请求支付违约金的案件占比较高,共4983件,占90.39%,而请求支付逾期交房违约金、逾期办证违约金又占据了绝对数,分别为1431件、3252件,共占

84.67%(见表 1)。由此可见,开发商逾期交房、逾期办证是引发商品房买卖合同纠纷的主要原因。

表 1　当事人一审诉讼请求类型的数量及占比

诉讼请求类型			案件数	占比
履行合同	购房者诉请	交房	248	52.83%
		办理备案、产权登记	2643	
	开发商诉请	支付购房款	22	
解除合同	购房者诉请	解除认购协议	41	5.93%
		未交付房屋	54	
		已交付房屋但不符合约定	149	
	开发商诉请	逾期付款	36	
		代偿贷款	30	
		其他	17	
违约金	种类	逾期交房	1431	90.39%
		逾期备案、办证	3252	
		逾期付款	166	
		其他	134	
	方式	固定的违约金数额	886	
		按比例计算违约金数额	4097	
确认之诉	合同效力		220	4.19%
	认购书、意向书、订购书的性质、效力		11	
返还款项	定金、认购金等		63	5.3%
	购房款		229	
损失赔偿			120	2.18%
涉面积差			178	3.23%

4. 主要争议类型案件二审裁判结果

(1)请求支付违约金

5513 个案件中涉及请求违约金案件 4983 件,其中逾期交房违约金 1431 件,逾期办证违约金 3252 件,逾期付款违约金 166 件,其他违约金请求 134 件。判决支持违约金诉讼请求的4429件，占比88.88%；判决驳回违约金诉讼请求的554件，占比11.12%。在支持违约金诉讼请求的4429件中，按合同约定支持违约金2427件，占比54.8%；予以调整违约金标准2002件，占比45.2%。在违约金的计算方式上，合同约定按固定数额计算违约金的有886件，约定按日支付已付房款(或总房款)一定比例(从日0.1‰到日10‰不等)的违约金的有4097件。在由法院调整违约金判决的2002件案件中，在合同约定的违约金标准基础上调高817件，调低1185件(见图9)。

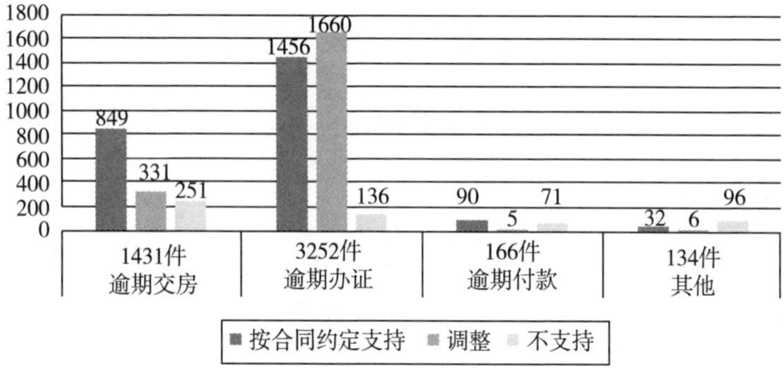

图9 再审审查结案方式

(2)请求履行合同

购房者诉请交房248件，判决支持诉请191件，驳回诉请57件；购房者请求办理备案、产权登记2643件，判决支持2267件，驳回诉请376件；开发商请求支付购房款22件，判决支持16件，驳回诉请6件。

(3)请求解除合同

5513件案件中，涉及请求解除合同案件327件，其中购房者诉请解除合同244件，判决支持诉请155件，驳回诉请89件；开发商请求解除合同83件，判决支持30件，驳回诉请53件。

5.二审及再审审查结案方式

5513件案件的二审结案方式中，二审法院维持原判2950件，占比53.5%；改判2563件，占比46.5%。再审审查结案方式中，广西高级人民法院裁定驳回再审申请4479件，该院提审167件，指令原审法院再审721件，准予撤回再审申请137件，以其他方式结案9件(见图10)。

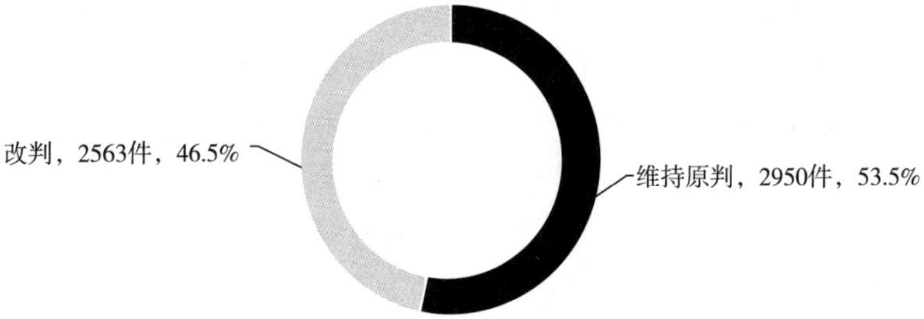

图 10 二审结案方式

二、商品房买卖合同纠纷案件的总体特点

(一)案件数量不断增长

近五年来,商品房买卖合同纠纷案件受理数量基本呈逐年增长趋势,这主要是由于房地产交易大量增加、房地产价格不断攀升造成的。其中,2020 年受理的商品房买卖合同纠纷一审案件相较于 2019 年略有下降,但通过实地调研了解,这与 2020 年新冠疫情暴发对商品房买卖合同履行造成的影响不无关系,该年度减少的案件数量已在 2021 年受理的商品房买卖合同纠纷案件数量中有所体现。[1]。

(二)单一案件标的额不高

商品房买卖合同纠纷案件诉讼请求主要涉及违约金,一般商品房买卖合同多约定以购房款作为违约金计算基数,购房款本身是影响违约金大小最主要的计算系数。广西地处祖国南部边陲,整体 GDP 在全国排名不高,2020 年广西 GDP 在全国排名第 19 位,人均 GDP 排名全国第 29 位,属于经济欠发达省份。全区 14 个地市,除省会南宁平均房价过万外,其他地市平均房价均万元以下,商品房价格总体不高。故购房者起诉的违约金金额总体亦不高,起诉、判决金额 10 万元以下的占据主流。

(三)起诉主体以购房者为主

由于商品房交易多为期房,购房者在合同签订后无论是现金交易还是按揭贷款,都已履行完合同约定中属于自己的义务。即便购房者采用的是分期付款,其分期付款的期限也远远短于开发商的交房期限,购房者只享有对开发商履约的期待权。而商品房买卖合同又是开发商后履行合同义务的合同,使开发商在交易中处于强势地

〔1〕 统计报表显示,2021 年上半年全区法院受理商品房买卖合同纠纷一审案件 16,210 件,与去年同期相比增长 34.93%。

位。加上前几年房地产过热,购房者在不履行完合同的付款义务前就不可能买到房屋。因此,此种商品房买卖履行合同义务的违约主体多数是开发商,故诉讼中起诉主体以购房者居多,案件主要以开发商逾期交房、办证为主。

（四）案件群体性特征明显,受理数量呈集中性、阶段性特征

商品房购买主体众多、交付集中,开发商的违约情形相同,发生纠纷时,往往出现一个楼盘、一个小区的购房者都来起诉开发商的情况,相应产生一定数量的集中的群体性诉讼。近年来呈现的新特点是,在部分维权意识较强的购房者首先提起诉讼时,大部分购房者处于观望状态,一旦案件的审理结果对己有利,则其他同类情况的购房者亦提起诉讼。因此,涉及此类案件,由于个案的裁判结果可能会影响到同一楼盘其他购房者的行为选择,产生群体效应,人民法院对个案的审理也应持谨慎态度。

（五）案件呈现两低两高现象,即调解率、撤诉率低,上诉率、申请再审率高

近五年来,此类案件调解率一直保持在18%左右,与家事纠纷高达50%的调解率相比,明显过低。由于购房者一方具有人数众多的优势,同时大部分购房者对调解持观望态度,不愿轻易让步。一方面,在纠纷发生之初,买卖双方未能采取积极态度回应对方的要求,在沟通无果的情况下矛盾逐渐激化,难以调和。另一方面,由于合同或法律法规、司法解释对于违约责任有较为明确的计算标准,当事人的预期值较高,一般不愿意让步。商品房买卖合同纠纷案件多为系列案,虽然单一案件标的额不高,但系列案件标的额总和高,一些商品房买卖合同系列案件的总标的额往往高达数百万元甚至上千万元,房地产开发企业短时间内难以承受,在诉讼阶段往往不愿意调解。此外,由于案件数量多,同一小区购房者一方多由一名或几名相同律师代理,一旦提起上诉或申请再审,必然产生大量二审及申请再审案件;且同一小区或同类型案件（违约金调整）裁判尺度不一,也会导致上诉率及申请人再审率增高。

（六）新类型案件不断涌现,诉讼请求逐渐多样化

随着购房者的维权意识的增强,对开发商的容忍度下降,购房者诉开发商的诉讼请求呈逐渐多样化,从较为常见的请求支付逾期交房、逾期办证的违约金,到请求返还因面积差导致的购房差价、返还办证费、赔偿双倍房款等。虽然传统的逾期交房或办证纠纷仍占该类案件的主要部分,但是各种新类型的纠纷案件正不断涌现。如“零首付”商品房买卖合同效力、限购政策下的“借名买房”问题、限价政策下的“外收款”及“阴阳”购房合同问题等。

（七）案件审理难度加大

商品房买卖合同纠纷不仅受民事法律规范的调整,同时还受地方性房地产调控

政策的影响，特别是在高额违约金的驱使下，作为购房者的原告方不会轻易放弃利益让步和解，以期得到高额经济补偿，且由于涉及人数众多，稍有不慎，容易引起群体性事件。而开发商凭借市场优势地位，不愿意按照合同约定支付违约金，案件审理难度大。各种新情况、新问题、新矛盾的不断涌现，亦导致案件审理难度进一步增大。

（八）案件数量区域分布差异明显

全区各地法院受理的商品房买卖合同纠纷案件数量多寡不均，差异较大。从案件统计数据来看，商品房买卖合同纠纷案件主要集中在南宁、柳州两地，桂林、北海、防城港次之，贺州、钦州两地案件最少。北海、防城港作为沿海旅游城市，由于外来人口多，商品房交易亦较为活跃。

三、商品房买卖合同纠纷案件成因分析

（一）房地产开发企业层面

1. 房地产调控政策的影响。在房地产调控政策不断升级，银行放贷政策逐步收紧的背景下，部分开发商出现融资困难，资金链发生断裂，无法及时支付施工方的工程款，施工方在工程竣工验收时不予配合，造成工期拖延甚至烂尾，最终导致交房延误或无法交房。

2. 开发商违规违法建设行为。一些开发商受利益驱动，在房地产项目开发建设过程中，不按规划设计方案施工，将违建的房屋出售给购房者。由于开发商擅自调整规划，规划验收无法通过，进而影响后续的交房和产权证的办理。

3. 开发商施工管理不规范。少数开发商由于资金有限，采取承包或转包等方式开发楼盘，导致商品房质量不过关。同时，由于资金压力增大，部分开发商在建设房屋的过程中过分追求速度，商品房质量不过关。

4. 开发商利用项目套取资金。一些开发商竞拍土地不是为了用于自己开发，或是利用土地向银行贷款，或是以开发项目名义向社会公众收取购房诚意金，或是待价而沽等他人接手。此种行为不仅导致土地闲置，影响城市建设，一旦开发商出现债务问题，已支付诚意金的购房者将面临房财两失的风险。这无疑是社会和谐稳定的一大隐患。

5. 开发商不诚信经营的行为。

（1）顺延交房的事由问题。从合同约定的顺延交房事由来看，实际上如法定节假日、中高考期间以及雨天等事由在签订合同时是可以预见并事先作出预判，本应由开发商在确定交房时间时一并考虑。但大部分开发商为了让自己的楼盘更具吸引力，

将合同约定的交房时间更为靠前，再把上述顺延交房的事由隐藏在合同条款中并不予提示，或者进行约定模糊。当出现购房者追究开发商逾期交房违约责任时，再以上述事由作为其抗辩理由，减轻自身逾期交房的违约责任。

（2）违约金计算标准问题。部分开发商为了督促购房者按时交付购房款，在合同中约定了高额的违约金。但开发商一旦违约后，却又以违约金计算标准过高而要求调整。

（3）虚假宣传问题。销售广告和宣传材料是开发商销售商品房的一种重要促销手续。一些开发商在发布的广告中夸大渲染小区的配套设施、绿化面积或故意报低小区容积率，诱导消费者购买房屋，但交房时又无法达到购房者的心理预期，因此引发诉讼纠纷。

（4）偷工减料问题。部分开发商为追求利润最大化，不断降低成本，导致商品房的实际用材与合同约定的建筑材料不一致。例如，合同约定是铝合金门窗，而实际交房时却是塑钢门窗；合同约定阳台为不锈钢栏杆，而交房时却是铁栏杆等。

（5）房地产开发企业强行提前交房。一些房地产开发企业为了避免支付逾期交房违约金，把未经验收，甚至水、电设施不完善的商品房强行交付给购房者，有些购房者迫于压力收房之后仍主张逾期交房违约金，有些购房者拒绝收房亦会引发纠纷。

（二）政府层面

1. 对房地产项目审批环节把关不严。一些群体性商品房买卖合同纠纷的产生，与过去有关部门未严格按照法律规定审核发放相关证照有直接关系。尤其是在商品房预售许可证的发放问题上，根据《城市商品房预售管理办法》的规定，领取商品房预售许可证需要开发商支付全部土地出让金，取得土地使用权证书才可获批。但现实中，为了招商引资需要，出现了不少“先上车后补票”的模式，在部分开发商未支付全部土地出让金的情况下，就先行向开发商发放了预售许可证，开发商在获得商品房预售许可证后，即开始进行销售。到了商品房的验收以及办证环节时，相关部门又以开发商未足额缴纳土地出让金为由，不予办理竣工验收备案，而竣工验收备案往往是交房以及办理产权证书的前提条件。因此导致逾期交房、逾期办证，进而引发开发商与购房者的矛盾纠纷。

2. 对在建工程的监管不到位。对于一些开发商在施工过程中擅自改变规划、增加建筑面积的违法建设行为，相关部门未及时纠正并进行处理，监管不到位，导致一些违建行为不被及时制止。在违建行为已完成且不可逆转后，相关部门也没有采取措施依法及时处理和处罚，导致项目手续后续办理久拖不决，影响商品房权属证书的办理。

3. 行政管理不规范、不到位。一是对购房款的监管不到位。此前，广西各地区对商品房预售款没有配套的管理办法，没有规定购房款必须进入监管账户或是政府、开发商、银行的共管账户，允许开发商随意支配购房者支付的购房款。由于对购房款缺乏有力的监督，购房款是否用于楼盘建设不得而知，少数开发商不规范使用购房款或将购房款挪作他用使资金链中断，导致烂尾楼盘频现，购房者钱房两空，引发诉讼纠纷。二是商品房买卖合同示范文本不完善，开发商随意以补充协议的形式免除自身义务或加重购房者的责任。

4. 市政基础配套设施建设进度较慢。由于城市建设需要、政府资金压力等原因，广西少数地方以“毛地”出让方式供应土地的情况较为普遍。在房地产开发企业取得土地并进行项目开发后，相关部门本应按照出让合同约定的期限及时履行路网、排污、排水等市政基础配套设施建设的责任。但现实情况是一些项目在主体竣工后，市政基础配套设施却仍未到位，导致项目建成后无法交付，造成开发商逾期交房的困境。

（三）其他层面

1. 金融机构。一些金融机构向开发商发放贷款时审查不严，特别是对开发商利用项目土地使用权、在建工程或预售商品房等特殊抵押物贷款的情况下，事先不对抵押物状况，特别是预售商品房销售情况进行实质审查，事后未对贷款用途进行严密监管，一旦被开发商套取贷款并挪作他用，将进而造成房地产项目债务关系的复杂化，加大了处置难度。

2. 司法机关。部分司法机关工作人员在对房地产项目查封过程中，存在不同程度机械执法、盲目查封的情况。例如，查封时没有在裁定书中明确查封价值、查封方式，只是简单地一封了之，不考虑查封行为对项目开发及广大购房户的影响，缺乏大局意识、责任意识，导致项目因查封不当陷入僵局。

3. 房地产中介机构。商品房买卖普遍存在开发商为拓宽销售渠道委托房地产中介公司代理销售。有的房地产中介机构为了获取暴利，在履行中介职责时，不仅没有尽到应有审查义务，还故意与开发商一起“忽悠”购房者，上述情况在钦北防等沿海地区最为突出。中介机构以“一日游”等形式将全国各地甚至海外游客带到商品房项目售楼部，在宣传过程中夸大销售业绩、虚假宣传楼盘信息。不少游客轻信虚假推荐，盲目刷卡，未取得正规收据或发票，直到发现开发商否认中介公司收取购房款或是开发商卷款跑路才幡然醒悟，引发矛盾纠纷。

4. 购房者。商品房买卖合同一般是由开发商制定的格式合同,内容繁多,大多数购房者在签订合同时只关心房型、房屋面积、房价和交房时间等问题,不太关注合同中相关的法律问题,也不太注重违约条款、免责条款等细节。即使购房者在仔细阅读和推敲合同细节后发现问题,但是房地产市场长期处于卖方市场,购房者处于合同关系中的弱势地位,无法提出修改合同内容,只能接受合同条款或放弃买房。这些合同细节往往是纠纷发生后的主要争议所在。亦有少数购房者抱有贪便宜心理,仅简单咨询即轻信销售人员承诺,未尽到注意义务审查判断合同条款内容,草率签订合同导致纠纷。

四、商品房买卖合同纠纷案件存在问题

通过对近几年辖区法院审理的商品房买卖合同纠纷案件进行分析归总,各级法院在审理商品房买卖合同过程中主要存在以下问题。

(一)商品房预约合同的问题

1. 商品房认购书的转化。最高人民法院《关于审理商品房买卖合同纠纷案件适用法律若干问题的解释》第 5 条规定,商品房买卖中的预约合同在具备一定条件下可以认定为商品房买卖本约合同,即认购协议等预约合同具备买卖合同的主要内容和买受人已支付购房款。但在司法实践中,对于具备哪几项内容才是主要内容,支付购房款必须是全部还是部分?如果是部分,比例为多少?各地法院对此条的把握各有不同。

2. 本约合同未能签订后责任的承担。预约合同签订后,因一方当事人的违约行为未能进一步签订正式商品房买卖合同,过错方的违约行为应当如何承担,在实践中仍有分歧。多数意见认为违约方此时承担的是缔约过失责任,依照最高人民法院《关于审理商品房买卖合同纠纷案件适用法律若干问题的解释》第 4 条的规定:“出卖人通过认购、订购、预订等方式向买受人收受定金作为订立商品房买卖合同担保的,如果因当事人一方原因未能订立商品房买卖合同,应当按照法律关于定金的规定处理;因不可归责于当事人双方的事由,导致商品房买卖合同未能订立的,出卖人应当将定金返还买受人。”因双方在预约合同中约定了定金,违约方承担本约合同不能签订的违约责任,即定金不予返还。少数意见则认为根据《中华人民共和国民法典》(以下简称《民法典》)第 495 条第 2 款“当事人一方不履行预约合同约定的订立合同义务的,对方可以请求其承担预约合同的违约责任”以及第 577 条“当事人一方不履行合同义务或者履行合同义务不符合约定的,应当承担继续履行、采取补救措施或者赔偿损失等违约责任”的规定,预约合同是为将来签订本约合同而签订的合同,继续履行

预约合同就是签订本约合同或为签订本约合同而磋商，继续履行预约合同已经不符合客观实际，在此情况下，违约一方应当承担赔偿守约方损失的责任，而不能仅限于定金，尤其是在定金并不足以弥补守约方损失的情况下。

3. 本约合同未及时签订导致房价上涨的处理。购房者与开发商签订购房意向书，此后由于开放商资金断裂等原因，无法按意向书约定时间签订正式的购房合同，项目停滞"烂尾"后复工复建，此时的房价已经大幅上涨，原材料、人工费用也增加了，开发商在签订商品房买卖合同时以此为由增加合同价款，或者解除合同。有意见认为应当支持开发商的诉请，成本确实增加了；有意见则认为不应当支持开发商的诉请，因为购房者在合同的履行过程中并没有任何过错，没有理由让购房者承担房价上涨的成本。

（二）商品房买卖合同效力问题

1. "零首付"是否因违反房地产政策而导致合同无效。开发商通过民间借贷方式将首付款出借给买受人，从而达到销售房屋的目的。由于这部分购房者往往是经济基础相对较差、收入相对不稳定的群体，在购买房屋后，一方面要承担固定的银行按揭贷款利息，另一方面要承担沉重的民间借贷利息及还款压力。在双重压力下，极易导致高违约率，引发大量商品房买卖合同纠纷。这类纠纷涉及商品房买卖合同与民间借贷纠纷的混同。有意见认为"零首付"的商品房买卖合同因违反当前的房地产政策，应认定为无效；有意见认为"零首付"的商品房买卖合同是双方的真实意思表示，亦未违反法律、行政法规的规定，应认定为有效的合同，且如认定该合同无效，不利于房地产行业的发展。

2. 限购政策下"借名买房"的合同效力。关于借名买房合同的效力以及实际出资人是否可以依据房产代持协议要求名义购房人配合其办理房屋过户手续，在审判实践中存在较大争议。首先是借名买房合同的效力，有意见认为虽然借名买房违反了地方政府的"限购"规定，但此限购文件并非法律、行政法规的强制性规定，故违反"限购"规定的借名买房合同有效。有意见认为借名买房系实际出资人为规避国家房屋限购政策而借名买房，有违公序良俗，借名买房合同应无效。但在未违反公序良俗的情况下，借名买房合同是否有效，实际出资人是否可以直接依据房产代持协议而直接被认定为房屋的所有权人，以取得物权的对世权、排他效力、绝对效力以阻却执行，有待进一步商榷。

3. 房屋限价政策下的合同效力。（1）开发商限价外收费行为的效力问题。限价外收费是开发商应对限价政策常见做法之一。所谓的价外收费是开发商除了收取商品房买卖合同约定的购房款外，另以茶水费、电商费、服务费、指标费、团购费等名义收费,并要求购房者将费用支付至开发商指定的主体,导致购房者支付的购房款项总额高于商品房买卖合同所约定的价款。有意见认为该行为违反了社会公共利益,当属无效的民事行为。有意见认为购房者在支付这些款项时明知收费目的,但未提出异议,并已履行支付义务,是双方的真实意思表示,应认定有效。(2)"阴阳"购房合同的效力问题。"阴阳合同"也称"黑白合同",是指开发商与购房者签订的两份商品房买卖合同。"阳合同"用于房屋管理部门备案的合同,而"阴合同"则是双方的真实意思表示。"阴合同"中的价格是购房者实际支付的价款,且高于商品房备案合同中的房款。对于"阴阳合同"的效力,目前多数意见认为考虑"阴合同"是双方的真实意思表示,双方当事人应按"阴合同"来履行,但对于"阳合同"未予评判。

4. 商品房预售合同补充协议的效力。有些开发商在拟订商品房预售合同时,利用自身优势,制定不合理的免责条款或附予自身享有单方变更合同的权利条款作为补充协议。一旦开发商未能如期履约,往往会对上述补充条款是否有效产生争议。如将本应包含在购房款内的绿化费、土地分摊费等费用通过补充条款的形式转移给购房者承担;在补充协议中改变房屋的交付条件等。有意见认为补充协议亦是商品房买卖合同的从合同,主合同有效,从合同亦有效。有意见则认为补充协议是格式条款,如涉及排除购房者权益或免除开发商责任,应当认定无效。

(三)商品房买卖合同履行问题

1. 关于商品房买卖中的逾期交房问题

(1)商品房交付时间以及交付标准的认定。开发商将未达合同约定交房条件的商品房交付给买受人,买受人也已实际接收时,交房时间该如何认定存在较大争议。一种意见认为,仍然应以商品房达到合同约定交付条件的时间作为交房时间;另一种意见认为,买受人明知房屋未达合同约定的交付条件仍然收房,可以视为其同意放弃追究开发商此后逾期交房违约责任,对其请求开发商承担其接收房屋之后的逾期交房违约责任不应支持;还有一种意见认为,即使买受人在未达交房条件下收房,因竣工验收是法定交付条件,开发商在未经竣工验收时的交房行为不属于合格的交付,不能以此时的交房时间作为认定开发商的交房时间。

(2)关于延期交房事由的认定。商品房买卖合同约定了开发商遇不可抗力可据实延期交房,开发商以政府规划、政府行为及雨天、中高考等作为不可抗力事由能否成立。

一是雨天、法定节假日、中高考期间、高温、严寒天气、计划性停水、停电等是否属于可以顺延交房的事由。有意见认为,国家法定的节假日、中高考期间、年度降雨情况等在开发商拟订合同时可以预见和提前计算,其完全可以在拟订合同时预先对房屋交付期限进行调整,开发商以此延期交房不应支持。也有意见认为,如合同已经予以明确约定上述事由属于延期交房事由,则在计算违约天数时依法可以扣除。即使要扣除,各级法院对扣除认定的标准亦不统一。对于雨天的扣除,有的认为仅凭气象部门出具的天气证明材料即可,有的认为还应附有相应的施工日志佐证是否确实是因为天气而未能开工建设导致工期延误,还有的认为小雨不可以作为延期交房事由,中雨及以上可以作为延期交房事由。

二是政府行为能否成为开发商延期交房的免责事由。开发商以政府行为导致其违约主张免责,主要包括以下几种情形:①开发商在项目建设过程中,因城市规划调整或意图非法获利等原因,变更了原先的规划设计,但变更后一直未补交土地出让金或缴纳罚款。在工程竣工后,相关职能部门以开发商未补交土地出让金或缴纳罚款为由不予进行规划核实及备案登记,导致逾期交房。②因行政主管部门原因延误办证。如日月恒公司提出,其开发的八达广场 13 号楼建设期间,贺州市国土局因为划线问题少划 10 米,耽误了办理相关手续。③验收时间过长。如恒业公司答辩意见,其公司 2013 年 12 月 26 日取得建筑工程竣工验收意见书(五方验收)。同日,向政府部门申请验收,但直至 2014 年 7 月 24 日,政府部门才签发建设工程竣工验收合格单,导致无法如期交房。④是一些开发商认为,其房屋已具备交房条件,但是因市政设施未到位导致无法如期交房。如开发商在开发建设小区时,因市政道路未开通,电力部门无法进行电力设施铺设,没有电力供应,导致无法如期交房。以上原因是否可以作为开发商延期交房的事由裁判标准亦不一致。

三是扣除延期交房天数的截止时间。有意见认为,开发商逾期交房可申请扣除的应为合同约定交房之日前存在的事由,合同约定交房之日后至实际交房之日之间的时间不得再主张扣除期间。其理由是在合同约定交房之日还未交房就已经存在违约,因已处于违约状态,无须再依据延期交房事由天数扣除逾期天数。但也有意见认为,扣除期间应计至实际交房之日,其间只要符合延期交房事由的天数都可以扣除。

(3)逾期交房违约金调整。一方面,商品房买卖合同对逾期交房违约金一般有明确约定,如开发商主张违约金过高,或购房者主张违约金约定过低,不足以弥补损失,要求法院进行调整,对于逾期交房违约金是否应当调整以及如何调整是最常见的问题。但购房者通常难以提交实际损失的相关证据,此时应当按照何种标准评判违约金是高或低,又应当如何调整呢。

另一方面,在楼盘烂尾的情况下,因商品房迟迟未交付,逾期时间较长,则违约金按日计算时往往数额较高,此时逾期交房违约金的计算是否还应考虑违约金最高不超过总房价的30%的上限。

(4)逾期交房违约金诉讼时效的起算点。一种意见认为,应当从合同约定的交房时间起算诉讼时效,因为开发商未能在合同约定的交房时间交付商品房,购房者应当知道自己的权益受到了侵害,应以合同约定的交房时间作为逾期交房违约金诉讼时效的起算时间。另一种意见认为,应从开发商实际交房之日作为逾期交房违约金的起算点。主要理由是在开发商未实际交付商品房之前,开发商何时交房处于一个不确定的状态,买受人的权利亦处于一个不确定的状态,不利于买受人行使要求开发商承担逾期交房违约责任的权利,而且逾期交房违约责任应当计算到何时也不确定,不利于一次性解决纠纷,逾期交房违约金诉讼时效应当从实际交房之日起算。

(5)商品房未交付前,能否支持买受人请求开发商支付逾期交房违约金之诉请。一种意见认为,购房者要求开发商支付逾期交房违约金的诉讼请求应该得到支持,理由是合同已经约定交房时间,只要开发商没有在该截止时间前交付房屋给购房人,即构成违约,逾期交房的违约金可从逾期之日计至实际交房之日。另一种意见认为,购房者要求开发商支付逾期交房违约金的诉讼请求不应得到支持,应该驳回购房者的起诉,理由是商品房未实际交付,是否逾期无法确定,何时能够交付也无法确定,由于实际交房或具备交房条件的时间点无法确定,违约金也无法计算,购房者作为原告起诉的前提事实尚不确定或存在,应待开发商实际交房或具备交房条件后再主张权利。

2. 关于商品房买卖中的逾期办证问题

(1)逾期办证违约金的调整。广西壮族自治区高级人民法院曾在2018年针对全区法院在审理涉及逾期办证违约金的问题,出台《关于审理商品房买卖合同纠纷案件逾期办证违约责任若干问题的指导意见》(桂高法〔2018〕192号),在该指导意见下发后,仍存在以下问题亟待解决:

①逾期办证违约金标准在当事人未主张调整违约金时法院是否主动调整。有意见认为逾期办证违约金在双方都有约定的情况下,一般应当遵从合同的约定,法院一般不能主动进行调整。也有意见认为在违约金约定畸低的情况下,法院应当主动依职权对违约金进行调整,如有案件中商品房买卖合同约定,无论开发商逾期办证时间长短,开发商所应支付给购房者的违约金均不超过100元。

②如果购房者主张违约金标准过低不足以弥补其损失时,是否应当由购房者承担举证责任,若购房者无法举证,是否依法应由其承担不利后果,不予调整违约金

标准。

③违约金过高或过低的判断标准是什么，如何对违约金标准进行调整，调整的幅度范围是什么。因逾期交房所产生最直接的损失是租金，因为逾期交房的违约金标准可以参照同地段的租金标准进行调整，对于逾期办证的违约金的损失并不明显，有观点提出是否可以参照逾期交房违约金标准的一半进行调整。

(2)购房者能否同时主张逾期办证和逾期交房违约金。在商品房买卖合同中，双方常常约定如开发商应当在商品房交付后×日内，将办理权属登记需要的材料报产权登记机关备案，则开发商逾期交房往往会导致逾期办证的时间也会迟于合同所约定的办证时间，则对于购房人能否同时主张逾期交房违约金和逾期办证违约金，在实践中存在不同做法。一种意见认为，开发商尚未交房则逾期交房违约行为一直在延续，而办证是以交付为前提的，故不能同时主张，在支持了逾期交房违约金的情况下不应再计算逾期办证的违约金，此时逾期办证的时间应从开发商实际交房之日起×日后仍未办理的才开始计算逾期办证的违约金。少数意见则认为，逾期交房和逾期办证是两个独立的违约行为，开发商与购房者在合同中对这两个违约行为都约定了承担责任的具体内容，应按照合同约定计算违约金，合同约定的"商品房交付之日"是合同中约定的商品房交付时间，故开发商在逾期交房的情况下而导致办证逾期，既要承担逾期交房的违约责任，也要承担逾期办证的违约责任。

(四)商品房买卖合同解除问题

1.分期购房情形下，购房者停止支付银行按揭贷款，开发商承担担保责任后，诉请解除商品房买卖合同能否得到支持。一种意见认为，根据意思自治原则，合同已经对此情况作出明确约定，应当支持开发商解除商品房买卖合同的诉请；另一种意见则从合同的稳定必要性及市场交易秩序的安全性等方面出发，认为不应当支持开发商主张解除合同的诉请。首先，购房者已经支付了全部购房款，商品房亦已经交付，只是没有办理转移登记，合同已基本履行完毕，不存在解除的基础；其次，开发商所行使的是保证人所享有的追偿权，其无权行使解除商品房合同；最后，解除商品房买卖合同，对于购房者以及购房者的其他债权人不公平，故不应解除商品房买卖合同。

此外，在判决解除商品房买卖合同后，对于购房者已经支付的首付款以及向银行支付的按揭款应如何处理问题，亦不明悉。对于此类纠纷，往往是开发商起诉要求解除合同，法院也只是围绕开发商要求解除合同的诉请进行审理，但实际上还涉及已付房款的返还问题。如在审理过程中当事人均到庭，法院是否应向当事人释明一并处理房款问题；如购房者缺席，法院是否应主动处理，这存在争议。

2. 无法办理按揭贷款的责任认定，以及无法办理按揭贷款情形下，购房者主张解除合同能否得到支持。在按揭贷款模式下，开发商为了增加房屋销售量，多采用开发商包办商业贷款，购房者支付首付款后，到开发商指定的银行办理按揭贷款。但当商业贷款迟迟办不下来产生纠纷时，审查导致商业贷款办理不成功是购房者抑或是开发商的原因很关键。但实践中审批贷款的银行是案外人，且银行不予审批决定一般是口头答复，没有书面材料，导致查明原因困难，此时的举证责任该如何分配，实践中做法不统一。同时，如双方在向银行贷款的过程中均不存在过错，双方均无违约行为的情况下，因大多数商品房买卖合同约定如贷款不成功，购房者需自筹资金支付余下房款，此时开发商是否可以要求购房者自筹资金，如果购房者无法交纳，是否可以认定为购房者构成根本违约，开发商是否因此享有合同解除权。如果开发商诉请继续履行合同，但购房者明确表示在不贷款的情况下无法购买房屋，合同又是否可以解除，合同解除后购房者是否应承担相应违约责任。这些问题都存在一定的争议。

3. 开发商虚假宣传的情况下，购房者诉请解除合同能否得到支持。当前大部分商品房是通过广告形式向社会公开销售的，开发商为了获取高额利润，就会在宣传广告中大量宣传规划红线范围外的事项，如标注交通、周边环境、商业中心、学区房等，而在交付时往往又无法一一兑现。因此，商品房销售广告引发的纠纷也大量存在。虽然最高人民法院《关于审理商品房买卖合同纠纷案件适用法律若干问题的解释》第3条对商品房的销售广告和宣传资料是要约邀请还是要约已经作出规定，但该规定在实践中却难以操作，特别是在何种情况下构成“重大影响”，不好判断，造成商品房销售广告和宣传资料的某些内容应当认定为要约还是要约邀请存在争议，因在进行判断过程中主观因素特别大，则极易造成权利滥用和法律适用的不统一。如果将商品房的销售广告和宣传资料中的内容认定为要约，当宣传广告中的内容与客观事实不相符时，购房者是否可以因此诉请解除商品房买卖合同，柳州中级人民法院反映辖区内因学区房虚假宣传所造成的此类纠纷特别突出。有意见认为合同目的无法实现，可以解除合同；有意见则认为商品房买卖合同的标的物是商品房，商品房已经交付，合同目的已经实现，至于给购房者造成的损失可以予以赔偿。

4. 因项目停滞或烂尾引发解除房屋买卖合同（购房意向书）纠纷。依据最高人民法院《关于审理商品房买卖合同纠纷案件适用法律若干问题的解释》（2020年修正）第11条的相关规定，在出卖人迟延交付房屋，经催促后在3个月的合理期限内仍未履行，当事人一方请求解除合同的，应予支持。有关烂尾楼商品房买卖合同应当解除已有共识，但对烂尾楼的认定，以及项目停滞多长时间后才可支持房屋购房者解除合同之诉请,难以判断。

此外,在开发商已经破产或跑路的情况下,即使解除了商品房买卖合同,购房者的房款仍然无法收回,此时是否解除合同,裁判理念并不一致。有意见认为,尤其是当总体房价呈下降趋势时,烂尾工程比较多,对于合同是否解除还是应持谨慎态度。

(五)全装修商品房买卖的相关问题

全装修商品房,是指开发商在交付之前经装饰装修已具备基本居住使用功能的商品房。随着住宅产业现代化快速发展,商品房买卖中买卖装修房的比例日趋增多,买卖毛坯房的比例逐渐减少。在全装修商品房纠纷中,主要存在以下几个问题。

1. 全装修商品房的购房者要求退还装修差价。全装修商品房案件多是因装修标准未达购房者的心理预期而引发的。购房者发现交付的房屋标准与广告宣传或样板房存在差异,即向开发商主张未按标准交付的违约责任。最大的争议是装修标准的确定,以合同约定为准还是以广告宣传以及样板间的装修标准为准,特别是在两者有冲突的情况下,应当以何种标准为准。有意见认为,装修合同是双方以书面形式确认的装修标准,经双方签字确认,即使内容存在冲突也视为双方对装修标准的变更。也有意见认为,广告宣传以及样板间的内容非常具体,已经构成要约,不能当然地以装修合同的约定来排除广告宣传以及样板房的精装修标准。

因涉及退还装修差价,不可避免涉及对装修房屋的装修成本进行司法鉴定问题。对于该司法鉴定是否应当启动,尚存争议。有意见认为,自带装修的商品房原本就是限价政策之后,开发商变相提高房价的一种方式。合同中所约定的装修款项,通常情况下均高于实际装修成本,在此情况下不宜轻易启动鉴定。也有意见认为,仍应选择启动司法鉴定来确定装修成本,对于其中的装修差价损失根据合同相对性原则判令开发商或装修公司予以赔偿。

2. 全装修商品房的装修质量与合同解除。全装修商品房在交付后,会出现相关质量问题,如严重漏水且无法进行修复的;室内空气质量经检测不合格,长期居住严重影响人体健康安全的;墙体多处开裂或装修材料损坏严重;等等,这些装修质量问题,确确实实影响到居住的房屋质量,购房者要求开发商承担违约责任,均能获得支持。但购房者能否以此解除合同,有意见则认为,全装修商品房即使存在装修质量问题,亦可以通过修复来进行弥补,并不必然导致合同的解除。有意见认为,因装修质量影响房屋居住功能的实现,而购房者购买商品房的主要目的就是居住使用,如果因为装修质量问题导致合同主要目的不能实现,购房者有权要求解除合同。

3. 全装修商品房空气质量不达标的认定。全装修商品房空气质量不达标是精装修房质量不合格中的常见问题。由于空气中的有害物质具有易挥发性,从发生争议到诉讼,甚至一审、二审,纠纷解决时间长,由双方当事人再一次共同委托鉴定,则鉴定意见有可能存在误差。对于鉴定意见该如何采信,是当时不超标还是当时超标、现在不超标,凭现有证据难以判断。有意见认为,购房者起诉前单方委托的鉴定结论,没有违反证据三性的,开发商虽然有异议,但是不能提供相反证据予以反驳的,还是应当酌情采信该鉴定结论。有意见则认为,人民法院依法委托的司法鉴定的证明力明显大于购房者单方委托的鉴定机构所作出的鉴定,还是应当以法院委托的鉴定机构所作出的鉴定结论作为定案依据。

五、商品房买卖合同纠纷案件适用法律问题的裁判思路探索

(一)关于商品房预约合同的问题

1. 商品房买卖预约合同向本约合同转化的认定

根据最高人民法院《关于审理商品房买卖合同纠纷案件适用法律若干问题的解释》第5条的规定:“商品房的认购、订购、预订等协议具备《商品房销售管理办法》第十六条规定的商品房买卖合同的主要内容,并且出卖人已经按照约定收受购房款的,该协议应当认定为商品房买卖合同。”商品房买卖预约合同在具备一定条件下时可以认定为商品房买卖本约合同,即认购协议等预约合同已具备《商品房销售管理办法》规定的买卖合同主要内容且购房者按约定支付购房款。但在司法实践中,对于具备哪几项内容才是商品房买卖合同的主要内容,支付购房款必须是全部还是部分,如果是部分,支付比例为多少,应当依照司法解释的规定和个案情况具体把握。总体而言,如果商品房认购、订购、预订等协议已约定在将来期限订立商品房买卖合同,则此时的商品房认购、订购、预订等协议系预约合同;如商品房认购、订购、预订等协议中无在将来订立商品房买卖合同的意思表示,协议中也已明确约定房屋具体位置、面积、价款、付款方式、交房时间等买卖合同必备条款且购房者已按合同约定支付了相应的购房款时,可以认定双方已构成商品房买卖合同关系。

2. 商品房买卖本约合同未能签订情形下的责任承担

预约合同是在本约合同磋商过程中订立的,属于前契约阶段合同,相对于本约合同而言,违反预约合同的责任当属缔约过失责任,但预约合同本身也是合同,明确约定违约责任的,应当按照一般合同违约责任处理。从赔偿范围来看,预约合同和本约合同赔偿范围有所区别,在缔约过失责任中,权利人所能请求的是信赖利益损失,与违约责任赔偿的履行利益范围有明显区别。当预约合同所约定的定金、违约金不足

以弥补守约方信赖利益损失时(包括丧失订立商品房买卖合同机会所遭受的损失,以及其为订立商品房买卖合同支付的实际成本),守约方主张赔偿上述损失及支出成本的,人民法院应予支持。但守约方请求判决签订商品房买卖合同的,因合同订立需要以当事人意思自治为前提,此种情况下,不宜适用强制缔约判决双方签订商品房买卖合同。

(二)关于商品房买卖合同效力问题

在房地产"限购""限价""限贷"政策下,部分开发商及个人为规避房地产调控政策,各出"奇招",新型商品房买卖合同不断涌现,主要表现形式有:"零首付"商品房买卖合同、"借名买房"协议、收取商品房买卖合同价外款补充合同等。这些合同的效力问题亟待解决。

1."零首付"商品房买卖合同的效力

当前,经济下行压力增大,开发商之间的竞争加剧,特别在银行对房贷政策收紧的形势下,为达到销售目的,出现了开发商以民间借贷方式将首付款出借给无力支付首付款购房者的现象。在判定"零首付"商品房买卖合同效力时,部分法院提出"零首付"商品房买卖合同违反当前房地产政策,合同无效。我们认为,如双方明确约定系由开发商或开发商指定的第三人垫资首付款,开发商或开发商指定的第三人亦向购房者出借了相应首付款的,当购房者无法依约清偿首付款时,开发商主张要求购房者归还借款或要求解除商品房买卖合同的,应予支持。此种情形下,这类合同应是有效的。

2.限购政策下"借名买房"合同的效力

为应对我国房地产市场多年来持续升温,各地陆续公布房屋限购政策以调控房价。为规避限购政策或是争享特定购房优惠,"借名买房"应运而生。"借名买房"一般会存在两份合同,一份是出名人与开发商之间的《商品房买卖合同》,另一份是借名人(实际出资人)与出名人之间的《房产代持协议》。对于《商品房买卖合同》《房产代持协议》的效力以及借名人是否可以依据《房产代持协议》要求出名人配合其办理房屋过户手续,此前主流观点认为《房产代持协议》有效,只是因违反限购政策不能支持借名人办理过户。但最高人民法院在(2020)最高法民再328号民事判决中改变了这一观点,认定借名人与出名人为规避国家限购政策签订的《房产代持协议》,因违背公序良俗而无效。因此,关于出名人与开发商之间的《商品房买卖合同》的效力,以及借名人是否可以直接以出资为由,主张其系房屋的所有权人,以取得物权的对世权、排他效力、绝对效力以阻却执行,还是存在不同的观点。近期,最高人民法院准备针对

“借名买房”纠纷案件的法律适用出台相关的司法解释,正在向各地法院征求意见,对于出名人是否可以取得房屋的物权,将有待于最高人民法院司法解释的规定。

3.“价外收费”行为的效力及法律后果

房屋限价是国家为了抵制房价的过快上涨,坚持房住不炒,保障人民群众的住房需求,在限购政策以外,颁布实施了抑制房价过快上涨的另一项政策,即对开发商销售商品房的价格进行限制。但上有政策下有对策,开发商为了追求高额利润,采取了各种规避限价政策的措施,“价外收费”是开发商应对限价政策最常见的做法之一。实践中,出现了购房者除支付商品房买卖合同约定的购房款外,还向开发商或第三方支付了茶水费、电商费、服务费、指标费、团购费等费用,购房者主张实际支付的购房款总额高于商品房买卖合同约定的价格及备案价。此类纠纷在钦州、北海、防城港等沿海城市尤为突出。在分析“价外收费”行为的效力时,要区分如下不同情形进行处理:

(1)在合同继续履行情形下,买受人向开发商或第三方主张返还茶水费、团购费、服务费等合同外费用的,不予支持。价外收费无论是第三方收取,还是出卖人收取,均系出卖人额外收取了其在相关部门的备案价格之外也就是合同外的费用,这种价外收费是出卖人为规避政府部门的限价政策而为之。而买受人明知出卖人收取系合同外费用仍自愿支付,是双方的真实意思表示,行为合法有效。至于出卖人违反行政规定的后果,应由行政部门进行处理。

(2)在合同解除情形下,买受人向开发商或第三方主张返还茶水费、团购费、服务费等合同外费用的,一般应予支持。但开发商或第三方能举证证实提供相应服务所收取费用的合理部分除外。如前文所属,上述费用的本质上仍是购房款,只不过是以其他形式收取,故不支持返还。既然是购房款,在合同解除情形下,购房款理应返还。至于返还的主体,可根据合同的相对性来决定,出卖人收取的由出卖人收取,第三方收取的,由第三方返还,至于第三方与出卖人之间的关系,可通过另案诉讼解决。对于相关合理支出部分的理解,因第三方在销售商品房时会提供相应的服务,如第三方或出卖人确实提供了相应服务也支付了相应费用的,对于该部分费用,可以不予返还。

(三)关于商品房买卖合同履行过程中的问题

商品房交付是开发商履行商品房买卖合同的重要义务之一,也是开发商与购房者争议最多的焦点问题之一。交付标准、逾期交付的违约责任承担又是当前涉及交付项下的两个核心问题。近年来,因交付引发的纠纷,主要集中在法定交付条件的界定、不具备交付条件时交房行为的定性、对开发商延迟交房抗辩免责事由的认定和违约金的计算等方面,以下逐一分析。

1. 商品房交付的法定标准:竣工验收合格

商品房交付的法定标准,是指法律规定开发商交付商品房时所应达到的相关最低标准。根据《中华人民共和国建筑法》第61条、《建设工程质量管理条例》第16条、《中华人民共和国城市房地产管理法》第27条等有关规定,房地产开发项目的交付条件为竣工验收合格。换言之,通过竣工验收是开发商将商品房交付给购房者的必备程序及法定条件。商品房交付的法定条件具有强制性,属于最低限度的合格要求。

对于竣工验收和竣工验收备案的关系。首先,竣工验收备案时间是建设行政主管部门收到建设单位报送的竣工验收备案文件并验证齐全后在"竣工验收备案表"上签署收讫的时间,这和工程通过竣工验收时间是两个概念。工程竣工验收与竣工验收备案系处于不同验收阶段、由不同主体参与的行为,竣工验收备案是在竣工验收合格后进行,竣工验收备案与否均不影响竣工验收合格的效力。其次,确定工程竣工验收合格作为交付的法定条件,不等于对"取得竣工验收备案证明文件"标准进行排除适用。法定条件系最低限度的标准,至于当地政府在地方性文件中明确把竣工验收备案作为开发商交付房屋必要条件的,应当认为相关文件具有行政管理性质。双方当事人根据相关行政指导意见,仍可以选择在合同中约定高于法定条件的交付标准。

现实中,有些开发商为了避免承担逾期交房的责任,将未达合同约定交房条件的商品房交付给购房者。而一些购房者因缺乏法律意识,或确实急待入住,在收房时明知商品房尚未达合同约定交房条件但仍接收房屋。对于购房者接收房屋的行为应如何定性存在一定争议。我们在审判实践中分以下几种情形进行处理:

(1)开发商与购房者在商品房买卖合同中约定商品房交付条件为商品房竣工验收备案,开发商交付的商品房虽未经竣工验收备案,但已经竣工验收合格的,购房者明知商品房未达约定交付条件,但仍接收,可视为双方对商品房买卖合同约定交付条件的变更,可以认定开发商交付经竣工验收合格的商品房是一种有效交付,交房时间为购房者接收之日。

(2)开发商与购房者在商品房买卖合同中约定商品房交付条件为商品房竣工验收备案,开发商交付的商品房既未经竣工验收备案,也未通过竣工验收合格的,即使购房者明知商品房未达约定交付条件予以接收,因开发商交付的商品房未达法定交付标准,此时交付是一种无效交付,即使商品房已经交付,仍只能将商品房竣工验收合格之日认定为商品房有效交付之日。当然,如果开发商与购房者在商品房买卖合同中约定商品房交付条件为商品房竣工验收备案，开发商交付已通过竣工验收但未经竣工验收备案的商品房，购房者有权拒绝收房，此时，仍应以开发商交付经竣工验收备案的商品房的时间作为交房时间。

2. 未达法定交付标准交房的法律后果

对于未达到法定交付标准的商品房，即使商品房已经实际转移占有，购房者也已接收甚至实际入住的，开发商的交房行为也不构成法律意义上的交付，开发商仍然应当承担商品房转移占有之日至商品房符合法定交付条件之日的逾期交房违约责任。购房者对商品房的接收不影响开发商在其不具备交付条件时交房应承担的违约责任。即使购房者在开发商交房时作出了同意接收的意思表示，也不能免除开发商逾期交房违约责任的承担。一般情况下，房屋未通过工程竣工验收合格，工程质量是否合格尚无结论，此时是不能投入使用的。虽然相关司法解释中有关于工程未经竣工验收、发包人擅自使用视为工程竣工的规定，但该规定的立法精神是为了保护施工合同关系中较为弱势实际施工人合法追索工程款而确立的原则。购房者作为商品房买卖合同弱势一方，如果允许将购房者接收开发商交付的不合格房屋视为对开发商完成交房义务的肯定，无疑纵容变相鼓励开发商突破法定交付条件履行商品房买卖合同，不利于保护弱势方的合法权益。在商品房不符合交付条件但已经实际交付的情况下，商品房竣工验收合格之日才是商品房合法有效的交付日期。故开发商仍应当承担实际转移商品房之日至有效交付之日的逾期交房违约责任。当然，违约金的计算标准可以结合具体情况，考虑客观上已经实际占有商品房的事实予以酌情降低。

3. 开发商逾期交房或办证免责事由的认定

开发商对逾期交房或办证主张免责，其对免责事由负有举证责任。司法实践中，开发商主张免责的事由主要集中在因不可抗力以及第三人原因造成开发商逾期交房或办证。对此，应区别审查。

(1)对于不可抗力的审查。根据《民法典》第 180 条的规定，不可抗力是指不能预见、不能避免且不能克服的客观情况。在商品房买卖合同中，可能出现的不可抗力主要集中在施工过程中的突发情况，如重大自然灾害和特殊社会事件导致的停工。需要明确以下内容：

其一，雨天、法定节假日、中高考期间等都属于订立合同时可以预见的客观情况，不属于不可抗力，在合同未明确约定的情况下不能认定为延期交房的免责事由。但是，若双方在合同中明确约定上述情形属于延期交房事由的，则应本着“有约定从约定，无约定从法定”的原则，认定上述情形构成开发商延期交房的免责事由。实际上，此时免责并非基于不可抗力,而是基于合同约定。

其二,开发商主张新冠疫情构成不可抗力免责的,不能简单一概予以认定,要严格甄别,防止开发商以此为借口逃避合同义务和违约责任。一是应具体审查疫情发生与合同签订时间,如商品房买卖合同签订在疫情发生之后或者疫情发生时开发商已经存在逾期交房情形,那么开发商主张疫情构成免责事由不能成立;二是审查疫情是否系造成开发商履行迟延的直接原因,比如因疫情原因,开发商根据行政命令的要求对工地进行临时性封闭、停工,又如因疫情原因,政府防控导致开发项目施工的人力、材料短缺等引起的工期延误,均属于开发商不可预见、不可避免、不可克服的情形,开发商对延期交房没有过错,应当认定疫情构成开发商延期交房的免责事由。

(2)开发商基于第三人的原因主张逾期交房或办证免责的审查,原则上应遵循"合同相对性"原则,对开发商的免责主张不予支持,但确实因政府原因导致工期延误或办证迟延的,仍应据实扣除相应的延误期间。在实践中,开发商提出的所谓第三人的原因主要有:因施工质量问题造成施工停工,因拖欠农民工工资导致停工,因工地周围居民抗议而暂缓施工,因政府原因、规划改变而延缓工期。根据合同相对性原则,除最后一种情形外,前几种工期延误均系开发商与承包人在履行建设工程施工合同过程中产生纠纷所致,与购房者无关,此时工期延误的后果不能归责于购房者,开发商与第三人的纠纷由双方另行解决。针对最后一种情形,即因政府原因导致开发商不能按期交房的,因房地产开发项目与政府行为密切相关,政府规划变更或其他政府原因往往会直接影响项目进度,这种情形虽不能直接归类于不可抗力范畴,但是由于此类情况也是开发商不能预见、不能避免并不能克服的客观情况,不能归责于开发商,不应完全刚性地适用合同的严格责任制度,应根据公平原则并结合案情实际,认定此种情形属于开发商延期交房或办证的免责事由。

此外,对于开发商主张免责事由成立的扣除天数问题,原则上只能将合同约定交房或办证之日前发生的事由认定为免责事由,并据实扣除,但如果免责事由发生在合同约定交房之日前,并持续至合同约定交房之日后,应据实扣除。

4. 逾期交房、逾期办证违约金的调整:原则上不予调整

根据调研组统计的数据,大多数的商品房买卖合同纠纷案件会涉及逾期交房、逾期办证违约金问题,案件占比高达 90.39%。虽然商品房买卖合同中对逾期交房违约金均有明确约定,但绝大部分案件在审理过程中,开发商主张违约金过高抑或是购房者主张违约金过低,往往无相关证据证实其主张,人民法院应当按照何种标准评判违约金是否过高或过低?如调整,应当如何调整?

在商品房买卖合同已对逾期交房、逾期办证违约金作出明确约定的情况下，违约金条款是合同主体契约自由的体现，除具有对违约方惩罚性和对守约方补偿性的功能之外，还可体现预先确定性和效率原则，因此，原则上还是应当尊重当事人的意思自治，对违约金标准不予调整。但当约定违约金标准存在显失公平或当事人能够举证证实违约金不足以弥补实际损失或违约金数额明显畸高于实际损失，当事人请求予以调整的，人民法院应予调整。但在对违约金标准进行调整时，应遵循以下原则：

其一，如商品房买卖合同约定按日计算违约金，即继续性债权，调整后原则上仍是继续性债权；如商品房买卖合同约定按购房款比例计算违约金，即一时性债权，调整后原则上仍是一时性债权。例外情形是在商品房已交付或已办理产权证书的情况下，对于继续性债权亦可考虑调整为一时性债权，或在诉讼过程中，商品房交付日期或办理产属登记日期仍不能确定的，对于一时性债权亦可考虑调整为继续性债权。

其二，基于同一房地产项目发生的纠纷，应坚持适用相同的违约金计算标准，以保持前后裁判尺度的统一。这就要求在审理商品房买卖合同案件中要考虑到案涉房地产项目的整体情况，对于后期可能进入诉讼的案件提前作出研判。

其三，合同既约定了违约履行的继续性债权，又约定违约金最高限额的，如按合同约定的违约金标准所计算出的违约金数额超过该最高限额时，在确定违约金标准应综合考虑开发商的过错、各方履行合同的情况以及购房者实际损失的基础上，可不受该最高限额的限制，但逾期交房或逾期办证违约金仍应有最高限额，即不能超过已付购房款总额的30%。

需要指出的是，广西高级人民法院于2018年下发的《关于审理商品房买卖合同纠纷案件逾期办证违约责任若干问题的指导意见》中指出逾期办证违约金“在年利率6%以下进行调整”，此处的年利率6%系违约金调整上限，而非违约金调整标准，并非指所有不足该比率的都属于违约金过低都应予以调整，故不能盲目将违约金计算标准调至年利率6%，且年利率6%只是逾期办证违约金调整的上限，对该上限也不应轻易适用。

5. 逾期办证和逾期交房违约金的计算：不应重合计算

逾期交房和逾期办证是两种独立的违约行为，一般情况下商品房买卖合同对这两种违约行为都约定有承担责任的具体内容，原则上，逾期交房违约金与逾期办证违约金不能在相同时段进行重合计算。但合同对购房者取得权属证书或开发商提交办理权属证书所需资料至房产部门登记备案的时间作出明确约定的除外。广西高级人民法院2018年下发的《关于审理商品房买卖合同纠纷案件逾期办证违约责任若干问题的指导意见》第 7 条规定:“开发商存在违反商品房买卖合同约定逾期交房和逾期办证等多项违约行为,购房者要求开发商同时承担多项违约责任的,依法应予支持。”此种情形是针对在合同中对逾期交房和逾期办证时间作出明确约定的情况下,在计算时出现重合现象,此时逾期交房和逾期办证违约金可以重复计算。如合同只是约定“开发商应当在商品房交付后 × ×日内,将办理权属登记需要的材料报产权登记机关备案”等类似内容,此时的商品房交付之日应是商品房实际交付之日,而非合同约定商品房交付之日,如将商品房交付之日理解为合同约定的商品房交付之日,会导致违约金计算上的重合,此种处理方式不妥。

值得注意的是,如购房者对开发商的同一违约行为,先后主张“迟延履行违约金”和“解除合同违约金”,从我国合同违约金原则上是属于“填平损失”的性质出发,不应同时支持购房者该两项诉请。所以,在前诉中已经判决开发商承担迟延履行违约金的,在后诉支持解除合同违约金时,应当扣除开发商已经承担的迟延履行违约金数额。

6. 逾期交房、逾期办证违约金诉讼时效问题

(1)诉讼时效的起算:诉讼时效从违约行为发生时起算

在诉讼时效的起算点上,如商品房买卖合同已经明确约定交房与办理权属证书的期限,开发商未在合同约定期限内完成上述约定事项,即构成违约。则购房者从合同约定交付期限届满的次日起,就知道或者应当知道开发商存在延期交房或逾期办证的违约行为,以及自己的权利遭到侵害这一事实,根据最高人民法院《关于审理民事案件适用诉讼时效制度若干问题的规定》第 6 条的规定:“……确定履行期限的,诉讼时效期间从履行期限届满之日起计算……”故逾期交房、逾期办证违约金诉讼时效的起算点,应以合同约定交房或办证截止日期的次日开始起算。

(2)诉讼时效的中断

诉讼时效的立法本意在于督促权利人及时行使诉讼权利,惩戒明显怠于行使权利者,而非是违约一方当事人免责的“法律武器”。所以从违约金请求权的性质及诉讼时效法律规范的基本规则和立法目的的角度出发,应对购房者的违约金请求权诉讼时效中断事由和举证责任给予从宽掌握,即只要购房者能举证证实其主张过交房或办证的,则可以构成诉讼时效的中断。同时,也不应苛求一定是向开发商主张,向政府相关部门提出交房或办证请求亦可构成诉讼时效的中断。在证明标准上,亦只要符合民事证据盖然性标准即可,如短信、微信记录等均可作为证据采信。

(3)继续性债权和一时性债权诉讼时效的具体起算

如合同中约定以“日、月、年”为单位累计计算违约金数额,此时的违约金应属于

继续性债权。在计算违约金诉讼时效时,应当以每一个违约金债权产生的日期分别计算,其诉讼时效亦应分别起算,每一个违约金债权产生的日期是该违约金债权诉讼时效的起算日。虽然继续性债权的诉讼时效也是3年,但购房者于办证期限届满超过3年后起诉主张违约金的,自起诉之日倒推3年的违约金仍在诉讼时效期间内,应予以保护。

如合同中明确约定按总房款的一定比例承担迟延履行违约金,属于一时性债权,从合同约定或法定期限届满之次日起计算诉讼时效。

(四)关于商品房买卖合同的解除问题

在涉及商品房买卖合同是否应予解除的问题上,目前争议最大、最棘手的仍是"烂尾楼"以及断供情形下商品房买卖合同的解除,其中,开发商在购房者断供情形下主张解除合同案件数随房地产行业的发展呈增长趋势,且争议较大。

1. 购房者断供情形下商品房买卖合同解除的裁判思路:约定解除条件成就,且违约情形严重的,原则上应支持开发商解除合同诉请。

在按揭贷款买房情形下,开发商通常作为借款合同的保证人为购房者的按揭贷款提供阶段性保证,承担银行放贷至购房者取得商品房权属证书期间的保证责任。在实践中,开发商往往会与购房者在商品房买卖合同的补充协议中约定:购房者在此期间断供,开发商作为保证人,在其承担保证责任后,有权解除商品房买卖合同。据此,一旦购房者在此期间断供,开发商作为保证人承担保证责任后,会基于购房者的断供行为主张解除商品房买卖合同。是否支持解除商品房买卖合同争议较大,几乎各中级人民法院都反映有此类案件,但裁决结果却不统一,而且在各中级人民法院内部的观点亦不统一。我们认为,商品房买卖合同对断供后开发商的合同解除权已经予以明确约定,应本着尊重当事人意思自治原则,且开发商亦垫付了一定比例的贷款,原则上应当支持开发商解除合同的诉请。

首先,应当确认商品房买卖合同中有关解除合同条款系当事人的真实意思表示,合法有效,并非无效格式条款。

其次,开发商代购房者偿还按揭贷款后,触发了合同约定的解除条件,在此情况下,应赋予守约方开发商行使追偿权和解除权的选择权,其依法享有的追偿权并不必然否定其依约享有的合同约定解除权。开发商有权按照合同约定行使商品房买卖合同解除权,并主张返还房屋。

再次,开发商行使合同解除权应当受到以下因素的限制:

一是开发商未及时行使约定解除权的。合同解除权的性质属于形成权,权利人仅依自己的单方意思表示就可以使民事法律关系变更或消灭。合同解除权的存在使合同处于一种不稳定的状态,如果让这种不稳定状态无限期存续下去,不利于交易稳定,因此,法律要求合同解除权应在一定期限内行使,逾期不行使的,解除权消灭。根据最高人民法院《关于审理商品房买卖合同纠纷案件适用法律若干问题的解释》第 11 条的规定,在商品房买卖合同关系中,经对方当事人催告后,约定解除权行使的合理期限为 3 个月。未经催告的约定解除权行使的期限为 1 年,逾期不行使的,解除权消灭。因此,开发商未按法律规定及时行使合同解除权,开发商诉请解除商品房买卖合同的,不予支持。

二是开发商所承担的贷款总额不足总房款 20% 的。购房者断供后,开发商行使合同解除权的,我们应以尊重当事人意思自治为原则,在商品房买卖合同对此类情形下开发商的合同解除权已经进行明确约定的,开发商诉请解除商品房买卖合同,人民法院一般应予支持。但对购房者已经支付了大部分的购房款,开发商最终所代偿的贷款数额不足总房数额的 20% 时,购房者的违约程度较轻,考虑到解除合同毕竟不利于交易的稳定,从公平原则出发,在此情形下,开发商主张解除合同的,不应予以支持。

三是开发商未及时履行办证义务,购房者断供导致开发商承担保证责任的。开发商未能在商品房买卖合同约定的办证时间内办理产权转移登记手续,导致其承担阶段性保证责任的期间延长,在这期间购房者违反借款合同的约定断供导致开发商承担保证责任的主要原因在于开发商本身,不应将该法律后果归咎于购房者的断供行为。故对于此种情况下开发商诉请解除商品房买卖合同,不予支持。

四是购房者已入住且该商品房为其唯一住房的。在购房者已经装修入住,且案涉商品房为其唯一住房的情况下,对人生存利益的保护应当大于其他利益的保护,且装修入住后,对于合同解除后果的处理亦比较复杂,此时不宜支持开发商关于解除商品房买卖合同的诉请。

最后,关于合同解除后的处理,应本着一次性解决纠纷的原则,在查清购房者已经支付的首付款以及向银行支付的按揭款等事实基础上,判决解除合同的同时一并判决开发商返还上述款项。

2.“烂尾楼”商品房买卖合同的解除:释明解除合同的风险后,购房者仍坚持解除的,可以予以解除。

目前,开发商在开发建设过程中,因为资金状况出现问题,无法继续支付工程款或是补缴土地出让金等导致项目停滞或是部分开发商以开发项目名义收取意向金后,将购房意向金挪作他用,项目迟迟未能动工的情况屡有发生。开发商的上述行为均会引发项目停滞或楼盘烂尾,购房者据此起诉解除商品房买卖合同应否支持。依据最高人民法院《关于审理商品房买卖合同纠纷案件适用法律若干问题的解释》第11条的规定,出卖人迟延交付房屋,经催告后在3个月的合理期限内仍未履行,当事人一方请求解除合同的,应予支持。但在开发商已经破产或跑路的情况下,即使解除商品房买卖合同,购房者的房款仍然无法收回,此时对于商品房买卖合同是否解除还是应持谨慎态度,应向购房者释明合同解除可能会面临钱房两空的局面,如在释明后购房者仍坚持解除商品房买卖合同,可以依据法律的规定予以解除。

(五)关于全装修商品房有关问题

因全装修商品房是近几年才逐步发展起来的,对于全装修商品房买卖合同纠纷的处理,实践中还存在较多疑难问题,主要是集中在装修标准的认定、装修质量不合格的处理等。

1. 全装修房的装修标准与瑕疵交付责任的承担

全装修商品房买卖中,开发商通常会与购房者就全装修的内容、建材用料的材质、品牌、等级、质量、工艺等进行约定。如购房者能举证证实际装修与约定不符,主张退还装修差价款,应予支持。

根据《商品房销售管理办法》第31条的规定,房地产开发企业销售商品房时设置样板房的,应当说明实际交付的商品房质量、设备及装修与样板房是否一致。未作说明的,实际交付的商品房应当与样板房一致。因此,开发商对全装修商品房的装修标准进行明确而又具体宣传的,即使装修合同未对装修标准进行约定,亦不能排除样板房的装修标准。购房者能举证证实装修标准不符合样板房装修标准并主张退还差价的,应予支持。

2. 全装修房质量问题引发的合同解除

根据最高人民法院《关于审理商品房买卖合同纠纷案件适用法律若干问题的解释》第10条的规定,因房屋质量问题严重影响正常居住使用,买受人请求解除合同和赔偿损失的,应予支持。交付使用的房屋存在质量问题,在保修期内,出卖人应当承担修复责任;出卖人拒绝修复或者在合理期限内拖延修复的,买受人可以自行或者委托他人修复。修复费用及修复期间造成的其他损失由出卖人承担。因此,开发商有保证交付房屋符合合同约定质量的瑕疵担保义务。

实践中,全装修商品房买卖合同有三种模式:第一,开发商与购房者签订商品房买卖合同后,购房者再与开发商指定的第三人签订装修合同;第二,开发商与购房者签订商品房买卖合同后，再与购房者另行签订装修合同；第三，开发商与购房者签订商品房买卖合同中约定装修条款。三种模式下，在装修质量出现问题时，责任承担主体以及法律适用上有所区别，应根据全装修房签订合同的相对人，进行如下区分处理。

（1）商品房买卖合同中约定了装修条款的情形：购房者以装修质量不合格，在返修后装修质量仍不合格且影响居住的，购房者请求解除商品房买卖合同，应予支持。因购房者与开发商仅签订一份商品房买卖合同，交付装修质量合格的全装修房亦是开发商在此份商品房买卖合同中的主要义务，因装修质量不合格而严重影响商品房使用的，视为开发商未履行主要义务，此时购房者主张解除商品房买卖合同的，应予支持。

（2）购房者与开发商或开发商指定的第三人另行订立装修合同的情形：购房者以装修质量不合格，返修后装修质量仍不合格且影响居住为由主张解除商品房买卖合同，不应予以支持。因购房者与开发商之间就装修另行签订装修合同，此时，装修合同与商品房买卖合同分属两个不同的合同，仅因为装修质量问题并不必然导致商品房买卖合同无法履行，此时购房者主张解除商品房买卖合同不应予以支持。但购房者请求解除装修合同，应予支持。

（3）对于装修质量仅仅是存在质量瑕疵而不影响购房者正常使用时，购房者可以要求开发商承担保修责任。

六、相关建议和对策指引

房地产是我们国民经济的重要产业，也是广大群众安居乐业、实现美好生活需要的重要保障。充分发挥人民法院审判职能作用，切实做好商品房买卖合同纠纷案件审理工作，保障房地产业健康发展，是人民法院服务大局、司法为民、公正司法的必然要求。

一是充分发挥裁判的示范引领作用，通过案件审理引导建立健康有序的房地产市场秩序。既要看到房地产市场行情的变化给审判工作带来的压力，也要清醒认识到，通过审判工作可以引导建立诚实守信市场交易秩序，通过依法维护当事人权益促进房地产业健康发展。要注意发挥合同效力的多层次性，慎用合同无效，特别是针对房地产领域存在土地出让，合作开发，房屋买卖的一、二、三级市场，从公权力的干预程度上看，是依次减弱的，既要严格体现合同对当事人的拘束力，也要通过物权变动的管制、行政机关的管理保障国家相关政策贯彻落实。要准确判断当事人是否享有合同解除权，对于当事人请求解除合同的纠纷案件，要严格依法审查，注意区分房屋质量不合格和一般性瑕疵，注意区分轻微违约和根本违约，对房屋质量瑕疵、轻微违约但不符合合同解除条件的不轻易解除，引导当事人理性面对市场经营风险，共同维护诚信的市场交易秩序，引导树立契约意识和契约精神。

二是准确把握权利保护和利益平衡原则，实现维护业主利益和企业生存发展的统一。审理商品房买卖合同纠纷案件必须强调法治思维、强化大局意识，努力实现法律效果和社会效果的统一。由于此类案件大多是系列案件，且纠纷涉及人员多、利益广，不仅事关广大业主的切身利益和房地产企业的生存发展，亦事关当地经济的发展及社会的和谐稳定。逾期交房、办证违约责任纠纷最为高发，而房地产企业的交房、办证义务受制于多方面因素影响，双方在违约金支付问题上分歧巨大，各级法院在涉及调整违约金行使自由裁量权时要审慎把握，找准群体业主利益与房地产企业发展之间的平衡点，通过违约责任来平衡双方利益，促进矛盾纠纷的根本性解决。要准确理解把握法律精神和价值导向，善于运用公平原则、诚信原则，正确运用违约金基本规则平衡保护各方利益，在尊重当事人约定的原则基础上，对于合同约定明显过低的违约金予以适当调整，有利于敦促当事人积极履行合同义务，弥补守约方所遭受的影响及损失；但违约金调整过高，超出当事人承受能力，则有可能影响企业后续经营及继续履行协助办证义务，且买受人基于此获得高额收益，亦不符合法律规定的逾期办证违约金的立法本意及房住不炒的政策，容易导致双方利益失衡。要注意“放水养鱼”，对于房地产开发商确因资金暂时困难未按时交付房屋，因政府等第三方原因逾期交房、办证情形的，要加强对政府原因事实的审查，多做双方当事人的调解工作，确无调解可能的案件，根据案件当事人的过错程度、实际损失大小、违约责任等具体情况，依法合理调整违约金数额，公平解决违约责任问题，避免因为案件审理不当搞垮企业。

三是坚持党委领导，推动建立完善府院联动机制，努力从根本上解决此类矛盾纠纷。要避免就案办案、机械办案，尽量做到跳出法院看案件、跳出案件看案件，对于仅靠法院判决自身难以根本解决的案件，特别是涉及开发商破产、楼盘烂尾、办证历史遗留问题的案件，要主动依靠党委领导和政府协调，加强汇报沟通，整合各方资源力量，形成多层次、全方位的协同联动机制，打通逾期交房、办证的肠梗阻，减少违约和对抗的持续，从根本上促进矛盾的解决。法院在对矛盾有可能激化的敏感性案件和群体性案件的审理中，应加强与当地党委政府的沟通协调，及时向当地党委政法委汇报，及时做好处置预案，防止产生连锁反应，力争通过解决根本问题促成矛盾化解。

四是搭建诉源治理平台，争取一次性解决纠纷。要强化“尽可能一次性解决纠纷”理念，充分发挥人民法院在诉源治理中的作用，将房地产纠纷化解作为诉源治理机制建设的重点。诉源治理是一个系统工程，在办案中，法院应该注重源头治理，多向当地党委政法委汇报，对案件审理中发现的普遍性问题向有关部门提出司法建议，多与自然资源、规划、住建等部门联动，多在诉前调解上共同发力，尽可能形成联动效应，减少批量案件涌进法院。法院应积极主动作为，不断深化诉调对接机制建设，多在联动预警化解上下功夫，加强与房地产行业协会、住建国土部门的联系和信息共享，前移矛盾发现关口，深入了解纠纷各方诉求，不断加强诉前诉中调解力度，积极引导双方当事人合理表达诉求，同时正确处理调判关系，充分发挥调判组合优势，努力提高案件调解成功率，为其他案件的解决形成示范，减少形成群体诉讼案件。

五是加强上下沟通协调，把好案件质量关。基层法院、中级人民法院今后在遇到商品房买卖这类系列案件时，下判前应多与上级法院进行沟通。法官在审理案件时，要加强类案检索，加强对小区同类案件的预判，对后续有可能引发的系列案件有所预见，不能单纯以现在受理案件的数据作为依据。特别是对当事人争议比较大可能形成群体示范效应的案件时，要提交专业法官会议集体研究，必要时提交审委会讨论，通过集体智慧把好案件质量关。鉴于商品房买卖合同领域审判实践的复杂多样性，仍然有些争议较大、目前还不成熟的观点，各级法院要敢于担当、积极探索，在法律原则和精神范围内，尽量在辖区范围内就此类案件统一裁判尺度。